O autor do crime perverso

Marie-Laure Susini

O autor do crime perverso

Tradução
Procópio Abreu

Revisão
Darlene G. Angelo

Editor
José Nazar

Companhia de Freud

Título Original
L'auteur du crime pervers

Editoração Eletrônica
FA - Editoração Eletrônica

Tradução
Procópio Abreu

Editor Responsável
José Nazar

Rio de Janeiro, 2006

FICHA CATALOGRÁFICA

S962a

Susini, Marie-Laure.

O autor do crime perverso / Marie-Laure Susini ; tradução: Procópio Abreu ; editor: José Nazar. - Rio de Janeiro : Companhia de Freud, 2006.

240 p. ; 23 cm

ISBN 85-7724-010-X

1. Crimonologia. 2. Crime e criminosos. I. Abreu, Procópio. II. Nazar, José. III. Título.

CDD-364

Companhia de Freud
editora

Endereço para Correspondência
Rua Barão de Sertório, 57 - casa
Tel.: (21) 2293-7166 • (21) 2293-9440
Rio Comprido - Rio de Janeiro
e-mail: ciadefreud@ism.com.br

Agradeço particularmente a

Marie-Christine Hamon, que acompanhou este livro desde a origem e ao longo de sua redação,

Jacqueline Bijargeal, por sua gentil e exigente releitura,

Serge Moscovici, cujas opiniões me foram preciosas.

Índice

O jornal

International Herald Tribune, segunda-feira, 24 de novembro de 2003: "O canibal pede perdão.

"Um canibal, que denunciara a si próprio, declarou a um jornal de domingo que se arrepende, e quer escrever suas Memórias para dissuadir os outros canibais potenciais. Armin Meiwes, que está preso à espera de um processo por homicídio, declarou ao jornal *Welt am Sonntag* que quer dissuadir as pessoas que têm semelhantes instintos. Meiwes reconheceu ter matado e parcialmente comido – com seu consentimento, dizem – um homem de 43 anos, berlinense, diante de uma câmera de vídeo."

New York Times, sábado, 31 de janeiro de 2004:

"Um homem reconhecido culpado de abate humano. O tribunal alemão condena a oito anos e meio de prisão.

"Francfurte: um técnico de informática alemão que matara e comera uma vítima consenciente, recrutada através da Internet, foi, sexta-feira, reconhecido culpado de abate humano durante um processo que refletiu as ambigüidades legais de um caso que ora fascinou ora enojou o público.

"Um tribunal de Kassel, na Alemanha, condenou o homem, Armin Meiwes, a oito anos e meio de prisão por ter matado Bernd-Jürgen Brandes; este respondera a uma correspondência de Meiwes que buscava alguém que desejasse ser "abatido". O tribunal não acompanhou a acusação do procurador que pedia a reclusão perpétua por homicídio. "Os dois estavam em busca de uma saída definitiva – disse o juiz, Volker Mütze, após ter lido o veredicto. É um ato entre duas pessoas extremamente desequilibradas, e cada uma queria algo da outra." Essa condenação significaria que Meiwes poderia ser libertado em menos de cinco anos, o que inquietou muitos daqueles que assistiam à audiência no Land da Hesse. Um dos advogados de Meiwes, Harald Ermel, declarou que apelaria, embora se achasse aliviado por não ter sido mais pesada a condenação. Segundo seu argumento, seu cliente é apenas culpado por "homicídio a pedido", uma forma ilegal de eutanásia que legalmente só justifica uma pena máxima de cinco anos de reclusão. "É um prisioneiro modelo – disse Ernel aos jornalistas no recinto do tribunal. – Ele vai voluntariamente iniciar uma terapia psiquiátrica para se livrar de seu fetichismo por carne humana. Estou seguro de que não vai repetir nada parecido." O que provavelmente não terá tranqüilizado os cidadãos de Rotenburg, aldeia afastada no sul de Kassel, onde vivia Meiwes, numa grande morada libiríntica. Ele ali já havia acolhido quatro homens que haviam respondido a seu anúncio pela Internet, antes de encontrar Brandes, 43 anos de idade, em março de 2001. O que se seguiu foi uma noite aterrorizante de troca de papéis sexual e de violência, a maior parte foi filmada em vídeo por Meiwes. Ele acabou apunhalando mortalmente Brandes com uma faca de cozinha. Depois pendurou o corpo num gancho de açougueiro e o retalhou, conservando em sacos plásticos pedaços de carne em seu congelador. "A cada pedaço que eu comia eu me lembrava dele – disse durante seu processo. – Era como fazer a comunhão."

Os jornais alemães cobriram sem trégua o acontecimento. Apelidaram Meiwes o Hannibal da Hesse. Foi difícil conciliar, na audiência, a imagem daquele réu plácido, bem vestido, com seu aterrorizante testemunho. Mas o tribunal foi tomado por um dilema legal, tanto quanto pelo assustador comportamento do criminoso. Condenar Meiwes por homicídio teria sido difícil, segundo os peritos juristas, porque a vítima aceitara, até mesmo pedira, para morrer. Mas internar Meiwes num hospital psiquiátrico teria sido igualmente difícil, porque um perito designado pela corte certificou que ele não sofria de uma patologia "que diminuísse as suas responsabilidades" no momento do assassinato. Vários juristas previram que o caso chegaria à Corte Constitucional Federal, a mais alta corte alemã."

Uma foto da vedete, que arvora um triunfante (e bem inquietante) sorriso, acompanha o texto.

O curto recorte de jornal e o artigo, em sua concisão e precisão documentária, não buscam chocar o leitor. Este, no entanto, fica assustado, é provocado. Desestabilizado por um composto de horror e espanto, de ingenuidade e cinismo, de aberrações de todas as espécies. Escolhi-os para abrir a cena, pois, em algumas linhas, eles apresentam o autor do crime perverso. Autodenúncia e provocação escandalosa... Monstruosidade chocante do ato, fascinação e nojo do público, desvario dos peritos e do tribunal, irracionalidade das respostas legais... Esse assassino plácido que se reivindica canibal também acrescenta os meios mais contemporâneos (informática, Internet, vídeo) às mais tradicionais das técnicas do autor do crime perverso, que propõe ao público, há muito tempo, um espetáculo bem singular. Não farei mais referência a esse homem, mas a lembrança de seu aterrorizante e fulgurante aparecimento no mui respeitável *New York Times* poderá servir ao leitor que se inicia neste sério e pouco espetacular estudo, o qual visa compreender paradoxos assustadores e elucidar um incômodo enigma.

Prólogo

O autor do crime perverso? Gilles de Rais, Jack o Estripador, Landru, o Vampiro de Düsseldorf... Esses heróis monstruosos obsedam a memória popular, servem à lenda, prestam-se ao mito. São os precursores históricos do *serial killer* contemporâneo. Hoje, o autor do crime perverso é a vedete da atualidade dos crimes sangrentos. Matador noturno, assassino de mulheres, de crianças, estrangulador de velhinhas, ele semeia na cidade um vento de pânico, uma atmosfera de suspeita e de angústia, enquanto a polícia, em alerta, provocada pela repetição dos crimes, a descoberta dos cadáveres, o procura em vão. Ele é também o matador em série mais discreto, na Bélgica, na Alemanha ou na Inglaterra: suburbano sem história e simpático vizinho, até o dia em que são exumados de seu jardim os ossos de suas vítimas. É ainda o piromaníaco que se denuncia após ter acendido, em pleno verão, uma série de incêndios mortíferos.

É também, às vezes, o autor de um único crime. Estrangulador de criança, zomba da polícia durante a investigação e é entrevistado pela televisão. Seu processo na França é um acontecimento nacional. Teria sido esquecido nos seus vinte anos de prisão? Sua libertação estará na mídia, ele vai aparecer nas revistas, vai publicar sua autobiografia. Matador de crianças na Inglaterra, vedete dos tablóides, seu assassinato atrai, a uma cidadezinha do interior, milhares de curiosos. Em Paris, diz "o Canibal", seu crime lhe vale uma celebridade universal, seu nome está impresso até no menor jornal local do fim do mundo. As fotos de sua "obra", roubadas do dossiê médico-legal, são vendidas debaixo do pano. Anos mais tarde, sua autobiografia é *best-seller*, suas pinturas (nádegas com garfos fincados!) conseguem enorme sucesso.

Essa enumeração deixaria crer que os autores de crimes perversos são legião. Ao contrário, nas estatísticas da criminalidade eles representariam apenas uma ínfima porcentagem. Mas ocupam a atualidade. São os criminosos que dão o que falar, que interessam à mídia, que apaixonam violentamente o público. Conhecem a celebridade, e, às vezes, passam à posteridade.

O que têm em comum? Em que são diferentes dos outros criminosos? Já se assinalam pelo sentimento que seus crimes fazem nascer, a saber, antes de mais nada, a indignação. É quando passam que a multidão grita: "Morra!" Eles provocam uma emoção considerável, cercam-se de uma atmosfera de escândalo, desencadeiam violentas controvérsias. Mais singularmente, todos provocam no público reações paradoxais: longe de suscitar apenas o estupor, o nojo e o temor, conseguem ter um lugar de vedete. Podem até gozar de verdadeira popularidade, como Landru em seu tempo. Esses criminosos encontram seu público. Seja qual for a época, manifestam todos um espantoso domínio da comunicação, um sentido agudo da publicidade. Sabem jogar com o silêncio e a revelação retumbante, com a carta aos jornais e a entrevista na televisão. Gerenciam admiravelmente a ambigüidade de uma celebridade escandalosa.

Que tenham garantido a notoriedade pela quantidade, pela acumulação dos crimes ou pela singularidade notável de um único ato, revelam ter em comum outras características cuja lista e análise permitem, em seguida, agrupá-los numa mesma entidade. Agrupá-los, isto é, encontrar a estrutura comum daquilo que os une, é o resultado de um trabalho. Entre Gilles de Rais, Jack o Estripador, Landru e nossos estranguladores e estripadores contemporâneos, não só descobrimos uma comunidade de destino e de comportamento mas, para além das variantes de cada caso, uma identidade de estrutura. As recidivas incendiárias do piromaníaco e o crime único do Canibal, os assassinatos sucessivos de mulheres ou de adolescentes do *serial killer* e a única morte de um estrangulador de criança atendem, curiosamente, à mesma lógica. Considerei que, para defini-los, identificá-los e agrupá-los, a apelação "autor de crime perverso" era a mais adequada e a mais precisa. Assim, criei uma entidade "autor de crime perverso".

Por que autor de crime perverso, e não simplesmente criminoso perverso? A apelação seria igualmente justa, mas equívoca demais: aí se poderia entender apenas uma eventual perversidade do criminoso. Esse criminoso, esse autor de crime perverso que aqui estudo não é perverso porque seria, no sentido comum do termo, maléfico, desviante, manipulador, porque manifestaria uma perversidade, uma malignidade de caráter e de comportamento. Ele é criminoso porque sua relação particular com o Outro, e, antes de mais nada, com o Outro do encontro sexual, a isso o força. O ato do crime perverso é uma *resposta particular à pulsão sexual*. Esse ato se efetua no quadro de uma perversão no sentido psicanalítico do termo. Aí ainda, "perversão" não é nem um pouco sinônimo de "perversidade", mas designa um modo específico de relação com o mundo. Tratar-se-á de mostrar, bem precisamente, o que está em jogo. E se, por enquanto, me limito a afirmar que esse crime está ligado à sexualidade, de imediato concebemos que ele tende, como o ato sexual, a *se repetir*. Por isso é que o crime perverso também é o ato do *matador em série*. Este, a cada (mau) encontro com o Outro, tem a mesma necessidade de reproduzir um crime idêntico, de repetir o mesmo ato mortífero preciso. A lógica é a da repetição, mas os acasos do destino decidirão pelo autor: às vezes será parado já no primeiro crime; outras, ao contrário, terá os meios e o tempo para produzir uma série notável. Será então reconhecido como *serial killer*.

O grande público gosta da expressão *serial killer*, que para todos evoca o filme de terror, o assassino estranho por sua monstruosidade, sua desmedida e sua ferocidade, bem como vítimas aterrorizadas, fazem chicanas sobre a categoria, mais especificamente francesa, de matador em série: certos criminosos seriam, e outros não poderiam pretender deles fazer parte. O essencial está em outro lugar. Que se diga *serial killer* ou matador em série, só é possível entender esse criminoso se for apreendida a lógica do crime, a lógica do ato. Não se pode elucidar o enigma da repetição sem entender primeiramente o mecanismo do ato primeiro. Em que o primeiro crime já contém a lógica de sua repetição? Vamos estabelecê-lo conforme avançarmos neste estudo, e descobriremos como *o ato criminoso perverso é o elemento primeiro, fundamental*, de uma potencial série.

Por que, por outro lado, escolhi chamar esse criminoso "autor" de um crime? Porque o ato criminoso perverso, que antes de mais nada é uma ação violenta exercida sobre o outro, sobre um parceiro que raramente consente, é igualmente o ato primeiro de um drama teatral ao qual o público, de maneira surpreendente, assiste e do qual participa. Esse criminoso é, essencialmente, organizador de um espetáculo, em sua vida como em seu crime. E seu crime é uma encenação que visa, muito precisamente, a reação do público. Isto, que nunca foi identificado nem levado em conta, é um dos elementos fundamentais deste estudo da perversão criminosa. O autor do crime perverso, autor de um crime, é, antes de mais nada, autor e criador de um *espetáculo* pouco comum, montado e representado *em nossa intenção*. Por isso é que no mundo da mídia contemporânea ele prolifera, ao ponto de se tornar uma das vedetes de nossa sociedade do espetáculo.

Há vinte anos, a França descobriu, no drama, seu autor de crime perverso contemporâneo. Não era um *serial killer*; no entanto, marcou a sua época. Não porque escapou à guilhotina, nem porque seu retumbante processo antecipou a mudança do Código Penal e a abolição da pena de morte. Mas porque foi o primeiro a saber tirar partido da televisão. Ele ofereceu o suspense de uma investigação ao vivo da qual os telespectadores participavam todas as noites – investigação policial e espetáculo ao mesmo tempo, como uma telenovela, em que o público e os jornalistas assumiam o lugar do delegado. Ele, o autor do crime, enfrentava sozinho todos os outros: investigadores, jornalistas, telespectadores. Todos tomaram sua parte na investigação e no espetáculo. Todos se confundiram num mesmo público de espectadores-investigadores, para um autor que representava, conscientemente ou não, diante dos outros e com os outros. Ele inaugurou com maestria a televisão de divertimento. A palavra inglesa *entertainment* traduz melhor os componentes de suspense, angústia e horror. Pois se tratava do desaparecimento de uma criança, e, em seguida, da descoberta de seu corpo. A criança fora estrangulada.

E se esses crimes fazem falar muito do autor, é difícil falar deles sem nojo. O autor do drama, do crime monstruoso, do escândalo, também é objeto de desprezo e rejeição. Ou de vindita popular. Não imagino que o grande público seja constituído de indivíduos que se identificariam com tal homem, com tal gesto. Assim, certas realidades são enigmáticas. Como esse assassino de criança pôde, antes mesmo da libertação condicional, voltar a ser vedete da atualidade, ser fotografado para a revista *Paris-Match*, receber os direitos autorais de uma autobiografia, como se durante seus vinte anos de reclusão tivesse ficado sob os olhos dos telespectadores? É o doloroso paradoxo que se deve enfrentar. Qual é o segredo do vedetismo do autor do crime perverso? Qual é, então, a natureza do espetáculo pouco ordinário que ele promove?

O autor do crime perverso, tal como o identifico, nasce historicamente em 1440: a sinistra figura de Gilles de Rais surge com estrondo da Idade Média, no escândalo de um retumbante processo. Gilles de Rais é o primeiro a afirmar ter matado crianças por prazer. É uma declaração que poucos de seus êmulos ousariam fazer com tal aterrorizante franqueza. Mas Gilles de Rais poderia se vangloriar de ser o protótipo do criminoso perverso. Ele não só foi matador em série (mais de duzentas crianças!), como não hesitou em descrever em público o detalhe de suas práticas sexuais e seu gozo em degolar meninos. Ele encontrou os meios de dizê-lo, e também de fazer com que soubessem: conseguiu que sua confissão, que seus testemunhos tonitruantes ultrapassassem as portas fechadas da audiência. Foi o primeiro a saber fazer de seu processo a cena necessária ao brilho de suas declarações. Criou um espetáculo de um gênero novo, do qual era o autor e a vedete. Foi um triunfo. As minutas do processo foram conservadas e transmitidas integralmente. Restituem a representação teatral, dramatizada, rica de surpresas. Dominando a arte das lágrimas e do arrependimento e a arma da confissão escandalosa, Gilles de Rais suscitou no público temor e sideração. Aproveitando melhor que qualquer outro a oportunidade de nada esconder, de exibir os detalhes mais cruéis de sua sexualidade, ele foi o primeiro a ter o trabalho de revelar, tornar pública e difundir esta terrível notícia: existe um crime causado pela busca do prazer, existe um crime em que se acrescenta gozo.

Gilles de Rais permaneceu incompreendido, deixando seus juízes assombrados. No final da Idade Média, o conceito de pecado, a onipresença do demônio respondem exaustivamente pelo mal e não deixam conceber o enigma de uma monstruosa singularidade sexual. A estarrecedora revelação de Gilles de Rais, mesmo assim, vai ressoar no inconsciente popular e se transmitir com a lenda. Dois séculos e meio mais tarde, em seu conto *Barba Azul*, Perrault saberá dizer em meias palavras o gozo necrófilo do senhor que degola uma após a outra suas esposas e conserva, como um tesouro secreto, nos subterrâneos de seu castelo, seus corpos. É claro, o gozo fetichista do cadáver só é evocado de forma velada, ainda é só um conto.

Com Sade, tudo é dito da forma mais clara e repetido como uma única obsessão. É Sade quem clama, a não poder mais, uma escandalosa declaração e um revolucionário ensino, Sade quem quer forçar o universo a ouvir que há prazer sexual no crime, que há crime sexual. Sade é o primeiro autor de crime perverso moderno. Bem mais, ele é o autor do crime perverso em todos os sentidos do termo, e sobre esta fórmula vou me explicar mais adiante. Sade, para grande escândalo de todos, reivindica esse gozo singular, e para ele universal, de esfaquear e estripar os corpos vivos. Esfaquear, estripar, furar, recortar... O crime perverso retira algo do corpo. Ele corta, fende. Ele subtrai. Esse corte, essa subtração efetuada sobre o Outro sempre está presente na estrutura do ato criminoso perverso, mesmo quando não aparece de imediato. Se Sade, em seu tempo, ficou longe de ser um popular autor de crime perverso, se seu ensino durante muito tempo circulou apenas clandestinamente, e se continua não sendo reconhecido por seu público de hoje como criminoso, ele é aquele que imortalizou seu nome ao associá-lo para sempre à perversão criminosa.

Jack, o Estripador, em 1888, em Londres, inventa o gênero novo do espetáculo do pavor experimentado ao vivo, na angústia partilhada por toda uma população. Em poucas semanas, num perímetro de algumas ruas, ele assassina seis prostitutas. A cada vez é descoberto, num quarto de paredes respingadas de sangue, o corpo retalhado, aberto e mutilado, com os órgãos sexuais expostos. A polícia recebe provocantes cartas assinadas com o nome que ele se deu: *the Ripper*. O Rasgador. No bairro popular de Whitechapel, aterrorizado, um comitê de vigilância foi organizado. A perseguição começou, mas as descobertas macabras se sucedem num ritmo infernal. Pior, o presidente do comitê de vigilância recebe pelo correio, com a correspondência matinal, um rim retirado de uma das vítimas! À encenação espetacular do quarto da prostituta assassinada, ao ritmo sem descanso da ação, às provocações sem limites, acrescenta-se o suspense de uma investigação em tempo real. O criminoso brinca com aqueles que o perseguem, os desafia; os crimes acontecem paralelamente à investigação. Nesse roteiro, Jack utiliza os investigadores para amplificar a repercussão de seu crime, e brinca com a polícia para aumentar a sua notoriedade: as autoridades, ao apelarem para testemunhas, colam, em todos os muros de Londres, as cartas do Estripador! Entre os autores de crimes perversos, Jack the Ripper se impõe como um percursor e um mestre. O modelo que ele criou garante um certo sucesso, e será retomado mais tarde por outros autores notórios, por exemplo, o Vampiro de Düsseldorf.

Vai ser preciso esperar o século XX, e a difusão dos crimes sangrentos pela imprensa de grande circulação, para que surja, em pleno dia, o autor do crime perverso moderno. Landru, na França (1920), é o primeiro herói de um grande público de leitores de jornais. Esqueceu-se o que foi a sua extravagante popularidade. A investigação sobre o mistério de seus onze crimes ocupou as primeiras páginas da atualidade durante dois anos. Seu processo revelou, além disso, que Landru tinha uma extraordinária e impassível presença, um sentido do diálogo de cena, uma arte da réplica. Seus trocadilhos fizeram a felicidade da sala de audiência e regalaram os jornalistas.

Landru, capaz de assegurar uma performance inesperada de animador público, ainda é o homem de uma época para a qual a cena de teatro fornece o modelo do espetáculo. A preponderância do cinema, depois a onipresença da televisão modificaram, hoje, o crime perverso e a sua representação? De certa maneira, não: a encenação sempre foi necessária ao autor, a seu crime e ao drama do qual ele faz seu público participar. Veremos como ele vive, em cena, a representação de sua própria vida, e como representa seu próprio personagem. Compreenderemos que se trata precisamente da encenação de sua fantasia. A televisão, em contrapartida, lhe fornece um novo e poderoso meio de comunicação e difusão. Ela substitui o que foram, para Jack, o Estripador, os cartazes colados nos muros pela polícia de Londres, para Landru, a imprensa ou, para Gilles de Rais, o relato dos escrivães de seu processo. Além disso, ela privilegia o ritmo rápido, a investigação em tempo real, e demonstra a singular afinidade do crime perverso com a imagem. Mas, seja qual for a época, a estrutura do drama perdura. O gênero não deixa nenhuma liberdade ao autor, que a ele se conforma com algumas variantes, como se as regras lhe tivessem sido impostas desde sempre.

O drama, como no teatro, comporta quatro atos. O crime, o ato primeiro, só se entende realmente em função do que vai se seguir, já que ele inaugura o encadeamento previsível, implacável, dos atos seguintes. Ele acontece nos bastidores, ou melhor, por trás da cortina baixada, na noite, na penumbra de um quarto. Ele é da ordem da transgressão e do segredo. No entanto, para encontrar seu público, a obra deve ser desvelada à vista de todos. Para mostrá-la, é preciso levantar a cortina. É um motivo para o autor criminoso perverso *denunciar-se*. Ele corre até a delegacia. Ou então deixa indícios, se manifesta como testemunha, é interrogado pela polícia, entrevistado pela televisão. Escreve à imprensa, às autoridades. Acumula as imprudências ou, pior, as provocações. Em suma, não descansa enquanto não o prenderem.

É, então, o segundo ato do drama. Alguém, um policial de preferência, empurra a porta, transpõe o umbral e avança. Dá de cara com um espetáculo estupeficante: um corpo de mulher recortado com uma motosserra, bem em evidência no chão; restos macabros num armário, num baú, até mesmo numa geladeira; um cadáver de criança meio escondido sob uma cama, que ele descobre ao levantar com um gesto um pedaço de coberta. Sempre, é a sétima porta de Barba Azul, a do subterrâneo secreto, que se abre. Estranhamente encenado na penumbra, o cadáver, ou o que resta dele, parece brilhar de uma aterrorizante e fascinante luz. Mas por que esses restos sinistros e angustiantes são guardados, conservados em domicílio? Por que são, ao mesmo tempo, escondidos em aparência, e, na realidade, tão fáceis de descobrir? Um criminoso comum procura, ao contrário, apagar as provas, livrar-se do corpo. Seja como for, o efeito de surpresa, de perturbação, de choque, está garantido, e o autor (que assina, não só o crime, mas a sua encenação) sai do anonimato.

No terceiro ato, no momento do processo, o autor-ator aparece em plena luz, sob as luzes da ribalta, diante de seu público. Na sala de audiência, que já é, por natureza, uma sala de teatro, acontece o essencial da representação; o autor manifesta, então, o que é louvado num ator: a presença. Ele prova, assim, que sabe escolher seu registro, impor seu estilo, dar seu tom aos debates, obter seus efeitos. Da qualidade de sua performance dependerá a sua notoriedade. Ele pode, como Gilles de Rais, insultar os juízes, cair de joelhos, chorar, obrigar uma audiência embasbacada a ouvir até o fim confissões assustadoras. A estratégia do silêncio, a fria causticidade, a cortesia arrogante e o humor negro de um Landru também fazem seu efeito. Alguns processos contemporâneos oferecem muitas variantes.

O ato final é o da execução, o cumprimento da condenação à morte. Foi, durante muito tempo, um espetáculo, e a própria República condenava o criminoso a "ter a cabeça cortada em praça pública". Veremos que significação assume, para o autor do crime perverso, essa derradeira cena. Seja em plena luz, diante de uma multidão (como Gilles de Rais, que convocou toda a cidade de Nantes para assistir a seu enforcamento), ou, como Landru, diante de alguns jornalistas apenas, na penumbra de uma manhã de inverno, ele mostra, então, que sabe permanecer até o fim à altura de seu papel, e que a mesma fantasia que fez dele um criminoso faz também com que morra com a coragem e a dignidade de um herói. Do primeiro ao último ato, do crime à condenação e à execução, tudo se mantém na mesma coerência. Veremos que um íntimo ordenamento, uma lógica interna, sustenta o drama do início ao fim, anima a sua ação e a sua representação. Assim, quando hoje a execução não está mais em voga, ela permanece a perspectiva do ato criminoso, e a condenação orienta o desfecho. A imposição da construção é ainda mais rígida por ser inconsciente.

A cada vez, a cena das confissões, a cena do processo, da condenação e da execução parecem ter sido escritas de antemão. O drama que então acontece diante de nós não é outro senão a própria vida do autor, escrita por ele e representada por ele, do qual se quer o herói e que pretende assinar com letras de sangue, com seu nome. Autor, mas também ator, roteirista e encenador de sua biografia. O grande ordenador do espetáculo. E nós, *o público*, tal como o coro da tragédia antiga, acompanhamos, impotentes e emocionados, a progressão do drama, a ela assistimos até o desfecho. Nosso terror e nossas queixas, nossa raiva e nossa surpresa, nossa angústia, tudo foi previsto, e o autor quis essa emoção, considerável, insustentável às vezes. Quando não estamos sentados em nossa poltrona de espectador, a acompanhar ansiosamente os progressos da investigação pela televisão, a nos amontoar na sala de audiência do processo, estamos representando os papéis secundários. Ele é a vedete, e tem sempre o primeiro papel. Se o encontrarmos, ficaremos impressionados com a distância que ele estabelece; com a pose, a dicção, a maneira elegante de agir em representação, de nunca ficar desconcertado. Ele dá a réplica, e brilhantemente. Teremos a impressão, o tempo todo em que falarmos com ele, de estarmos sob o olhar de invisíveis espectadores. Convoquem-no para uma entrevista profissional, se forem advogados, médicos peritos, juízes? É ele quem lhes dá uma entrevista, à qual, aliás, se presta com cortesia. Só isso. Ele faz seu trabalho; garante a promoção de sua obra. E, como certos grandes atores, tem uma presença particular que atrai e retém o olhar, uma naturalidade perfeita, um pouco cansada, tingida de indiferença. Freud atribuía às mulheres muito bonitas e às feras o narcisismo que permite não se incomodar com o resto do mundo. Nosso herói se satisfaz em ser o fascinante objeto de todos os olhares? É preciso, ainda, a ele acrescentar um sutil, discreto mas sensível, toque de insolência. Uma suspeita de desdém, como se ele fosse o único a saber, o único detentor de um segredo que os outros preferem ignorar.

Assim, quem gravitar em volta dele deve se contentar com um papel fixado e limitado pelas convenções do gênero: o jornalista, o policial, o juiz, o advogado, o carrasco. Entre o autor e seu público (do qual ele também faz parte), o *jornalista* se faz o eco da emoção; ele garante a publicidade e a difusão do espetáculo. Os outros personagens são os *representantes da lei*. Os policiais têm por função investigar, descobrir a obra-prima secreta, levantar o véu sobre uma obra que sem eles permaneceria escondida. Aos magistrados cabe pronunciar o veredicto: seja qual for o talento do advogado, aqui a condenação foi prevista no desfecho. Enfim, os mesmos aplicam a sentença, estão presentes no momento da execução. Têm o dever de a ela assistir, e nesse momento final, numa madrugada cinzenta, silhuetas negras agrupadas diante da guilhotina ou sob a forca, reflexos sombrios alinhados atrás de um vidro sobre a cadeira elétrica, o procurador, o juiz, e até o sacerdote, os oficiantes da lei, demonstram em seu lugar de *espectadores* que sempre fizeram parte do público do autor.

Talvez vocês se espantem por eu não mencionar a *vítima*. Ela é representada pelo público, quando este se identifica com ela no processo, sobretudo em momentos de dolorosa emoção. Veremos por que ela só dispõe dessa representação.

Do público, de nós, que tenhamos função de espectadores anônimos ou função legal, nada a saber a mais. Pouco importa ao autor o que somos quando deixamos a cena ou a sala de audiência, depois que a cortina caiu.

Ele, autor, diretor e ator principal, só nos vê em sua cena como protagonistas vestidos, que sempre lhe dão a boa réplica e assumem corretamente o seu papel. É claro... Quem adivinharia que ele põe em cena o texto de seu destino? Ele mesmo ignora isso. No entanto, ele detém um segredo, e dedica toda a sua vida, põe toda a sua determinação em fazer com que partilhemos isso. Liga, em seu ato, o sexo e a morte. Reivindica o gozo, afirma a crueldade da pulsão. Acaba com todos os tabus, ultrapassa todos os limites numa gargalhada sardônica, num espetáculo de pavor grandioso, de terror e de noite. Depois se entrega, se denuncia, se oferece à lâmina da lei, e se sacrifica em outro espetáculo: o de sua execução. Ele, sozinho, revela a complexidade de nossa construção humana para com o sexual, suas exigências contraditórias e complementares. O triunfo, primeiramente, de nossa arcaica e fundamental crueldade; num segundo tempo a vitória da censura, da instância repressiva, civilizadora, humana. Ele desafia orgulhosamente os interditos, pisa neles, e avança em nossa direção, sem temor nem arrependimento, oferecendo a cabeça para ser cortada, o pescoço para ser estrangulado, entregando-se por inteiro à forca, à guilhotina, à cadeira elétrica, à prisão. Ele propõe seu corpo à imposição da punição, à marca da lei, como se se tivesse dobrado à imposição repetitiva da pulsão. Monstruoso, mas heróico. Está disposto a se sacrificar para fazer reconhecer, por todos, por toda parte, como uma regra universal, seu saber e seu gozo bem singular. Sempre disposto a se denunciar para tornar conhecida a sua obra. A ser o centro do escândalo para garantir a sua publicidade. Ele tem, assim, que confessar, mostrar e encenar o que vai nos aterrorizar, nos angustiar e nos hipnotizar. Ele decide nos revelar, resignando-se, o segredo que ele é o único a deter. Num estrondo terrível, ele força o nosso pudor e o nosso nojo, apossa-se, por arrombamento, de nossa intimidade, e quebra nossa humana e fundamental consciência. Entrega-se triunfalmente para provocar a repulsa, o horror. Tem, sobretudo, prazer em suscitar a indignação, o escândalo. No íntimo, jubila.

"O Açougueiro de Hanôver", Fritz Haarman, condenado em 1924 por ter assassinado e cortado trinta adolescentes... Não teria ele rido com o Diabo se tivesse podido ler esta curiosa notícia, transmitida pelas agências européias de imprensa? Em 1992, a municipalidade de Hanôver quis lhe erigir uma estátua... E este, nomeado "o Canibal" em 1982... Não escarnecia às escondidas ao ver o sucesso da revista que exibia os pedaços sanguinolentos, os restos espetaculares de seu mui específico recorte de um corpo? Certo, o homem honesto, a parte honesta do homem em cada um se escandaliza e se indigna. Todos acham que se excluem do conjunto dos *voyeurs*, o que não os impede, muito pelo contrário, de rir também, com um riso constrangido. Com um riso cuja causa, no fundo, é difícil de dizer. Ri-se do cinismo do mundo, e desse espantoso sucesso do autor. Mas o autor estava um pouco à frente. Ele já nos forçou a tomar o lugar dos espectadores.

O público, é claro, conforta todo autor ao confirmar seu êxito. Aqui a suposição de um público vem antes do ato. Terá havido primeiramente o público, e, em seguida, a obra. O público, o espectador, já estava presente no momento do crime, ainda que a cortina estivesse baixada. O ato do crime, como o ato final da execução pública, não pode ser compreendido sem a hipótese do espectador. É bem por isso, graças à publicidade de seu processo, que Gilles de Rais inaugura a série dos autores de crimes perversos. Ele encontrou, criou um público para uma cena que deveria ter permanecido secreta, e suas confissões impõem ver o que ninguém teria tido nem a idéia nem a vontade de ver, ou mesmo de imaginar. Sem público não há autor de crime perverso. Sem uma manipulação muito específica do público. Sem confissões públicas, sem uma reivindicação do ato, sem um confronto com a lei. Veremos como a *fantasia de uma execução legal em público* também condiciona o ato criminoso.

Quando tivermos compreendido a função específica de seu público, entenderemos melhor as causas do equívoco sucesso do autor do crime perverso, daquele que conquista a fama e permanece representado, para além dos anos e às vezes dos séculos, na memória coletiva. Vivo, ele tanto se ofereceu em espetáculo e tanto se entregou à representação que após a sua morte ele empresta a sua biografia, ou a sua lenda, à encenação. O criminoso se irrealiza em figura de ficção. Seu ato, que se fixa no imaginário popular, basta para identificá-lo, para dar-lhe um nome. Lembramo-nos do Açougueiro, do Vampiro, do Estripador... Sua negra silhueta se ergue, imensa, no cartaz do filme de terror. No silêncio da noite, na bruma, ele é a imprecisa e, no entanto, angustiante ameaça, a certeza de que, de repente, vai surgir da sombra uma implacável, impiedosa mecânica mortífera. Ele promete os arrepios e os gritos dos espectadores na escuridão do cinema. Ressurgência de nossos obscuros e arcaicos terrores brotando num grito de pesadelo, ele encarna o inapreensível enigma do monstro e da imposição impiedosa do destino. Ele é o instrumento e o herói de um ritual sangrento, incompreensível e estranho. Ele é a aparição, num raio assustador, de uma fantasia que, de hábito, deixamos cair no esquecimento. Ele se transforma em personagem mítico. Por isso é que volta sob formas diversas, sob múltiplas representações. Volta como herói de um conto popular, de uma peça de teatro, de uma ópera. O mito oferece muitas variações, e o drama de origem fornece a fonte de muitos espetáculos. De um lado os criminosos históricos, Landru, Gilles de Rais, Jack, o Estripador, o Vampiro de Düsseldorf... Do outro, os diretores, os poetas, os músicos, os roteiristas: Charlie Chaplin, Blaise Cendrars, Alban Berg, Fritz Lang, mas também Charles Perrault, Maurice Maeterlinck, Béla Bartok... O autor original foi substituído por grandes autores, com quem, estou segura, ele estaria orgulhoso de partilhar a sua criação.

Algumas dessas magistrais ficções revelam uma parte da obscura verdade. Podem ser vistas, decifradas, não só como versão do mito, mas como interpretação do enigma. Assim, escolhi a caução de alguns grandes artistas para nos aprisionar, o leitor e eu mesma, para entrarmos pelo viés de uma verdade imajada e reconstruída na verdade do crime perverso. Trata-se de abordar a monstruosidade, o repugnante, o escandaloso. A ficção permite dizer em meias palavras, mostrar em claro-escuro, acrescentar a luz da ribalta, a ilusão do jogo. Ela vai nos ajudar a caminhar progressivamente, a tocar cada vez mais de perto e a apreender, de modo cada vez mais preciso, um real que nos deixa pouco à vontade, nos choca e nos enoja. O filme, a ópera, o conto, também visam a emoção de um público. Eles vão nos fornecer indicações preciosas sobre o que sente um público confrontado com o crime perverso; sobre a colocação à prova que ele sofre. Veremos que o autor não o trata com indulgência. Não será a menor de nossas surpresas: da mesma forma que o ato criminoso perverso dilacera, fende e divide o corpo de sua vítima, a obra do autor do crime perverso tende a ferir, dividir em seus sentimentos, dilacerar seu público!

Como o leitor e eu mesma fazemos igualmente parte desse público dilacerado, o percurso que faremos juntos não poderá ser inteiramente pacífico. Estudar certos casos, para além das generalidades, logo na precisão clínica do ato criminoso, é uma prova. Nossa viagem tampouco poderia ser breve, nem fácil, pois a minha proposta é nova. Uma proposta nova, referindo-se a um objeto escandaloso e sobretudo angustiante, exige muito do leitor. Como responder ao enigma provocante que representa, para a razão humana, o criminoso em série? Nenhuma explicação psicológica, nenhuma anamnese ou biografia dá conta do real, da repetição do crime. Não se explicam melhor a estranheza desse criminoso, os numerosos paradoxos de seu comportamento nem os contrastes de seu caráter. Cruel, frio, indiferente, sem piedade e cínico... Licencioso, debochado... Capaz de uma desumana ferocidade... E, por outro lado, devotado aos próximos, corajoso, generoso, cortês, preconizando os bons princípios, a boa educação, a autoridade, o dever, os valores da família. Inquietantes contradições!

Considerando a complexidade que confere a esse criminoso sua estranha singularidade, meu trabalho cria uma entidade e isola um sujeito autor de crime perverso, que ele estuda. Ele é o fruto de uma elaboração teórica baseada numa experiência de psicanalista. Acontece que os psicanalistas não têm por hábito atender criminosos perversos. Não existe, até aqui, nem uma verdadeira teoria, nem uma clínica psicanalítica da perversão criminosa. Assim, tive de elaborar aos poucos – sobre a base sólida dos conceitos freudianos e lacanianos – uma teoria que respondesse pela experiência – pioneira – que levei a cabo num hospital psiquiátrico: a psicanálise de certos pacientes criminosos que não eram psicóticos e que o acaso das perícias e dos diagnósticos havia subtraído à responsabilidade penal.

Primeiramente considerei o real da repetição. A repetição supõe uma causa, e o ato que se reproduz, se repete, obedece a uma mecânica que se desmonta, se analisa, se compreende. Assim, é preciso, essencialmente, compreender a primeira passagem ao ato que inaugura a série; a estrutura específica, elementar, do ato. Prossegui, em psicanálise, uma hipótese complementar: o que explica o ato explica igualmente a organização de toda a vida do homem que age; a elucidação do crime permite igualmente compreender o criminoso e seus paradoxos. Compreender? Reconstruir, sobretudo, com todo rigor, a lógica inconsciente. Não se deixar fascinar, cegar, pelo espetacular, os comportamentos manifestos; não se perder nas explicações e nas racionalizações. Não trazer a qualquer preço as respostas, mas, sobretudo, saber colocar as questões deixando-se guiar pela necessidade, para compreender, de reconstruir o inconsciente. A fantasia inconsciente, isto é, a relação específica do sujeito com seu mundo, sustenta a perfeita coerência daquilo que parecia primeiramente aberrante, inexplicável, enigmático.

Assim, tratar-se-á de elucidar progressivamente a rigorosa e secreta lógica de um ato criminoso que se confunde com a imposição implacável de um destino. Ao caminharmos, teremos a surpresa de descobrir que o público, colocado à prova de uma manipulação específica, também responde à fantasia inconsciente do autor. O público é, à sua revelia e contra a vontade, o parceiro, o Outro do autor do crime perverso contemporâneo. Tratar-se-á de apreender o mecanismo sutil de um procedimento, em aparência, grosseiro. As engrenagens precisas de uma manipulação. De desvelar o que se esconde na excessiva encenação do *Grand-Guignol*[1] , a determinação cruel, a ultrajante provocação. Compreenderemos, ao termo deste trabalho, como o público, dolorosamente dilacerado, é o alvo do autor que também visa, ao mesmo tempo, no mesmo movimento, completá-lo: pela encenação fetichista de uma surpreendente oferenda retirada do corpo da vítima. Um público dolorosamente, e bem contra a vontade, sem querer, muito satisfeito. Teremos, assim, uma visão da significação inconsciente sacrificial desse crime.

Com efeito, o sacrifício não está afastado do específico caminho tomado por esse criminoso para, finalmente, se inscrever na lei. Veremos como, ao termo do percurso, a condenação requerida é, não só o culminar de um destino, mas, sobretudo, o complemento, a recíproca exata, do ato. Essa lógica esclarece uma perspectiva final que se abre para as dificuldades, os escolhos, até mesmo as impossibilidades com as quais são confrontados, então, os representantes da lei e da sociedade.

Por que esse esforço para identificar, entre outros criminosos, os autores de crimes perversos? Por que compreender o que os faz agir? Por que estudar a lógica inconsciente das reações do público? Talvez seja melhor não ter muitas esperanças nem contar demais com o conhecimento. Pelo menos poderíamos avaliar mais justamente os impasses de certas perícias, e

---

[1] Espetáculo de horror sangrento (N.T.)

compreender a inutilidade preventiva da ameaça de uma condenação à pena capital. Talvez também pudéssemos identificar melhor a função da propagação do escândalo, e nos situarmos mais lucidamente diante da ambigüidade de um gozo singular difundido pela mídia.

Landru

A vida pública de Landru começa, bem precisamente, em 12 de abril de 1919 às seis horas da manhã. Ao ser preso em casa. Curiosamente, houve alguém para tirar uma foto desse momento. Em primeiro plano, duas tranças desfeitas (a zeladora e outra curiosa) e um policial de quepe. Um inspetor de capa quadriculada caminha na frente num passo decidido. Em segundo plano, flanqueado por outro inspetor, descendo as escadas com uma certa moleza, uma das mãos no bolso, o elegante sobretudo aberto, Landru: é reconhecido pelo negro intenso da barba e as sobrancelhas cheias.

No entanto, não era Landru, e sim um certo Lucien Guillet que os dois inspetores tinham vindo pegar de madrugada. Suspeitavam que fosse o responsável pelo desaparecimento de duas mulheres. As queixas dadas pelas famílias, uma laboriosa investigação, mas, sobretudo, um acaso, um concurso de circunstâncias, haviam conduzido os policiais até o apartamento da rua Rochechouart, onde o suspeito vivia há dois anos com sua jovem amante. Levaram Lucien Guillet para um interrogatório na brigada criminal, no *quai des Orfèvres**. O homem se mostrou pouco falante, exa-

* Endereço da Secretaria de Segurança de Paris, no antigo Palácio da Cidade, na *Île de la Cité*. (N.T.)

geradamente polido, e muito estranho. O fichário das impressões digitais trouxe uma identidade judiciária: Landru, um pequeno escroque reincidente. Em si, não era um peixe grande. Revistando-o melhor, os policiais encontraram em seu bolso um caderninho de notas. Folheando-o rapidamente, o delegado logo ficou intrigado com uma página onde uma lista de onze nomes fora copiada com aplicação. Ali, ele reconheceu os nomes das duas mulheres desaparecidas! Estupefato, teve uma fulgurante intuição:

– São os nomes das suas vítimas? Não é? Você matou onze pessoas?

– Confesse, Sr. Delegado, que eu seria um assassino muito imprudente se tivesse anotado assim todos os meus crimes.

De fato! Mas os policiais tiveram desde esse momento a convicção de ter posto a mão no matador das duas mulheres. E talvez de nove outras. Restava-lhes trazer a prova!

Assim, a história de Landru começa na leitura, pela polícia, de seu caderninho de notas, que ele mesmo levou à brigada criminal. Já no dia seguinte, seu nome aparece num jornal. É uma entrada na fama relativamente tardia, já que ele tem cinqüenta anos. Sua carreira criminosa começou quatro anos antes. Na véspera de ser preso, Landru não passa, para os serviços de polícia, de um nome insignificante entre tantos outros, fichado por pequenos delitos. Andou um tempo preso, estava foragido. Foi condenado à relegação, isto é, à proscrição, mas ninguém se daria ao trabalho de procurá-lo. Talvez só a mulher e os quatro filhos conheçam a existência, em Paris, de Henri Désiré Landru. Sua mulher, como ele oriunda de um meio popular, trabalha como lavadeira. Casaram-se bem jovens, e ela há muito tempo aceitou a marginalidade e a pequena delinqüência do marido, que, por outro lado, nunca se esquivou do exercício de seus deveres e de sua autoridade para com a família. Para o resto do mundo, Landru desapareceu. As poucas pessoas com quem ele mantém relações superficiais de cliente ou de inquilino, as mulheres que ele encontra conhecem apenas um Sr. Guillet, Dupont, Fremyet e até... Tartempion. A partir da descoberta de sua agenda, Landru existe, e esse nome que pela primeira vez se adentra, estropiado, numa modesta chamada, bem rápido vai se tornar célebre. Landru. Hoje ainda, não há nada a acrescentar. Seu nome basta: o homem que matava as mulheres, as queimava em seu fogão e ficava com suas economias. Ele está inscrito na memória popular como um equivalente de Barba Azul.

O acusado não fez confissão alguma e não colaborou em nada na investigação. Em conseqüência, a vida de Landru, o assassino, que conhecemos muito bem, foi inteiramente reconstituída, sem sua participação, durante os dois anos que durou, sob forma de investigação, a instrução. Quanto à vida do homem que se chamava Landru, o que era, o que pensou, sentiu, viveu, vamos ignorá-la para sempre. Ele nunca falou dela. As testemunhas descreveram no processo o que sabiam dele, o que tinham visto e ouvido, mas Landru nunca falou nada de si mesmo, nunca disse o que quer que fosse de uma lembrança, de uma emoção, de uma esperança, de uma coisa banal e íntima. Da mesma forma, nunca respondeu aos delegados, ao juiz, ao presidente do tribunal, ao promotor. A todos opôs a mesma resposta: "Não tenho resposta a dar." Assistiu com indiferença muda à reconstituição de sua vida. Aquilo parecia não lhe dizer respeito.

Paradoxalmente, se comparadas a esse silêncio, suas ações são conhecidas com precisão extrema. Foram encontradas em sua casa todas as suas agendas e cadernetas de contas, arrumadas com o maior cuidado. Ele consignara diariamente suas entradas de dinheiro e suas despesas, com precisão de centavos! Anotara todos os seus encontros e seus trajetos! Um emprego do tempo de homem muito atarefado, atravessando Paris de uma ponta à outra; correndo de manhã até de noite para encontros marcados de hora em hora, a cada vez com uma mulher diferente. Uma vida de contas minuciosas, de balanços mesquinhos. Landru inscrevera tudo. Deixava o documento mais preciso que um detetive pudesse esperar. Mesmo assim, o investigador precisou de paciência, de determinação e de tempo: algumas indicações estavam em código, e havia mais de mil páginas.

A vida de Landru, tal como a conhecemos, é, pois, uma compilação de seus balanços contáveis e dos dias descritos por suas agendas. É também o relato, cortado em seqüências, feito pelas mulheres que o amaram. Esqueceu-se de que ele foi um *don Juan*. Como as de *don Juan*, suas conquistas se contam: duzentas e oitenta e três mulheres em quatro anos! Algumas de suas amantes testemunharam. Foi-lhes perguntado, com precaução, se ele não era impotente, ou se não manifestava algumas esquisitices, algumas estranhas predileções. Nada! Um parceiro bem satisfatório. Excepcional, até...

A vida de Landru é, enfim, o resultado das investigações policiais feitas em sua casa de campo de Gambais, o Ermitage. Ali foi encontrado o famoso fogão, com as cinzas e os restos de ossos humanos calcinados e moídos. O jardim com suas belas rosas escondia, semi carbonizados, grampos de cabelos, uma armação de corpete, um escarpim. Depois, quando se pensou que o assunto estava esgotado, houve ainda o inventário de sua garagem, um hangar que ele alugava em Clichy, onde estava amontoada uma confusão macabra: roupas, móveis, sutiãs, um ferro de frisar, uma peruca, uma dentadura. E alguns papéis.

A lenta e minuciosa reconstituição do quebra-cabeças começou logo com a sua prisão. À medida que a investigação progredia, as mórbidas descobertas, os detalhes estarrecedores ou escabrosos (restos humanos, dentaduras e corpetes, o número de suas amantes) foram publicados pelos jornais: como que destilados de propósito para amenizar, dia após dia, o choque de uma revelação sensacional. Os policiais, os jornalistas e o público nunca chegavam ao fim de suas surpresas. Houve também os subentendidos licenciosos, os comentários depravados. Durante dois anos, Landru foi manchete nos jornais. A partir dos onze nomes do caderninho, a investigação concluiu pela morte de dez mulheres, e do filho de uma delas. A despeito de acusações que não haviam cessado de se acumular, a despeito de confrontações cada vez mais prementes, Landru persistia em não confessar nada. Ao fim de dois anos, estava tudo pronto para um formidável julgamento.

Começou em Versalhes, no dia 7 de novembro de 1921. Foi um acontecimento. Os trens para Versalhes foram tomados de assalto, uma multidão se formou na porta da sala de audiência; desde a madrugada já havia filas na porta do Palácio de Justiça. O *Tout-Paris* ocupava os primeiros lugares: Mistinguett, Dranem, Maurice Chevalier, a princesa Helena da Grécia, o príncipe herdeiro da Pérsia, o decano da Comédie-Française... E, pela imprensa, Colette, Roland Dorgelès, André Salmon, Henri Béraud... A ilustre assembléia não ficou decepcionada. O espetáculo cumpriu amplamente as suas promessas, e Landru esteve à altura de sua notoriedade. Já em sua entrada em cena, no banco dos réus...

– Mas é um senhor! – exclama uma senhora anônima.

Sim, isso faz parte de seu personagem, Landru, o assassino do *Grand-Guignol*, o cortador de cadáveres, tem as roupas, as maneiras, o tom e a elocução de um *gentleman*. Tem uma cara também: o brilho do olhar sob as fartas e inquietantes sobrancelhas negras, o alto da cabeça careca, a barba de azeviche. Facilmente identificável, fácil de desenhar; qualquer retrato dele tem a legibilidade e a nitidez de uma caricatura. Ele tem, sobretudo, uma impressionante presença, e Colette, grande escritora, descobre a verdadeira chave: "Se baixa pela metade as pálpebras, o olhar assume aquele langor, aquele desdém insondável, que vemos na fera enjaulada."

Da fera ele tem, com efeito, a impassibilidade e a indiferença. Esse domínio de si, que ele vai guardar até o fim, fascina. E mais ainda seu desdenhoso silêncio. Ele não confessará nunca.

– Elas desapareceram? Eu também desapareci durante dez anos. Provem que elas estão mortas. Encontrem os corpos!

Ele não se contenta em fascinar, ele diverte. *Monsieur* Landru maneja o humor. Sem jamais renunciar à maior cortesia, ele vai dar quinau no promotor:

– O senhor pede tanto a minha cabeça, Sr. Promotor, que lamento só ter uma para lhe oferecer!

Na audiência, os risos estouram como aplausos. A sala, agitada, ruidosa, esquenta como no *vaudeville** . O presidente ameaça:

– Vou mandar evacuar a sala, e pedir a cada um que volte para casa.

– De minha parte, Sr. Presidente, será um prazer.

No meio dos risos, ele permanece impassível. Com a distância de uma estrela, durante todo o processo, ele vai assistir à representação de sua vida, feita por outros, como se se tratasse de uma proposta de roteiro para seu personagem, ou de uma ficção, contada a várias vozes.

Há primeiro a voz morna do inspetor Belin, que se encarregou de fazer falar as agendas e os blocos de notas, a realidade sórdida e mesquinha das pequenas somas extorquidas, dos pobres brincos retirados da morta e dados na mesma noite à esposa ou à amante. O preço das passagens de trem para a famosa casa de campo, o *Ermitage*: ida e volta para Landru, 3,85 francos; ida simples para a senhora, 2,40 francos! E depois todas as com-

---

* Gênero teatral, comédia leve de costumes (N.T.)

pras de serrotes, serras circulares, serras de mão, serras de metais, e de pinças, e as datas de entrega do carvão destinado a alimentar o fogão.

A segunda voz, igualmente sinistra, é a do médico legista, o grande mestre do necrotério, o dissecador legal de cadáveres, o doutor Paul: um excelente ator, ele também uma vedete do cômico macabro, e ele jubila. Os restos de ossos, as cinzas? Três crânios, seis mãos, cinco pés! Ele também tem o senso do espetáculo, e manda trazer o famoso fogão em pleno tribunal. Uma cabeça, senhoras e senhores? Uma cabeça vazia, trinta e oito minutos para ser reduzida a pó por combustão. Cem minutos para uma cabeça cheia, com olhos, cabelos e língua!

E depois há a terceira voz, o coro das duzentas e oitenta e três amantes (ainda que nem todas se apresentem no tribunal), a melodia das namoradas: um homem de sedução irresistível, um amante tão perfeito. Landru dá um sorrisinho, ele só pode se sentir orgulhoso. O que, com certeza, irrita o presidente:

– O senhor, desde sempre, parece ter buscado a companhia das mulheres...

– Nunca tive modos especiais, se é o que o senhor quer dizer. E (voltando-se para o público) se as mulheres que conheci têm algo a me censurar, elas que dêem queixa!

Entre as mulheres de Landru, duas devem ser consideradas à parte. Sua esposa e Fernande, sua amante. Em casa, ele aparece, antes, como bom marido e bom pai; traz, quando pode, dinheiro, às vezes um presentinho, preocupa-se com os filhos e exerce uma firme autoridade sobre toda a família. Com Fernande, ele é o amante mais velho, muito apaixonado por uma mulher ainda jovem. Um dia, tira um retrato com ela: os dois endomingados, de braços dados; ele aparenta o orgulho do homem apaixonado. Leva-a de noite à Opéra-Comique, mima-a, e montam a casa, e compram juntos um conjunto de porcelana. Ele criou dois lares. Nada mais comum para um "senhor" de sua época. Ele promete a Fernande casar-se com ela, sempre deixa para mais tarde, e adula a sogra com a mão esquerda dando-lhe um casaco de peles. Com Fernande, ele ainda está em família. Quanto a isso não há nenhuma dúvida possível. Em seus cadernos, a família está codificada de 1 a 7: 1, a esposa, 2, Landru, 3, 4, 5, 6, os filhos, 7, Fernande, 7*bis*, a mãe de Fernande!

No fundo, do que o censuram? Para retomar a sua frase, nem as namoradas de passagem, nem Fernande, nem a esposa se queixam dele. Resta, é claro, o problema das desaparecidas. Mas elas não estão ali para testemunhar. No entanto, vão falar à maneira delas. Uma mulher sempre tem uma irmã ou uma amiga a quem contar seus amores, uma carta a quem escrever. As confidentes das mortas vêm depor no tribunal. Seus testemunhos, acrescentando-se aos cadernos, à confusão do hangar, à análise das cinzas do fogão, concordam. Uma única versão é possível, ainda que à primeira vista seja difícil de acreditar. Mais espantoso ainda, o mesmo roteiro se reproduziu dez vezes. E a cada vez Landru estabeleceu, com a "noiva" que ele se propunha a matar, a mesma relação codificada.

Que a encontre na rua ou que a recrute por anúncio matrimonial, sempre uma correspondência é trocada. Ele se apresenta como engenheiro, professor, diplomata, homem de negócios, e sempre sob um nome de empréstimo. Redige antecipadamente três cartas modelos, prontas para serem usadas, que envia uma após outra durante uma campanha de sedução programada em três etapas, ou três batalhas. Dessas cartas ricas em ensino extraio apenas o que me interessa aqui. Por um lado, e não é banal para cartas de amor, Landru insiste no fato de que está ausente, muito ocupado. Após os primeiros encontros, ele espera que a senhora solicite revê-lo, que manifeste sua emoção, sua tristeza por tê-lo talvez perdido. Ele se faz rogar e desejar. É claro, se assinalo isso, é que entrevejo aí outra significação que a banal tática do sedutor. Por outro lado, as duas primeiras cartas, nas quais o candidato ao casamento se apresenta e se descreve, dão toda a medida da presença da mãe:

"Sempre vivi com minha mãe..."

"A única afeição da minha vida foi o culto à minha mãe..."

Está mentindo? É claro. Uma mentira que grita a verdade inconsciente. A mulher lê nela apenas a declaração tranqüilizante de um rapaz comportado. Mas é, de fato, uma declaração.

As noivas pertencem à mesma faixa etária, os quarenta anos. De cada uma delas uma foto foi conservada no dossiê. Ao vermos os retratos em série é como se, estranhamente, elas todas se parecessem, como se fossem apenas uma variante do mesmo modelo de mulher. Talvez uma mesma sensualidade plácida, ampla e redonda, do queixo e da boca. Que traço comum tinham elas para Landru? Nunca vamos saber.

Três cartas, portanto, alguns encontros obtidos de passagem, e a senhora já está disposta ao casamento com o professor Tartempion, o funcionário público Diart, o engenheiro Guillet ou o cônsul Petit. É, de qualquer modo, espantoso. Como Landru ganha sua guerra-relâmpago? Tomo como testemunha Alphonse Boudard, que escreveu uma vivíssima biografia de Landru e que, homem experiente, desvela seu argumento: Landru? Uma espada, um cacete, uma escavadeira, uma pica! Certamente, e dizendo com outras palavras, ao serviço prestado pela máquina se acrescenta toda a encenação que o veste com um engodo fálico. Não posso pensar em Landru, o sedutor, sem que logo se superponham as burlescas aventuras de *Monsieur Verdoux*. Chaplin entendeu que, sob um pseudônimo, Landru se fantasia e representa, como no teatro, um papel de composição. Faz o engenheiro, o industrial, o diplomata. Está em cena. A esse respeito, nos resta um testemunho magnífico que Alphonse Boudard, sensível à beleza, não deixa de relatar: Landru, vulgo Sr. Cônsul Petit (cônsul em Melbourne, na Austrália, por favor!), chega, subitamente, à casa da Sra. Guillin.

– Cara amiga, não pude me impedir de vir saudá-la ao passar. Estou no entanto muito apressado, esperam-me na embaixada britânica...

E Landru arvora, nessa noite, uma roupa de marquês Luís XV que ele alugou num brechó: paletó dourado bordado, culotes de cetim, sapatos de fivela, espada ao lado!

A Sra. Guillin com certeza admira o lado brilhante da representação já que, como as outras, está se preparando para viajar para o exterior, para uma nova vida, fez economias, está juntando as coisas, fechando as malas. E, para experimentar de antemão as delícias da lua de mel, é convidada para uma ida ao campo. Os noivos atravessam o jardim e suas rosas, e transpõem o umbral do Ermitage. A cortina cai.

Quando de novo a cortina se levanta, Landru já está sentado no trem para Paris. Encontra-se com Fernande. Dá para ela de presente um colar que pertencia à morta, leva-a, nessa noite mesma, para escutar *Manon* na Ópera. Ele já cuidou de pôr as contas em dia, já inscreveu seus ganhos, o dinheiro e as jóias, na caderneta. Também anota o que distribui. No dia seguinte, leva um pouco de dinheiro para a esposa, e dá também ao filho mais velho. Logo retoma o que constitui o seu trabalho, seu esforço programado, corre a seus encontros com todas as outras mulheres. Dias mais tarde apenas, ele volta ao Ermitage onde deixou o cadáver. O corpo é feito em pedaços, fatiado e queimado no famoso fogão. Os objetos pessoais da senhora são, num primeiro tempo, levados para Clichy, e juntam-se aos outros despojos no hangar. Agora é só recomeçar.

O processo não desvendou o enigma. Landru não confessava, e, no entanto, parecia ter procurado deixar atrás de si, ainda mais que indícios, provas: como se tivesse querido facilitar o trabalho do investigador mais obtuso. Foi, aliás, o argumento de seu advogado, Dr. Moro-Giafferi. Se seu cliente fosse culpado, se realmente tivesse matado, então devia se considerar que era maluco. Com efeito, que paradoxo! Como entender essa estranha combinação da ausência de confissões e da acumulação de provas?

No entanto, nem os jurados nem o tribunal se deixaram abalar pelos argumentos da defesa. Ao fim de seu retumbante processo, Landru foi condenado à pena capital. Os peritos psiquiatras concordam em dizer que o homem era perfeitamente são de espírito. Ele cometera onze assassinatos por venalidade. Para embolsar as magras economias de viúvas em falta de companhia e de amor. Uma escroqueria sem sentimentos. Um escroque como outro. Eles não se espantaram com nada, nem mesmo com o supremo paradoxo: todos aqueles crimes não tinham rendido quase nada. Ou muito pouco. Sentindo, talvez, a fraqueza do raciocínio que desenvolviam, enterraram o prego: Landru era superiormente inteligente, ele preparara pobres extorsões num meio de gente simples, escolhera não ganhar quase nada e não chamar a atenção! Onze assassinatos, e um senhor trabalho... por um resultado ridículo. Superiormente inteligente? O perigo das explicações psicológicas é que, no fundo, elas falam demais... sobre aqueles que as formulam. Sem entender o que incitava Landru, podemos, de qualquer modo, supor outros motivos para seus atos. É isso, a meu ver, o que nos resta de humanismo, ou de razão: a certeza de que alguém não mata dez mulheres apenas para ganhar alguns trocados. Não pretendo fazer dele um homem melhor, nem pior. Mas deve-se bem supor outra verdade. Para entender, é preciso levar em consideração a realidade dos fatos, e os enigmas, e os paradoxos. Fundar-se na hipótese de que há uma coerência em todos esses elementos, em aparência, incoerentes, e que é possível reconstruir a lógica interna deles. "Não tenho resposta", repetia sem cessar Landru quando o pressionavam para se explicar. Acredito nisso. Resta decifrar o que o criminoso não pode dizer, já que ele mesmo o ignora, e ouvir o que ele diz, já que, como qualquer um, ele não sabe a verdade do que diz. Em defesa dos peritos, reconheçamos que, em 1921, eles provavelmente não tinham meios de superar essa medíocre tese da venalidade, que o assassino parecia, com sua mania pelas contas, lhes servir de bandeja. Mas como entender o caráter tão singular dessas contas, sua significação? Por que ele carregava consigo o nome das mortas? Como entender esse singular uso do tempo, medido, contado, de meia em meia hora, dia a dia? Como explicar, sobretudo, o desaparecimento dos cadáveres por um lado, e, por outro, a acumulação dos restos, de todos esses pobres objetos íntimos conservados?

Se Landru tivesse sido apenas um miserável escroque assassino de pobres mulheres (que não tinham para si nem a juventude, nem a beleza, nem a riqueza), como explicar que tenha fascinado multidões? Que tenha recebido na prisão milhares de cartas, não só mensagens de simpatia de certos homens, mas caixas de charutos e balas, declarações de amor, pedidos de casamento por parte de admiradoras? Que, em 1919, quatro mil eleitores puseram na urna o nome de Landru? Que a sua caricatura, por Sem, enfeitava o cardápio do restaurante Chez Maxim's? Que os jurados que o condenaram à morte assinaram ao mesmo tempo um pedido de indulto ao presidente da República? Que o diretor da prisão conversava familiarmente com ele em sua cela? Como explicar que um Chaplin escolhesse fazer dele o herói de um filme, *Monsieur Verdoux*?

Os peritos confrontados com o caso Landru, embora o dissessem são de espírito, o qualificaram, no entanto, de "perverso". Ali só entendiam uma perversidade. Uma malignidade profunda, uma deficiência moral. Tinham, com certeza, lido Krafft-Ebing, o psiquiatra alemão do fim do século XIX, e seu repertório das psicopatias sexuais; com certeza não ignoravam que certos crimes têm por origem uma sexualidade patológica. Os crimes de Landru não lhes pareceram pertencer a essa categoria. Por quê? Porque com as mulheres – disso estavam seguros, já que tinham tido o cuidado de perguntar a elas – ele se mostrara um parceiro mais que normal. Seus assassinatos em série não podiam se inscrever no quadro conhecido das perversões sexuais, já que a sexualidade dele estava conforme. É notável que, para os peritos como para o público, seus crimes permaneceram estranhamente dessexualizados. Durante o processo, o sexual foi deslocado, com precaução, para as amantes enamoradas e apaixonadas por Landru. Elas enrubescem, decerto, mas vêm ao tribunal testemunhar que em Landru o sexual existe. É, aliás, o que lhes pedem. Há até, em Landru, tanta sexualidade, há nele uma tal pulsão (mas em 1921 Freud só havia descoberto a pulsão há seis anos), que ela deixa seu público embasbacado e, antes, admirativo. Alphonse Boudard tira o chapéu para ele. Seduzir, certo, mas, qüinquagenário, satisfazer duzentas e oitenta e três mulheres em quatro anos!

Hoje ainda, a opinião comum não associa facilmente em Landru a pulsão sexual e o assassinato de dez de suas amantes. É, no entanto, o primeiro passo a ser dado. Trata-se de colocar uma primeira equação: uma mulher, a pulsão sexual, e um pequeno algo que se acrescenta e se protege, uma soma de dinheiro, uma jóia. A jóia, retirada de uma mulher e oferecida a uma mulher, tem uma função, mas precisei de tempo para entender. O tempo de reconstruir a álgebra singular do ato do crime perverso, analisando outros casos. O tempo também de achar necessário elucidá-lo. Necessário? Com o exemplo de Landru, o sentido de meu trabalho se exprime claramente. Sempre que uma explicação simples banaliza ainda mais o crime, sempre que encontramos uma razão ordinária para a monstruosidade, sempre que o humano perde ainda um pouco mais de sua humanidade. Há uma lógica inconsciente nos atos de Landru, e nas estranhas, burlescas e *a priori* inexplicáveis reações de seu público. Ela não é dada de imediato. Com efeito, Landru se apresenta como uma encarnação emblemática do paradoxo proposto pelo autor do crime perverso. Cortador de mulheres, ele é bom esposo e amante atencioso. Matador assustador, ele faz rir. Não confessando nunca, ele se denuncia ao trazer à polícia a lista de seus crimes. Paradoxo suplementar, a sociedade que faz dele uma vedete ao mesmo tempo o condena a ser guilhotinado.

Uma parte de seu extraordinário sucesso se concebe bem facilmente. Mais que a singularidade de seus crimes, mais ainda que o número deles, a difusão que tiveram nos jornais fundou a sua notoriedade. Ele foi o primeiro autor de crime perverso a tirar partido desse novo meio de comunicação que lhe era fornecido pela indústria da imprensa. Podemos avaliar a força dos jornais em 1920 lembrando que se davam ao luxo de ter como correspondentes Colette, Roland Dorgelès, André Salmon ou, ainda, Henri Béraud. Temos idéia da importância que tinham para a carreira de um inspetor ou de um delegado quando encontramos, como que por acaso, uma foto da prisão de Landru, vulgo Lucien Guillet, às seis horas da manhã; a delegacia terá passado na véspera a dica ao jornalista, e previsto o pequeno artigo. Durante os dois anos de investigação, a fama de Landru beneficiou-se dessa relação recíproca que liga, na notoriedade, o criminoso e seu policial, o acusado e seu juiz. Durante dois anos, o público, por intermédio dos jornais, participou de uma apaixonante investigação criminal em forma de quebra-cabeças e jogo de pista. O autor do enigma policial, Landru, fora astucioso. Não confessando, ele criara um mistério: culpado ou não? Havia onze assassinatos, um monte de provas materiais, e, no entanto, isso não bastava, e era preciso sempre prosseguir, adivinhar, deduzir, interpretar os indícios. O leitor do jornal, diariamente posto a par dos progressos da investigação, também procurava entender, ter a sua idéia. A ausência de confissões implicava, para o leitor-investigador, reconstituir e imaginar, ver o real dos atos, a operação praticada num corpo: cortado com serra de metais, fatiado, dividido em pedaços, e queimado num fogão que servira para cozinhar o almoço. Este último detalhe impressionou a imaginação. Landru também foi o herói de uma iconografia popular: o senhor de terno e gravata a dissecar a noiva na mesa da cozinha.

A trivialidade do fogão doméstico é um bom elemento do sucesso. O fogão é emblemático. Sozinho, não bastaria. O mais importante é o silêncio de Landru: “Matei? Prove.” Junto à parede, o investigador é bem obrigado a pôr-se no lugar do criminoso, a imaginar Landru nos detalhes mais triviais e mais escabrosos. Um forninho pode queimar dez mulheres? Para responder, o médico legista, o doutor Paul, é levado a se colocar em espelho, em duplo do cortador, a liberar diante da corte, com uma verve e uma conversa de camelô, uma singular paixão necrófila.

– Três crânios, seis mãos, cinco pés! E o mais difícil, senhoras e senhores, o que mais demora a queimar são os intestinos!

Por que manda trazerem o fogão para a sala de audiência? A presença do objeto não é indispensável à sua demonstração, que se quer científica. Mas ele se apossa do emblema, e faz dele o centro de sua representação e de seu próprio jogo de cena. Sua função se apaga em proveito do papel que ele representa, do número que Landru lhe faz representar em seu lugar.

Além do silêncio, há, para suscitar o imaginário, o desaparecimento dos corpos. Faltam os cadáveres. Eles estão cada vez mais presentes. Nós os vemos ainda melhor: em primeiro plano, em pedaços, serrados, queimados de noite. Dez mulheres desapareceram. Debruçamo-nos ainda mais sobre os vestígios, as cinzas, os pobres restos daquilo que foi uma mulher, grampos de cabelos, uma dentadura, um espelho quebrado.

Introduzo aqui duas observações que não nos serão inúteis. Jamais *restos* (vestígios macabros e humildes despojos de uma pobre vida) terão sido objeto de tal interesse apaixonado, ultrapassando o estudo profissional do investigador para atingir, através do relato dos jornais, a fascinação do público.

Nunca um ato de tal violência (serrar e esmigalhar o corpo de uma mulher com a qual a relação era a da intimidade sexual) terá estado tão presente, terá sido tão ativamente vivido no imaginário coletivo sob pretexto de uma necessária reconstituição mental. Notem bem que não é o autor Landru quem profere enunciados chocantes. Ele não diz uma palavra. Deixa o cuidado ao Outro, ao investigador, ao público, de dizer isso, e de falar disso, e de falar disso ainda mais.

Tanto quanto uma escandalosa e assustadora revelação pública, o silêncio de Landru de fato pertence a uma estratégia inconsciente de autor de crime perverso. Sua vida, seus atos são apenas a ordenação, a reconstituição de um quebra-cabeças que se acaba desde o instante em que elementos esparsos, incoerentes, estranhos, se juntam numa estrutura narrativa, num relato que pode ser contado. Ele, Landru, é apenas o artesão do quebra-cabeças, que ele põe à disposição daqueles que dirão, em seu lugar, a sua história. Ele jamais aparece enquanto sujeito de sua vida. Ele é apenas a reunião de pedaços que ele deixou para nós, o objeto da reconstituição, que permite, então, entrevê-lo, por momentos, em algumas cenas, e contá-lo em seqüências. Como se tivesse apagado de si mesmo toda subjetividade, como se fosse estranho à sua vida, ele se deixa ver e dizer. Ausenta-se do relato que se faz dele, sobre ele. É simples ouvinte e espectador da investigação sobre Landru e do processo de Landru. E, para quem quer que também comece a escrever uma biografia de Landru, Landru sempre vai se contar a partir dos dossiês da investigação, das transcrições de seu processo. Ele se oferece a um narrador que sempre faz as perguntas da instrução; ele se propõe em pedaços ao olhar da lei, ele não toma vida, não se anima, a não ser no relato da lei sobre ele. Ele se torna o personagem de sua biografia legal. Ao agir assim, deixa à lei, aos representantes da lei, delegado, juiz, promotor, médico-legista, o temível privilégio de ver e contar as cenas do obscuro, de proferir, do lugar deles, como uma ordinária evidência, os enunciados de um enigmático e inquietante gozo.

Monsieur Verdoux

Ao fim de seu rumoroso processo, Landru foi condenado a ter a cabeça cortada em praça pública. Foi executado em 22 de fevereiro de 1922, de madrugada, diante da prisão de Versalhes. A coragem do condenado causou a admiração das testemunhas. Ele guardou até o fim a firmeza e a calma, assim como sua extrema cortesia e seu humor negro. Antes da morte, responde ao capelão que lhe perguntava se queria ouvir a missa:

– Seria com prazer, padre, mas não quero deixar estes senhores esperando...

Charlie Chaplin talvez tenha sabido que o promotor (que guardara rancor do réu por suas tiradas e ondas de riso desencadeadas na audiência) clamara ao acusá-lo:

– Não o confundam com um Carlitos do crime!

Chaplin, com certeza, pudera acompanhar o processo, pois Landru esteve nas primeiras páginas até nos Estados Unidos. Talvez tenha ficado impressionado com essa identificação, como Carlitos, do animador com o criminoso. Carlitos, o pequeno vagabundo, era, então, o personagem mais popular do mundo. E Landru acabava de adquirir sua celebridade ao se mostrar mestre em divertimento. Não tinham, ambos, o mesmo público? Não eram as mesmas pessoas que consagravam Carlitos e Landru? Em todo caso, vinte e cinco anos mais tarde, em 1947, Chaplin criou, a partir de

Landru, o personagem *monsieur* Verdoux. Seguiu uma sugestão de Orson Welles, que por isso recebe os agradecimentos nos créditos. Assim, por que a idéia lhe agradou? Talvez tenha tido vontade de enfrentar este paradoxo: um criminoso, pior, um monstro, que faz rir. Gosto de pensar que ele viveu isso como um desafio. Em relação a esse êmulo e a esse singular colega, ele quis experimentar todos os mecanismos do riso, conhecer até o fim os recursos dessas estranhas brincadeiras, representando ele mesmo. Para *Monsieur Verdoux*, aliás, ele utilizou todo o seu domínio de todos, ou quase todos, os recursos do cômico, mas sua demonstração jubilante está a serviço de uma intenção muito séria. O filme, numa grande veemência, numa grande violência de tom e de palavras, ergue-se até uma dignidade trágica. À saída, o público reagiu. Ficou simplesmente... indignado! Nessa época, Chaplin praticamente foi banido de Hollywood. Hoje ainda, *Monsieur Verdoux* não é muito popular. Complexo demais? Cínico demais? Ambíguo demais? Verdadeiro demais?

No rastro de Chaplin, guiados por ele, acompanhando as burlescas aventuras de Verdoux, vamos também levar a sério o paradoxo de Landru, o surpreendente efeito cômico produzido por suas réplicas, por certos episódios de sua vida. Qual é a natureza desse cômico? Qual é a sua significação? Interesso-me por esse riso esquisito suscitado pelo criminoso perverso. Ele intriga, faz suspeitar de um mecanismo preciso. Ao oposto da fascinação pelo horror, ele talvez nos deixe próximos de uma verdade. O riso mostra uma certa simpatia, para a qual, aliás, ele concorre. Mas qual é a causa de nosso riso?

Reconheçamos, antes de mais nada, que *Monsieur Verdoux* faz rir, mas de um riso bem particular, de um riso constrangido. Desde as primeiras imagens: na famosa mansão, Verdoux, soberbamente engalanado de jardineiro de teatro (chapéu de palha e luvas, avental e gravata à Lavallière), poda suas roseiras. Forma um magnífico buquê, assobia, esboça uns passos alegres de dança entre os canteiros. Na outra ponta do jardim, uma espessa fumaça sobe de um forno. Rimos. Do cinismo de Verdoux? Da audácia de Chaplin? De nosso próprio cinismo?

Mas nem sempre rimos. Ficamos assustados quando, numa sórdida casa de subúrbio, de noite, Verdoux assassina uma "senhora" atrás da porta do quarto. De manhã, ele desce as escadas, bem humorado, e prepara o café da manhã cantarolando! Coloca duas xícaras sobre a toalha. Muda de idéia e retira uma. Podemos rir. Ou ficar estatelados. E seria melhor, se quisermos ter ainda um pouco de simpatia por nosso herói, esquecer o momento em que ele mata, a sangue-frio, um correto policial. Verdoux, como Landru, não é só um Carlitos do crime; não é só um animador. Ele é, sobretudo, um assassino. Ele arrasta até a sua casa uma bela e pobre moça para usá-la como cobaia e testar nela um veneno; no último momento, muda de idéia, mas o espectador teve tempo de sobra para ficar gelado de angústia. Chaplin, portanto, não esconde nada. Verdoux, que nos diverte tanto, também é de uma desumana ferocidade. Mesmo assim, o feroz matador tampouco é desumano. Chaplin, para nos tornar aceitável essa complexidade, sabe também que cordas sensíveis fazer vibrar. Verdoux é apresentado como uma vítima do egoísmo e da indiferença do mundo, abandonado, deixado de lado numa sociedade sem piedade. Ele ama com uma pura ternura, com um amor desinteressado, seu filho e sua mulher enferma. Para mantê-los na quietude de um verdadeiro lar, ele teve que dar prova de invenção. Não foi ele jogado na rua, despachado, despedido de seu honesto trabalho apesar de trinta anos de leais serviços? Por pura necessidade, ele pôs seus talentos a serviço de outro emprego: esposar senhoras ricas, de preferência sem família, e, logo viúvo, embolsar o dinheiro. Para alimentar mulher e filho, ele se torna matador em série. Estão rindo? O espectador, este, é bem obrigado a crer nessa necessária dedicação. É preciso ver Verdoux, ao voltar para casa, ao encontrar, para um dia tranqüilo, seu garoto e sua mulher que lhe sorri sobre a cadeira de rodas... Chaplin sempre soube não ser avaro em bons sentimentos; ele nos pega pela mão com sensibilidade, com tato. Ele oferece a Landru a ternura de Carlitos.

Mantido ao abrigo da realidade, à distância da maldade do mundo, preservado como uma ilha, há, pois, o lar de *monsieur* Verdoux, esposo e pai. À volta, o mundo não aparece muito melhor que Verdoux, o criminoso. As senhoras que ele corteja são bobas, egoístas, ávidas de gozo, avaras. Desatentas. Feias. Vulgares. Beberronas. Geniosas. Esqueléticas. O espectador acaba aceitando facilmente que desapareçam. A família tradicional, a verdadeira família – mostram-nos uma no início –, é um concentrado de ódio e mesquinharia. E o resto do mundo? Ele está nas primeiras páginas dos jornais. Chaplin transferiu a história de Landru para dez anos depois. A crise de 1929, as quebras das bolsas, os milhares de desempregados e seus suicidas, a ascensão dos perigos totalitários, e logo o triunfo de Hitler, os bombardeios sobre a Espanha republicana. Manchetes dramáticas, cheias de catástrofes, em grossas letras pretas. Referências cronológicas, mas também pontuação brutal. Tela de fundo histórica, mas também trama da realidade do mal. Nesse contexto, Verdoux, que se esmera em se safar, em despachar uma esposa após a outra e em aplicar na Bolsa seu magro dinheirinho, não passa de um criminoso pequeno. Uma pluma, soprada na torrente negra do cataclismo, sacolejada, debatendo-se para não ser varrida. Se comparado à fama dos assassinos responsáveis por milhões de mortos, Verdoux não passa de um matador modesto e dedicado.

Em todo caso, é o argumento que ele nos lança na cara, com grande violência, quando vem o momento de seu processo. Um pouco forte de qualquer modo! O honesto espectador se pergunta até onde querem levá-lo.

Para manipular seu público, Landru se revelara um mestre: ele certamente se dirigia àquele com toda a força de seu inconsciente. Chaplin, por sua vez, se dirige ao espectador, é seu trabalho de autor. Ele procura certos efeitos. Manipula conscientemente seu público, quer obter o riso, a emoção, o estupor. Não é inútil sublinhar, mais uma vez, que Chaplin escolheu fazer do personagem de Verdoux uma fiel representação de Landru. Verdoux aproxima a verdade de Landru o mais perto possível. Verdoux é a verdade daquilo que pode ser mostrado de Landru a um homem honesto, e, portanto, também a um homem que não mente para si mesmo. Por que insistir nesse ponto? Porque ao ter a audácia de apresentar ao público as proezas e os crimes de Verdoux, ao assumir o risco de fazer o público reagir com Verdoux, Chaplin nos dá a entender o que acontece com o público de Landru. O público de Verdoux está sendo submetido às mesmas provas que o público de Landru. Que provas? Durante o filme inteiro, o pobre espectador sente e sofre rajadas violentas, desestabilizantes, de sentimentos contraditórios e de emoções incontroláveis. Ele morre de rir, e logo se indigna. É tomado por um impulso de simpatia? É violentamente rechaçado. E no momento em que pensa ter rejeitado definitivamente Verdoux, o criminoso, ter-lhe retirado toda a sua cumplicidade, no momento em que o olha de longe, com uma distância gelada, Verdoux, o sedutor, reconquista com brio sua admiração fascinada.

Mas o que há a admirar? Chaplin, filho de atores, criado no tablado, com certeza teve a imediata intuição que Landru, o escroque, se comportava brilhantemente em cena. Sua escolha das convenções do teatro se justifica ainda mais para esse filme. O lugar da ação? O tradicional salão burguês, um cenário pintado, reduzido ao essencial. Duas poltronas para se sentar, uma porta, janelas recortadas em papelão:

– Admire esta vista para o jardim...

E Verdoux e a senhora rodam juntos.

– Veja do outro lado da montanha...

Eles se voltam e se debruçam no mesmo movimento. Nós, sentados na sala do cinema como na platéia, assistimos ao espetáculo, enquanto que em cena Verdoux, sob um disfarce, sob um nome falso, representa um personagem diante da senhora. Um Verdoux de *vaudeville*, bem à vontade em seu papel de composição. Disfarçado de capitão Bonheur*, com quepe e galões, ele desfia as inverossímeis peripécias de seu último cruzeiro. Capitão para rir. Engenheiro, fala de canteiros de obras na Cochinchina, de barragens, estradas, pontes. As senhoras nada entendem, que importância? Seja qual for a roupa, Verdoux está disfarçado de sedutor, reduzido a esse papel. O engodo da sedução poderia ser triste, mas ele a isso acrescenta uma tal extravagância! Põe nisso fantasia, presença de espírito, rapidez, agilidade; improvisa, inventa, se adapta; vence desafios, bate recordes. Restam-lhe poucos minutos, o banco está fechando? Ele convence a senhora a retirar imediatamente, em notas, todas, sim, todas as suas economias.

Aplauda, caro público, admire a proeza!

Ah, não pensem que isso desagrada ao espectador, ele está se divertindo, está contente. Ele gosta dessa representação. O disfarce é exagerado? O diálogo extravagante? É ainda mais engraçado. Sobretudo porque Verdoux se esforça para isso, como Landru, não se poupa. Mal chega, já foi embora. Só faz passar, corre, cai pela janela, e ressurge, novinho, sempre valente; e já vestiu outra roupa, outro papel, para a cena seguinte, para outra senhora. Ele conhece muitas atribulações. Desventuras também! Dificuldades. De-

* Felicidade. (N.T.)

cepções. Insucessos. Meias-voltas imprevistas, atribulações improvisadas que vêm se interpor, emperrar a mecânica. Ele não perde a coragem. Continua, seja como for. Obedece à necessidade. Encontrar mais outra... vítima? presa? Não se sabe. Um novo objeto, intercambiável, sem identidade muito definida, e, para ele, sem verdadeiro rosto: a "senhora". A senhora substitui outra. Ele pode persegui-la com sua assiduidade, enviar-lhe ardente correspondência, cobri-la de flores... Quando ela, enfim, cede e o convida para tomar chá, ele a confunde com a empregada que lhe abre a porta, depois com uma amiga sentada no salão. A senhora entra na série das "senhoras". Tal como o manequim de vime coberto de pano que serviu ao costureiro de Madame, cuja presença persiste nas casas do viúvo e contra o qual, irresistivelmente, sempre se choca *monsieur* Verdoux.

Poderíamos achá-lo abjeto. Rejeitá-lo. Mas o admiramos. Rimos. É que ele faz maravilhas sobre o tablado de seu teatro. Ele avança macio, vivo, prestes. Só se desloca deslizando, ele desliza dançando. Como Carlitos: um infeliz rejeitado pela sociedade, um excluído reduzido à miséria e à solidão dos pobres. E, como Carlitos, de repente, brilhando de agilidade, sobrevoando o tablado, girando, dando viravoltas, coreógrafo e dançarino, arrastando a senhora num turbilhão aéreo, leve. Acrobata, funâmbulo. Prestidigitador, e mágico, sob nossos olhos arregalados. Admire o golpe de mágica! Pfft! Ele já saiu voando. Acabamos nos deixando seduzir. Ele nos faz falta. Queremos vê-lo começar de novo. Ele nos faz falta? É o que já diziam as amantes de Landru. Queremos vê-lo? É o que já escreviam suas milhares de admiradoras.

Eis, pois, a proeza de Chaplin. Assistimos, com prazer, ao número de mágica que Verdoux efetua sobre si mesmo. Como Landru, ele só faz passar. Interpretado por Carlitos, o comportamento de Landru assume toda a sua significação: é um truque de cartas. Achávamos que ainda estava aqui, ele vai passar de novo por ali, sempre novinho. Levantando-se sempre, sempre pronto para o serviço. Ele nos oferece o prazer, inconsciente, irresistível, de uma mágica representação. A felicidade de uma maravilhosa ilustração, um pouco exagerada e, portanto, tão fascinante quanto cômica, do falo em representação. O que Alphonse Boudard, com sua estranha crueza, também reconhecia em Landru. Para resumi-lo à minha maneira: a espada vestida de cônsul, disfarçada de marquês de Luís XV.

Chaplin, em sua interpretação de Landru, não pára aí. Ele também suscita um riso mais ambíguo. Põe em cena o cômico escandaloso. Vejamos juntos, de novo, entre outras, uma dessas equívocas cenas. Verdoux, vulgo capitão Bonheur, leva a senhora para um passeio de bote a fim de afogá-la no meio de um lago. A senhora Bonheur quer pescar de linha. Verdoux está decidido a jogá-la na água. Flagrante mal-entendido, causa de contrariedades e briga, e fonte de incidentes burlescos! O assassino desajeitado se embaraça nas linhas, o afogador quase se afoga. Na falta de expedientes, ele consegue passar tranqüilamente na senhora, com o seu assentimento, um nó corredio em volta do pescoço. Rimos. Sim, de fato é verdade, rimos. Não temos simpatia alguma pela senhora Bonheur. Sim, essa cena é escandalosa. Era ainda mais no lançamento do filme nos Estados Unidos, pois parodiava *Uma tragédia americana*, o popular romance de Dreiser: um rapaz pobre, na véspera de ascender ao topo da escala social, de se casar com uma filha de grande e rica família, afoga a humilde noiva de seus primeiros amores, de barco, num lago. O caso vai acabar mal. Ele será executado.

Essa paródia da cultura popular e puritana se desdobra de outra provocação, da paródia do verdadeiro crime. Não esqueçamos que Verdoux, como Landru, mata. Longe de ficarmos assustados ou chocados, estouramos de rir. E quanto mais ouvimos rir, mais rimos de nós. Zombamos de nós rindo. Somos desdobrados. Rimos, satisfeitos por contravir à moral, por acompanhar com todo o coração o assassino, por nos enrolarmos com ele na falta de jeito, e rimos em eco, envergonhados, surpresos, divertidos e constrangidos. Rimos por não levarmos a sério nossa maldade. Verdoux mata uma de suas mulheres. No fundo, não é muito grave. É, antes, divertido. Como? Ousamos nos divertir com isso? E eis que rimos mais ainda. É o Diabo em nós que nos leva a rir mais, e que ri por nos ouvir rir...

No teatro cômico clássico, não se ri tanto do ridículo quanto da mentira. Ri-se da duplicidade do personagem que está em cena. É o matamouros que se vangloria de suas façanhas e de cuja covardia sabemos; são as damas de galanteio cuja cupidez, dissimulada em suas apaixonadas declarações, conhecemos bem; é a falsa humildade do lacaio, que faz de seu amo um joguete e manipula a situação; e é Tartufo... Mas, com esse famoso afogamento, é de nossa própria hipocrisia, da mentira que mantemos em relação a nós mesmos que rimos.

Aplauda, caro público. Não se irrite, não feche a cara. Aceite rir de sua própria duplicidade.

O espectador, pouco a pouco, deixou-se cair na armadilha. Ele também, a pretexto de alimentar uma pobre família, agora quer se livrar da incômoda e pouco simpática senhora Bonheur. Chaplin visa bem, atira em pleno alvo sobre o devotamento e os bons sentimentos, e acerta bem no meio. O espectador é desmascarado. Ei-lo dividido entre sua boa consciência e seu prazer em se fazer cúmplice de um assassinato. Ele se desaprova, e assassina com Verdoux. Dá-se conta disso, e ri. Mas é um riso constrangido, um riso incomodado, um riso escandaloso. Ele ri sem querer, contra a vontade, ele não ri com todo o prazer, ele se surpreende rindo, e não consegue deixar de rir. É um riso bem particular, que assinala a *divisão subjetiva entre a satisfação inconsciente e o interdito.* O cômico, a utilização por Chaplin dos mecanismos do riso (a série de incidentes desopilantes, o burlesco da situação), abre uma brecha, faz ceder a resistência da consciência. Surge, com o riso de que nos defendemos, um gozo que se insinua apesar da censura.

Mas riremos mais livremente dessa cena do afogamento um pouco mais tarde, com o recuo, quando tivermos calma para pensar nisso de novo. Por enquanto, ainda está acontecendo outra coisa. No meio do lago, Verdoux já passou o nó corredio em volta do pescoço da senhora, que está maravilhada. Após a agitação e as brigas, o casal está enfim perfeitamente unido. Justo então ele é interrompido... por uma tirolesa cantada em coro. Senhor e senhora (de corda no pescoço) levam um susto e se voltam. Não estavam sós, como pensavam. Na margem, um grupo de *shorts* e mochilas pôs-se a entoar o refrão das sadias excursões. A câmera não se desloca. Mas, da barca, o casal vê bem os cantores. Lado a lado, assustados, decepcionados, descontentes por terem sido incomodados por olhares indiscretos, Verdoux e a senhora Bonheur olham fixos para a margem e aquele público importuno, aqueles olhos que acabam de surgir. Aqueles olhos? Mas são os nossos! O casal está diante da sala e nos olha, os olhos enquadrados num *close*, diante dos nossos olhos. Surpresa desagradável, de um efeito inesperado: descobrimo-nos *voyeurs*.

Não há mais com o que rir. Chaplin, este, galhofa. Os protagonistas de uma cena escabrosa acabam de se voltar. Reto na sua frente, diante de você, espectador. Você pensava estar assistindo, numa poltrona de cinema, a um filme engraçado? Pois agora está fora da toca, tirado sem querer da escuridão onde estava gozando de uma tentativa de assassinato, visto em seu lugar de *voyeur*. Olhe-se. Você está instalado, no cinema como em qualquer outro lugar, no lugar preciso do público de Landru. Pois é... Você, e nós todos somos... o público, esse vasto público encontrado pelo autor dos crimes em série. E, para nosso desconforto moral, esse público se mistura em nós com o público de Carlitos.

Não é engraçado? Sim, mas amargo. Engraçado e incômodo, como certas réplicas de Landru. Engraçado também, curiosamente, como aquelas estranhas reações do público de Landru, que nos fazem rir. Por um feliz acaso, as belas rosas da mansão de Gambais, de que Landru gostava tanto, nos oferecem a oportunidade de uma pequena reflexão. Ao descobrir, no início do filme, Verdoux que poda assobiando suas roseiras com um fundo de fumaça negra, começamos a rir, um pouco constrangidos. Somos, então, o público de Verdoux-Landru. Também rimos, com o mesmo riso forçado, quando ficamos sabendo que, em 1920, um horticultor solicita do ilustre criminoso preso a autorização para dar seu nome a uma rosa, para comercializar uma rosa Landru! Somos, então, críticos, censores, e do horticultor e do complacente público de Landru. Há, em cada um de nós, uma parte de censor (que desaprova o cinismo do público) e uma parte de público (satisfeito). Mais precisamente, cada um de seu lugar, no seio do público, ora é levado a desaprovar ora a se satisfazer; sua galhofa hesita entre riso e constrangimento, entre riso e escândalo. De hábito, o público, constituído por um grande número de indivíduos *a priori* diferentes, está dividido quanto a seu juízo sobre uma obra. Nesse caso, é cada espectador que se divide sobre a obra, que está dividido entre a expressão livre de seu consentimento e sua censura interna. No riso, a satisfação escapa à censura, mas a censura permanece: o riso não é franco! Faço aqui uma observação. Quando rimos zombando do horticultor cúpido e cínico, a censura interna é poupada, a crítica se refere a outro, a satisfação inconsciente se exprime pelo viés de um intermediário. No cinema, em compensação, confrontado com o assassino jardineiro, e rindo sem querer, o espectador é chamado para uma conversa, sem intermediário; sua satisfação inconsciente se exprime mais diretamente. Sua crítica interna, seu supereu, exige, em contrapartida, represálias; a censura interna se desloca... e é a indignação final que cobre Chaplin de opróbrio! Indignação proporcional à violência da satisfação, à medida da força do recalque. No mínimo, e mais sorrateiramente, a repressão interna vai se exprimir por um juízo negativo que vai se transferir para a obra, e, por conseguinte, vai depreciar o filme, vai ignorar seu propósito e seu alcance. Chaplin sabia que estava brincando de aprendiz de feiticeiro ao manipular forças inconscientes de tal violência?

No entanto, como se tivesse querido forçar a nossa censura, derrubar a nossa resistência, obrigar-nos a ir adiante, a passar, sem reserva, para o lado de Verdoux, Chaplin conseguirá nos fazer rir às gargalhadas. Ele mobiliza todos os seus meios, se compromete por inteiro, e acaba nos oferecendo as populares tribulações de Carlitos, do que rimos sem nenhuma reticência, a performance de um Carlitos só na multidão, que brinca com sua destreza e que brinca, sozinho, com os perigos unidos contra ele. Que nos regala, no fim, com duas cenas extravagantes.

Verdoux, mais uma vez, se casa. Uma grande recepção foi organizada. O que devia um dia acontecer acontece. Na confusão, na multidão dos convidados, de repente ressoa uma voz muito identificável. A tonitruante senhora Bonheur, que ele não conseguiu afogar, está na festa. Verdoux, em fraque de noivo, se esconde numa estufa (transparente!), se esgueira, se introduz de quatro sob a toalha do bufê, ao mesmo tempo em que mantém uma conversa mundana, e em seus hilariantes esforços nós o acompanhamos com todos os nossos votos, e rimos com prazer. Para escapar, ele pula por uma janela, feito um acrobata, num salto perigoso de costas. Sai da cena. Extrai-se da cena das mundanidades, onde, aliás, sempre representou solitário. Sempre só, e exterior ao mundo. O espectador toma então consciência de que é o único companheiro dele.

A cena seguinte se passa na sala de um restaurante. A família de uma "senhora" assassinada, que almoça ali por acaso, reconhece Verdoux. Uma nuvem de policiais invade o local. Verdoux, centro de um turbilhão burlesco, mestre de uma coreografia estudada, com aquela fascinante e divertida agilidade de Carlitos, escapa deles. O balé da esquiva e da perseguição é dançado dos dois lados da porta giratória do restaurante. Rimos, torcemos para que a brincadeira prossiga, para que a ilusão continue. Salvo! Ele já está na rua, livre, diante de um táxi. Os policiais continuam, na maior confusão, a procurá-lo dentro do restaurante. Então... Ele hesita um instante e... volta. Atravessa a porta giratória. Apesar do cordão de polícia que quer impedi-lo de entrar. Apesar de nós, que desejamos que escape mais uma vez. Ele volta, força o círculo. Retorna ao mundo, à multidão. No atropelo, no rebuliço, ninguém presta atenção nele. Ficamos com esperança, ele ainda pode fugir. Agora o seguimos, o acompanhamos sem reticência; ele está só nessa turba confusa e idiota que é o mundo, e nós, os espectadores, partilhamos a sua solidão com ele. Estamos do lado dele. Desejamos vê-lo sair dessa. Acabamos passando completamente para o outro lado da lei, com ele.

Ele, nesse mesmo momento, faz o trajeto inverso. Denuncia-se. Acaba conseguindo ser reconhecido.

– O senhor é *monsieur* Verdoux? – pergunta-lhe enfim, embasbacado, um policial.

– Ele mesmo, para servi-lo.

É a volta de Verdoux à sociedade, e, é um paradoxo, para nela entrar ele vai para a prisão e a morte. Durante alguns anos, ele conta, viveu um pesadelo acordado. Ao atravessar de novo a porta giratória do restaurante, ao se fazer reconhecer pelos policiais, ele efetua sua volta à realidade dos humanos. Ele se denuncia. Não por culpa; a seqüência, o processo, vai demonstrar isso, ele não se sente culpado. Ele se oferece à sanção. Para ser reconhecido:

– Senhor Verdoux?

– Para servi-lo.

Reconhecido como o autor de seus atos. Reconhecido, livre dos nomes falsos, dos pseudônimos, dos disfarces, ele reencontra a sua identidade. Reencontra o seu nome. Reconhecido como aquele que só pode reintegrar a sociedade, reencontrar as relações entre os homens, na sanção, no julgamento, na condenação. Reconhecido, enfim... e doravante célebre. Ele fez um nome. É aqui, por parte de Chaplin, uma extraordinária compreensão, ou intuição, do percurso de todo autor de crime perverso, e de sua verdade.

Sim, célebre! Monstro famoso, na primeira página de todos os jornais! Seu nome se imprime em espessas letras negras, como o nome dos grandes criminosos que fazem a atualidade do mundo. Aqueles, que matam aos milhões os inocentes, são considerados heróis. Eis o que proclama

Verdoux diante do tribunal. De pé, ele ouve sem pestanejar a sua condenação à morte, e diante do público que se aglomera na audiência, diante de seu público da sala de cinema, diante de nós, ele lança:

– Logo vamos nos encontrar.

Ele nos fixa direto nos olhos. Sardônico e ameaçador adeus. O honesto espectador tem bem o direito de ficar desamparado; sem ser mais hipócrita que um outro, ele não pode seguir Verdoux tão longe. Ninguém deseja que lembrem a ele que o Julgamento também o espera, e sobretudo a prova final de seu próprio e derradeiro julgamento sobre si mesmo. Pois, aqui, nenhum rastro de piedade ou de religiosidade. Na prisão, o padre, convocado conforme o costume logo antes da execução, é recebido por Verdoux com uma insolente cortesia:

– O que posso fazer pelo senhor, padre?

E o sacerdote, diante desse durão, em último recurso:

– Rezo a Deus para que perdoe a sua alma...

– O senhor com certeza pode ter esperança. Já que foi Ele quem a me deu.

Deve-se dizer que Chaplin rivaliza com o dialogador Landru, a quem atribuem outra boa réplica à questão do capelão:

– Você crê em Deus, meu filho?

– Padre, o senhor acha que é o momento de colocar adivinhações?

Diante da cela do condenado, os jornalistas fazem fila para obter a última palavra do monstro, e são introduzidos um por um.

– Que última mensagem o senhor pode transmitir aos nossos leitores?

Um fotógrafo insiste, volta sem cessar à carga para obter a exclusividade, o furo de reportagem, a última imagem do condenado à morte em sua cela. Há, nessa cena da prisão, em sua verdade, uma comicidade terrível.

O último momento chegou. *Monsieur* Verdoux mantém-se ereto, pescoço empinado, de camisa branca. As mãos estão amarradas. Os homens da justiça e da lei o cercam, vestidos de preto. *Monsieur* Verdoux vai em direção à guilhotina e se afasta com uma dignidade heróica. Verdoux, como Landru, sobe ao cadafalso sem ter vacilado. Nem arrependimento, nem pedido de perdão. Pois é... Foi bem por isso que esse filme, que suscitou a indignação em 1947, ainda nos deixa incomodados. Em seu processo, Verdoux, enfim, não está mais disfarçado. É ele mesmo. Fala. Diz a sua verdade. E nos diz a nossa. A verdade daquilo que nos liga a ele. Com o juiz, com o sacerdote, pretendíamos exigir dele o arrependimento, esperávamos que pedisse perdão... Nem ele nem Chaplin nos concedem uma indignidade desse gênero. Mas a verdade, a nossa, despojada de nossa hipocrisia, nos é mostrada através dos jornalistas ávidos de sensações e imagens. Não atiremos neles a primeira pedra. Eles são ávidos por nós, são o descanso, a correia de transmissão, entre o autor do ato e seu público, entre o ato criminoso e nosso gozo. Quando, pela última vez, voltam as manchetes dos jornais, de repente entendemos a significação de sua onipresença nesse filme. Não estamos mais representando numa ficção, não estamos mais nos divertindo no teatro. Desta vez estamos no coração de nosso mundo, de nosso tempo. Nas primeiras páginas de todos os nossos diários, Verdoux, o monstro, é um herói. Sim, nosso herói contemporâneo. Eis o que nos lança, numa sardônica gargalhada, Chaplin.

Ao chegar ao fim do filme, se o espectador sente primeiro uma desagradável perplexidade, isso não deve surpreender. Verdoux, o autor do crime perverso, contanto que seja interpretado por Carlitos, o seduz e o satisfaz plenamente ao lhe propor um espetáculo mágico, uma representação irresistível embora inconscientemente percebida. Entretanto, ele, do mesmo modo, o fere, o faz sofrer, lhe tira a ilusão. Infeliz espectador! Foi arrastado, meio sem querer, num turbilhão onde se regozija com o sucesso do criminoso embora esteja tomado de pavor. Obrigaram-no a rir, arrancaram-lhe risos escandalosos, galhofas, e era para melhor desmascará-lo. Forçaram a sua admiração e seu prazer diante de uma sedutora imagem, agitaram sob seus olhos um engodo, e era para melhor enganá-lo, confrontá-lo com um assassino no qual ele não pode se reconhecer, com um real que ele só pode rechaçar. É um espectador dilacerado entre prazer e consciência, entre admiração e desprezo, entre fascinação e rejeição.

Caro espectador, aplauda mesmo assim. Aplauda a encenação, e o autor a seu serviço que trabalhou para agradá-lo.

– *Monsieur* Verdoux?

– Para servi-lo.

A Barba Azul

Quando, em 1919, Landru de repente tornou-se célebre por ter assassinado suas dez noivas, os jornalistas, naturalmente, o apelidaram-no de Barba Azul. Todos conhecem o personagem do conto de Perrault, que pertence às lembranças da infância como o Pequeno Polegar, Cinderela, o Chapeuzinho Vermelho, Pele de Asno. Não é seguro que Perrault, em 1697, tenha destinado seus contos às crianças. Parece que ele lançou a moda do gênero literário do conto. As pessoas puseram-se a contar nos salões. Charles Perrault, personagem de importância, já que próximo colaborador de Colbert e membro da Academia Francesa, foi o autor de muitas outras obras, mais sérias, e esquecidas. Seu nome permanece associado aos contos de fadas. E se desde a infância acreditamos conhecer *Barba Azul*, sua releitura oferece muitas surpresas. Há, certamente, uma fada nesse conto: a famosa chave de prata, que abre a porta proibida, é fada. É uma chave encantada, que comunica com potências sobrenaturais. É, com certeza, uma chave mágica, pois abre, como que por arrombamento na linguagem clássica do autor, para a imagem mais impressionante e a mais concisa da encenação do crime perverso! A esposa de Barba Azul abre, tremendo, a porta dos subterrâneos proibidos, e... "no sangue coalhado miravam-se os cadáveres das seis mulheres degoladas presas à parede".

Talvez *Barba Azul* tenha feito parte de um fundo secular de lendas populares que as amas contavam às crianças. Escrito por Perrault, o conto – *A Barba Azul*, como ele o chama – assume uma forma particular. O personagem principal não é tanto o assustador senhor matador quanto sua esposa: aquela que, curiosa demais, descobre o aterrorizante segredo escondido nos porões do castelo. Não só o matador em série aparece pela primeira vez na literatura, mas é descoberto do ponto de vista do Outro: a mulher. A vítima do matador é, igualmente, a espectadora de uma encenação que a assusta ainda mais já que lhe diz diretamente respeito, que a visa como presa. É outra genial intuição, que justifica que por ela nos interessemos muito de perto. Com efeito, o que parecia ser um simples conto revela, então, que ele guarda a verdade do mito.

O mito, aliás, proliferou em múltiplas variações, dentre elas *Ariane e Barba Azul*, de Paul Dukas, que foi criado em Paris, em 1907, na Opéra-Comique. É possível imaginar na sala, da qual era freqüentador, um espectador chamado Landru? Melhor ainda, Landru assistindo em Budapeste à *première* do *Castelo de Barba Azul*, a ópera de Bartok, que é estritamente contemporânea de seus crimes (1918)?

Seja como for, Landru, ele também identificado à sua notável barba de azeviche, parece ser a encarnação do mito, o que, com certeza, contribuiu para sua retumbante popularidade. Ele também escondia os cadáveres das mulheres estranguladas em seu porão? As noivas de Landru também abriam uma porta escondida? O que descobriam? O que ele lhes dissimulava, e o que lhes deixava ver, antes de matá-las? Evidentemente, é difícil adivinhar. Mesmo assim... Ele as atraía para sua mansão de Gambais, seu castelo de Barba Azul, e nem todas desapareciam. Lá esteve também Fernande, sua amante, convidada a passar com ele o domingo no campo. Durante a investigação, depois o processo, não deixaram de lhe perguntar: ela não havia percebido nada? Não, e não procurara ver nada, tampouco. Landru, aliás, Lucien, a instalava numa espreguiçadeira no jardim enquanto lhe preparava o almoço (no famoso fogão), e os dois voltavam de noite. Ela não queria saber mais nada. E as outras? As dez que desapareceram? Elas não estavam mais ali para contar. Mas uma delas tinha uma irmã, Anne, e houve na investigação um testemunho extremamente precioso.

Com efeito, no castelo de Landru há uma certa porta que fica fechada à chave. Ela, a quinta noiva de Landru, é curiosa. Ela cola o olho no buraco da fechadura: roupas de mulher, roupas suspensas! Ela se alarma. E Landru:

– O que está pensando, menina esperta? São só as roupas de minha mãe [ela de novo!] que eu guardo com devoção...

Foi a última confidência feita à irmã. A quinta noiva foi mais uma vez a Gambais, e de lá nunca voltou.

Landru, como Barba Azul, joga com um segredo escondido atrás de uma porta. Os corpos desaparecem, decerto. Mas os despojos, os restos conservados das mulheres precedentes estão visíveis pelo buraco da fechadura. Ao trancá-los atrás da porta proibida, ele atrai o olho para a fechadura; ele focaliza o olhar sobre seu segredo ao escondê-lo. Valorizada pela moldura da fechadura, a verdade de Landru de repente aparece a uma mulher através das roupas fetichizadas das mulheres mortas. Essa verdade, transmitida num testemunho colhido e relatado como que por acaso, só a descubro em Landru, o matador em série, após ter considerado o "conto de fadas" do amável *monsieur* Perrault.

Barba Azul é um senhor muito rico. Quer se casar, mas assusta as mulheres por causa da cor de sua barba. Deve-se dizer também que suas seis precedentes esposas desapareceram sem motivo. A vizinha de Barba Azul tem duas filhas para casar, e é pobre. A mais velha recusa esse assustador partido. Ao fim de uma semana de festa organizada pelo rico senhor para seduzi-la, a caçula deixa-se encantar e consente em desposá-lo. Após a lua-de-mel, Barba Azul deve fazer uma viagem de negócios. Ele confia à sua senhora todos os seus tesouros. Entrega-lhe todas as suas chaves, as seis chaves douradas de seus cofres mais secretos. Coloca-se por inteiro em suas mãos. Ela não deve, de modo algum, usar a última, a sétima, a chave de prata. Conhecemos o resto. A senhora, trêmula de curiosidade, logo desce por uma escada secreta e abre a porta proibida. O que vê? Não é um espetáculo para crianças! *No sangue coalhado miravam-se os cadáveres das seis mulheres degoladas presas à parede*. Numa única frase, o escritor evoca a fascinação e o pavor – numa imagem a um só tempo realista e fantástica. Uma chave enfeitiçada abre para um imaginário que se nutre no inconsciente. Que liberdade, nesse notável e alto funcionário do Estado que soube, pela primeira vez na literatura, conceber tal visão!

O conto, rápido, conciso, aliás, é abundante em detalhes que dão vida ao relato, que assinalam o verdadeiro contador. Festas dadas na doçura das noites de verão por Barba Azul para fazer rir a jovem, distraí-la, decidi-la a olhá-lo de outra maneira. Amigas e irmã da jovem esposa que, mal o intimidante e assustador marido virou as costas, correm ao castelo. Elas também são curiosas. E admiram a louça de ouro, e se admiram no reflexo que lhes enviam os grandes espelhos talhados. Todo um relato antes alegre, discreto, com algumas notas inquietas, de onde vai surgir, brilhando no estojo sombrio que acaba de ser aberto, uma jóia negra: a encenação macabra e fascinante do segredo de Barba Azul.

Tesouro mais fascinante que os montes de pedras preciosas nos cofres do senhor, mais brilhante que todo ouro, mais atraente que todos os espelhos. Tesouro secreto e estarrecedora jóia selada atrás de uma porta, no fundo de um corredor, embaixo de uma escada secreta, no subsolo do castelo. A negra luz parece surgir do espelho do sangue mais que da porta entreaberta. Algo – os corpos, as degoladas – brilha de um brilho negro. Tesouro escondido, no centro mais secreto do domínio de Barba Azul, no coração do mais íntimo. O curto relato nos levou progressivamente até esse centro. Nos fez passar, sem que até nos déssemos conta disso, de fora para o centro da intimidade. Acabamos de cruzar, com muita naturalidade, junto com a jovem, depois jovem esposa, vários círculos. Com ela atravessamos uma série concêntrica e simbólica de lugares, passamos por várias fronteiras.

Caminhamos em sua companhia; no entanto, o espaço se fecha sobre ela, e a luz decresce progressivamente. Ela primeiro vivia no que se chama o mundo: uma aldeia com seu castelo e seu parque, jardins e campos, um lugar de liberdade a céu aberto comum à família, aos amigos, às relações; um espaço mundano, de festas, sedução e jogos. Estávamos nas imediações do castelo de Barba Azul, no espaço que ele partilha com a sociedade. Com um passo à frente, ela transpôs as muralhas do castelo. Descobriu a penumbra das altas salas, o espaço privado que só partilham os dois esposos. Um gesto a mais e ela penetrou o círculo mais reduzido ainda, mais fechado, dos tesouros de Barba Azul: a reserva dos cofres, que, no entanto, se abre para uma esposa com as seis chaves de ouro. E depois, por último, o lugar proibido, o espaço mais íntimo de Barba Azul, o coração de seu reino secreto, cuja fronteira é protegida pela chave de prata. O espaço se estreitou, encolheu. Focalização progressiva até o coração da intimidade secreta. A luz torna-se rara. Estamos no coração das trevas.

Tudo isso é apenas evocado, e se lê, se mostra, entre as linhas, entre as palavras. Sobretudo, na concisão clássica do texto, é preciso saber ler e ver o que não é descrito: a noite. A noite de Barba Azul é tempo, espaço e luz.

Há, primeiramente, a semana de festa. Posso ouvir e ver essas noites mornas, iluminadas pelos risos e os galanteios às damas, a luz das estrelas, dos lampiões e das tochas do jantar. Elas têm a cor da noite de verão, muito alta acima do parque. Ao levantarmos os olhos para a abóbada estrelada, ficamos inebriados pelo sentimento de uma imensa liberdade. Em seguida – não se fala disso –, as noites do quarto, da intimidade conjugal, em que o dia desliza todas as manhãs através das riscas de uma janela. Essa noite nem mesmo é evocada, só está presente no pudor do silêncio. Enfim, atrás da porta secreta do subterrâneo, a noite mantida: a noite da eternidade, da morte, de um tempo imóvel. A noite de um espaço singular, mantido fora do dia e do tempo dos homens. A noite de um espaço interno, incluído no domínio íntimo de Barba Azul. As trevas de Barba Azul. Essa noite banha de um negro brilho os restos, amarrados, fixados, imóveis, eternos. Essa noite esconde, abriga, guarda e revela a obscura, inconfessável e eterna verdade do desejo de Barba Azul.

Algo nos imobiliza uma vez ultrapassado o umbral, nos deixa sem voz, sem fôlego, com os olhos bem abertos, hipnotizados; algo nos petrifica em puro olhar. Não conseguimos evitar essa fascinação, esse enfeitiçamento. Um sortilégio, uma chave encantada, abre e fecha a porta do segredo, comanda a abertura do espetáculo e o esconde de novo. A chave de prata é "fada". Fica manchada ao cair no sangue, e as marcas não se apagarão mais. O castelo de Barba Azul é um mundo mágico, um mundo de sortilégios. Lá são mágicas as portas que se abrem e se fecham como uma cortina de cena sobre o espetáculo que nos hipnotiza como que por encantamento. Essa cortina vem se abrir sobre um fatídico tesouro. Fatídico, pois esconder e conservar mulheres degoladas é o fado do degolador, seu destino ao qual não pode escapar. Fatídico, pois esse tesouro opera sobre aquele que o descobre uma fascinação sobrenatural. Fatídico, pois desvela a sua sorte àquela que quis ver.

Mas por que Barba Azul confia a sétima chave, a chave de seu segredo? E por que digo um tesouro, uma jóia? Poderia ser apenas um monte de cadáveres. Trata-se bem, no entanto, de uma jóia. Ela só brilha porque foi escondida, selada na escuridão, para melhor surgir de seu estojo secreto. Fatídico fetiche, aparecido na abertura de uma porta logo fechada novamente. A jóia secreta de Barba Azul, talhada por ele, só existe se ele se oferecer para dividi-la, se puder ser vista, se puder ser percebida às escondidas, quando um pedaço de cortina se levantar, quando uma porta se entreabrir. É após ter sido degolada que uma mulher constitui, para Barba Azul, o verdadeiro tesouro de seu esposo, e essa jóia fascina e hipnotiza bem além de toda beleza. Tesouro acumulado, escondido no fundo do subsolo do castelo, do qual Barba Azul é o receptador. O tesouro não lhe pertence, ele o retirou de outra, e deve mostrá-lo a outra.

Essa porta aberta e fechada por um sortilégio está na fronteira de dois mundos. Dois níveis, dois andares. Acima, vive-se em total contato com o exterior, e as janelas dão para fora. Acima, jovens mulheres, as amigas e a irmã, curiosas, bonitas, coquetes, estão descobrindo a rica morada; e matraqueiam, exclamam, riem; e se divertem, se espantam, admiram as jóias, as pedrarias que entopem os cofres; e se admiram, dos pés à cabeça, nos espelhos de Veneza.

Em cima, portanto, *mulheres miram sua bela imagem em suntuosos espelhos*.

Abaixo, janelas fechadas sobre uma tumba. O silêncio. Embaixo, *cadáveres de mulheres se miram no sangue*.

E ela? Ela, a esposa de Barba Azul. Ela, que não tem nem nome nem prenome, "ela", simplesmente... Ela está parada no umbral, na fronteira dos dois mundos de Barba Azul, e já está dividida entre um e outro. Ela ainda é, bem justo ainda, uma *imagem*: a imagem de uma mulher que se admira no espelho, a imagem de uma mulher admirada por sua beleza. Ela também é, já, um *corpo*: o corpo que Barba Azul deseja, o corpo que só se revela no espelho do sangue, o corpo e o cadáver.

A chave, como que por magia, abre de um mundo para o outro, do espaço da imagem ao espaço do real. A chave revela à guardiã dos tesouros em que consiste o tesouro do qual ela tem a guarda. O tesouro está nela. Ele está contido, e escondido, na bela imagem da mulher que, no instante anterior, podia se comprazer em se admirar nos espelhos de Veneza. No momento mesmo em que ela abre a porta, imobilizada no umbral, petrificada por sua descoberta, ela vê... Experiência rara, e perigosa. Ela vê *aquilo* que ela é. Ela vê o que se escondia sob o belo reflexo: o tesouro do corpo desejado, o segredo do desejo. Então, fascinada, hipnotizada, ela se contempla no espelho de sangue onde brilha a verdadeira jóia, o corpo, o cadáver. Uma chave fada, encantada, mágica, um sortilégio, abriu o estojo, desvelou o fetiche, o objeto do culto secreto, a causa de um ritual primitivo e violento.

Barba Azul não mata as mulheres para se livrar delas. Ele não as mata com a desculpa de que delas se cansaria, de que gostaria sempre de uma nova esposa. Muito pelo contrário. Ele as mata para conservar, possuir-lhes o cadáver. Ele goza de seu tesouro secreto. Não é tampouco que ele deva encontrar, a cada vez, uma nova presa. Não, não é bem isso. Agrada-lhe ter em sua morada uma esposa amável, uma jovem mulher que traga com ela a vida, a beleza e a juventude tão prazerosas de ver. Uma bela e amável imagem de mulher. Mas uma mulher também é um corpo. Para ser desejado esse corpo precisa, escondido, guardado, do fetiche que causa o desejo. Para que se sinta acompanhado por uma esposa, Barba Azul precisa, no térreo, da imagem feminina, da dona da casa, e, no porão, do cadáver.

Essa combinação poderia durar... se as mulheres não fossem tão curiosas. Quanto a isso, sabem que moral Perrault tira dessa história? Pois cada um de seus contos se conclui em alguns versos engraçados em forma de máxima, à maneira das fábulas. A moral dessa história é que as mulheres não devem ser curiosas demais. Perrault, com um fino sorriso, julgou prudente acrescentar uma segunda. As senhoras de hoje nada mais têm a temer, pois são elas que em casa mandam em seu senhor.

A mulher é curiosa, no entanto, e sobretudo a mulher apaixonada. Simplesmente curiosa? Não. Ela é curiosa dele. Ela quer partilhar o segredo de Barba Azul. Ela quer penetrar a sua verdade, a verdade do desejo dele, e que ele preferiria esconder dela. Ela se introduz na fantasia dele, entra nela, dela participa, ela consente. Porque, como que por um sortilégio, ela se entrega, porque, longe de se limitar a ser apenas a imagem da beleza, ela insiste para saber o que é para ele, onde se esconde seu desejo secreto, o que causa o desejo desse homem, ela cai *do outro lado do espelho*. São coisas que não acontecem apenas nos contos. Tive a oportunidade de escutar um Barba Azul. Ela não estava mais presente para falar. Mas o que ouvi me permite entender o que acontece para ela. Ela não é uma vítima que consente, não. Mas, nesse arranjo particular de um Barba Azul e de uma mulher perdidamente apaixonada, ela participa da fantasia do autor do crime perverso: ele lhe dá a chave, lhe assinala que há perigo, quer retê-la; mas já é tarde demais, ela quer saber. Ela já é, ainda que ignore isso, sujeito da fantasia dele. Ela não é uma vítima que consente, não, mas vai até o final, descobre a verdade do gozo do homem que a deseja. Infelizmente, não é de uma bela imagem de mulher que ele goza.

No instante mesmo em que a porta se abre, ela descobre o que foi para ele. No momento mesmo, infelizmente... Ela descobre embora não quisesse saber. É tarde demais. Ela sabe. Ela agora sabe o real do que os liga. Eles, daqui em diante, sabem todos os dois. Não é mais possível uma meia-volta. Ela ainda está no limiar, mas já cruzou a fronteira, já está prisioneira de outro espaço, agarrada pela fantasia dele. Não há mais volta possível às belas aparências, aos reflexos no espelho, ao semblante. A passagem não pode nem se esquecer nem se ocultar. Nem para um nem para o outro as manchas na chave poderão se apagar. Ambos sabem.

Se é um conto de fadas, então ela encontra a força de lhe dizer não, ela tem a oportunidade de fugir. Caso contrário... Ela se deixa ir, ela se entrega, até o fim. Ela não tem escolha. Quando ficou com medo... já é tarde demais.

Ela só queria saber, e, sem querer, vai partilhar a sua fantasia. Sim, acontece de a história de Barba Azul ser verdadeira. Para isso são necessários dois protagonistas: uma mulher e um sortilégio. É necessário um encontro. Por um mau acaso, a luz da verdade, trazida por aquela que abre a porta e que quer saber, e a maléfica luz que irradia do negro fetiche então se confundem. O sortilégio faz surgir, numa escura incandescência irradiando do interior do segredo, o que ela nunca deveria ter visto: aquilo que aquele homem doravante vai exigir que ela lhe entregue, o que ele agora vai retirar do corpo dela.

Tomei emprestado a luz, e o artifício da noite, das óperas de Paul Dukas e de Béla Bartok. Utilizei as variantes do mito para analisar o conto, e iluminei-o com os projetores de uma encenação cujo simbolismo nada deve ao acaso. Com efeito, que ela se chame Ariane ou Judith, ou simplesmente "ela"... Ela, a mulher, é o Outro de Barba Azul: *a um só tempo seu público e sua presa*. Ela é, tão logo espectadora, vítima. Não consenciente, nem por isso passiva. Veremos que ela, a mulher, é o interlocutor secreto, o parceiro verdadeiro, ao qual se dirigem muitos autores de crimes perversos.

Vamos descobrir que ela é, também, o interlocutor íntimo, a espectadora diretamente visada, de um autor criminoso que, no entanto, parece *a priori* bem diferente: o piromaníaco.

O incendiário de Pigalle

Bulevar de Clichy, uma noite de inverno. Os ônibus despejam uma multidão de turistas na frente do Moulin-Rouge. A noite tem as cores violentas das vitrines de *sex-shops*, dos neons faiscantes e dos rostos maquiados. *Dancings. Striptease. Peep-show.* Nas calçadas, na luz branca dos vestíbulos dos cabarés, os anunciantes, de roupa impecável, cartola, voz cúmplice, convidam os homens a atravessar a porta. O Hotel Pigalle é bem à direita descendo, na rua mais sombria dos motéis. Uma fachada discreta. Mais à vista, em frente, o anúncio luminoso de um bar cuja porta fica sempre fechada. Da calçada é possível ver, no estreito quadrado luminoso da janela, as mulheres encarapitadas nos bancos altos, cigarro na boca. As outras estão postadas mais abaixo na rua. Boca pintada e olhos escurecidos, casaco de pele e coxas nuas. Os homens que passam lhes lançam uma olhada furtiva.

– Vem, querido?

É um homem de cinza, pasta na mão, que usa óculos de vidro grosso. Como todos os clientes, ao passar olhou o decote que ela mostra sob o casaco aberto. Ele seguiu reto. Entrou sozinho no Hotel Pigalle.

A recepção é no primeiro andar, no final da escada. Uma planta verde de plástico, paredes pintadas de rosa vinte anos atrás, lâmpadas que sob o vidro opaco de poeira emitem uma luz fraca. Por trás de um balcão alto, o recepcionista toma nota num jornal de prognósticos de corridas hípicas. Um quarto? Ele encara o cliente. É muito raro pegarem um quarto aqui para dormir sozinho. E eis que agora o homem tira do bolso uma carteira de identidade e a estende. Essa agora, não costumamos pedir documentos, mas já que este faz questão... Ele considera de novo, com uma leve desconfiança, os óculos de vidro grosso de míope que dão um olhar fixo, o casaco cinza abotoado até o pescoço, as mãos pequenas, brancas, moles, de unhas brancas cortadas curtas. Ele transcreve o nome e o endereço no registro. Recebe o dinheiro e estende uma chave:

– Quarto andar à esquerda.

Segue com os olhos o cliente que logo desaparece na escada, sem curiosidade particular. Sempre trabalhou no bairro. Já sabe muitas coisas. Pega de novo o jornal e o lápis.

Mais tarde, ao inspetor que o interrogará, ele dirá:

– Um pouco estranho, sim. Um olhar esquisito... Mas, sabe, a gente vê tantos...

– Você não o viu descer?

– Sim. Duas horas mais tarde, mais ou menos. Mas, de qualquer modo, não pergunto aos clientes aonde vão. Nem por que saem.

Na realidade, o recepcionista mente um pouco. Ele havia adormecido. Houve tão pouco movimento, nessa noite, por causa do frio. E, de repente, um grito o sobressaltou:

– Fogo!

Uma voz aguda de mulher, nos andares.

– Fogo!

E logo um cheiro de fumaça. E depois outros gritos, os saltos das mulheres estalando nas escadas, os palavrões dos homens. Ele correu até o extintor. No quarto andar, as chamas rugiam, já altas, saindo de um quarto. Enquanto chamava os bombeiros, o hotel se esvaziou, numa corrida através do *hall* para a saída. Todos se juntaram na calçada em frente, a cabeça levantada para as chamas que subiam na noite.

– Fogo no Hotel Pigalle!

Os clientes do bar saíram. As moças que trabalham no outro lado da rua deixaram o posto e se juntaram aos curiosos. Todos os olhos estavam voltados para a dança do fogo no negro do céu, a luz amarela das chamas que se elevavam, se curvavam, se inclinavam, e depois levantavam, triunfavam, sempre mais altas. Um belo espetáculo, inebriante e angustiante, e, ainda longínquo, repetitivo, lancinante, o alarme da sirene dos bombeiros, e depois o intenso rugido ávido das chamas, o crepitar das fagulhas, o calor, e as exclamações:

– Ficou alguém lá dentro?

Quem teria notado, afastada da luz do poste, uma silhueta com uma pasta na mão? Mais atrás, na esquina com a *rue* Blanche, a alguns metros dali, na mesma calçada. Um homem colado à parede a espreitar o grupo de curiosos. Ele olhava as moças emocionadas, excitadas, arrebatadas, que se arrepiavam, se esquentavam no braseiro, lançavam gritinhos.

Os bombeiros chegam enfim. Ninguém viu a sombra se esquivar na noite de Pigalle quando o carro da polícia veio estacionar atrás deles.

Não é uma ficção, mas a vida, a história muito precisa e muito verídica de Firmin. Firmin, o piromaníaco. Firmin, o incendiário. Ele foi um autêntico autor de crime perverso. No entanto, para seu grande pesar, não conseguiu matar tanto quanto teria desejado. Não por crueldade particular, mas por cuidado de roteirista e diretor, por desejo de fazer um verdadeiro espetáculo: "É mais bonito – me dizia ele – se há mortos, gente se jogando pela janela." Ele foi apenas um pequeno autor, apesar da ambição. Não menos perigoso que outros, nem menos rigoroso na lógica inconsciente que ordenava seus atos e o desenrolar de sua vida. A maldita vida de Firmin, o consumado botador de fogo. Se é verdade que, nas sacadas da noite, os deuses se debruçam com prazer sobre uma cidade em chamas para ouvir subir até eles os gritos, para inspirar a fumaça negra, não é Nero quem quer. Não, Firmin, que se sacrificava para oferecer às prostitutas o espetáculo de um grandioso e dramático incêndio, não conheceu a glória. Sua fama nunca ultrapassou as delegacias de polícia. Seus atos o levaram, não à apoteose da guilhotina, com a qual sonhava, mas a um serviço psiquiátrico. Foi ali que o encontrei, e que ele me contou a sua história.

Ninguém o escolherá como herói. Ninguém o porá, de novo, de maneira especular, em cena. Assim, sou eu que associo meus fracos meios à obra modesta, e às vezes desanimadora, de Firmin, o ambicioso organizador de espetáculos. Assumo o lugar, não de sua encenação, mas de sua abnegação. De sua dedicação por nós, o público da rua, os populares, sempre apaixonados por um fogo de artifício, por uma bela queima ou por um belo incêndio. Sua vida é uma obra inédita, e que no entanto merece, à sua maneira, ser um clássico. Recortei trechos que escolhi, e calculei e construí a montagem.

Só restaram, na rua diante do Hotel Pigalle, alguns curiosos ainda por ali, a sentir o cheiro de fumaça e os escombros. A fachada preta estava aberta para a noite. Os bombeiros tinham acabado de apagar o andar calcinado e inspecionavam as cinzas. O *hall*, que ficara intacto, fedia a material queimado. O inspetor lutava para não tossir.

– Mas por que você está me assinalando ele, então, se ele nada tinha de diferente?

– O quarto dele era no quarto andar. Foi de lá que veio o fogo.

– Você não tem a identidade dele, é claro.

– Tenho sim. Eu anotei o número da carteira. Aqui está o registro.

– Está requisitado.

O inspetor não acreditava muito na existência desse cliente do quarto andar assinalado pelo vigia. E ainda menos num motel, nesse registro bem mantido. Quanto a pensar que o homem pudesse ter deixado a verdadeira identidade... O inspetor não tinha a intenção de perder muito tempo com essa hipótese improvável. Deixou alguns homens no local para fuçar nos escombros em busca de indícios.

Mas o que acontecera no quarto do quarto andar? Bem longe de poder imaginar, os curiosos, o recepcionista e o inspetor lá tinham visto... apenas fogo.

A cena do quarto, seja qual for o autor e ator – Firmin, Jack o Estripador, Gilles de Rais –, sempre é representada atrás de uma porta trancada, atrás de janelas fechadas. Ela é a cena do ritual sexual, da fabricação secreta do gozo íntimo. Firmin faz fogo. Mas por que acende seus incêndios no quarto de um motel? O que ele faz ali, precisamente? E aparentemente só? É preciso ser muito curioso para lhe fazer essa pergunta. Pois bem, sejamos curiosos. Vou portanto olhar pela janela do Hotel Pigalle, levantar a cortina, ou entreabrir a janela. Vou dividir o espetáculo com vocês. O que nada tem de aterrorizador, fiquem tranqüilos. Mas não é nem bonito nem muito limpo. Os adultos que somos preferem evitar olhar pelo buraco da fechadura, assistir à intimidade sexual, singular, às vezes estranha, de nossos irmãos humanos. Convido-os, no entanto, a dar uma olhada pela fenda da janela. Caso contrário, nada teremos entendido. Como os populares curiosos, aí só teremos visto fogo.

Ele fechou a porta atrás de si, e deu uma volta de chave na fechadura. O quarto estava na penumbra, a luz vermelha do letreiro do bar em frente piscava sobre a cama e o travesseiro. Mas vou parar de novo. Esses pequenos assuntos íntimos dos seres, esses momentos de sua sexualidade, por eles não nos interessamos; entretanto, o psicanalista só pode falar de autor de crime perverso se entender, se puder apreender a lógica íntima e singular do sexual. Eis por que é preciso pedir a Firmin que nos dê o testemunho de suas práticas, de tudo o que ordinariamente é feito sem testemunha e que é calado. É verdade que ele falava disso de bom grado. Sem vergonha e sem pudor, em todo caso. No entanto, esse ritual, no quarto, não era destinado a ser mostrado. Por acaso se pede aos espectadores que se divirtam nos bastidores antes de cortina se levantar? Que inspecionem os preparativos, os pequenos truques, o material do mágico? Nesses bastidores, no camarim de nosso artista do Hotel Pigalle, na preparação de seu espetáculo, nada havia, deve-se bem dizer, a admirar. Pobre cena, íntima, triste como toda prática masturbatória, como a solidão, como a imposição piedosa de uma pulsão da qual ignoramos a quem se dirige, e que parece não se dirigir mais a ninguém. Triste como uma prática solitária, infantil, escatológica, de um adulto a quem o amor não foi aberto. Uma mecânica pura cujo sentido parece ter sido perdido tanto parece não haver mais ninguém para compreendê-lo. Ah! não é a bela chama, o belo fogo, que da rua vai em breve ser admirado. Mas a fabricação, o lado escondido do espetáculo.

Firmin deixou o quarto na penumbra, iluminado apenas pelos sobressaltos do neon em frente: uma cartola vermelha que se acende e se apaga, multiplicada várias vezes nos espelhos à volta da cama. Ele abre a pasta sobre o travesseiro, espalha revistas. Fotos de mulheres nuas, cenas pornográficas. Ele se despe. No entanto, não seriam marcas de esperma que encontraria o investigador se mais tarde sobrasse alguma coisa da cama. Mas excrementos, produzidos, ofertados, diante da solicitação sexual, na emergência da pulsão, diante das cenas pornográficas. Ele se lambuza com eles. Depois se lava com cuidado e se veste. Da pasta tira, então, um vidro de gasolina que ele derrama sobre as cobertas e as cortinas. Ao sair, lança a chama de um fósforo e tem o cuidado de fechar a porta à chave atrás de si. Passa novamente diante do recepcionista, coloca a chave no balcão, calmamente. Num passo tranqüilo, vai se postar na rua, a alguns metros.

Na delegacia do IX° distrito, é claro que o inspetor procedeu às investigações de rotina, da qual não esperava grandes resultados. Teve uma surpresa. Confirmou-se que o nome de Firmin, inscrito no registro da recepção, estava fichado: preso já cinco vezes como autor de incêndios voluntários. O inspetor, que ainda era bem jovem, ficou um pouco decepcionado. Sua investigação de fato estava se tornando simples demais. Um ato assinado, um autor que deixa seu nome. Ele estava mais propenso a um acerto de contas nesse bairro dominado pela bandidagem. E aí, um piromaníaco. Um desses malucos. Pediu o fichário da polícia. Firmin, profissão: contador, trinta e cinco anos. Cinco incêndios voluntários. O roteiro era sempre o mesmo. O fogo acontecia de noite, para os lados de Pigalle, da *rue* Blanche e da Praça de Clichy, num desses hotéis aonde vão os clientes das prostitutas do bairro. Firmin sempre se denunciara assinando o verdadeiro nome no registro do hotel. A foto de identidade judiciária enquadrava, em preto e branco, um rosto pouco desenhado, indefinido, inacabado, difícil de descrever como de reconhecer, a não ser pelo olhar, estranho, com efeito, fixo, como notara o vigia. O fichário de polícia trazia o repertório de outras detenções mais antigas, delitos de juventude – desvios de dinheiro em empresas onde Firmin fora contador. Uma nota manuscrita fora acrescentada por um colega: "Indivíduo suscetível de ser perigoso. Costuma freqüentar os bares de Pigalle." O inspetor decidiu encontrá-lo imediatamente.

Na época em que se passa esta história, há trinta anos, o jovem inspetor podia imaginar, tendo por modelo o delegado Maigret, levar a cabo sozinho a investigação. Evidentemente, Firmin, o piromaníaco, lhe passava a perna. A investigação estava encerrada antes de começar. Restava, pelo menos, prendê-lo. Para onde fugira após o incêndio do Hotel Pigalle? Voltara para casa, simplesmente, para o endereço indicado na carteira de identidade? O improvável permanecendo possível, o inspetor para lá enviou dois homens. Mas Firmin talvez tivesse encontrado refúgio mais perto, num desses bares suspeitos que, segundo precisavam as anotações, ele freqüentava.

Eram três horas da manhã quando o inspetor começou a sua volta. Já conhecia todos os estabelecimentos noturnos de seu IXº distrito. Empurrava a porta com uma leve batida de coração, não que isso comportasse para ele um perigo ou uma surpresa, mas porque gostava de aparecer ali. De repente, estava em outra parte, num cenário noturno falso e brilhante, numa cena curiosamente muda apesar do barulho, como num sonho a que o sonhador assiste como espectador, com o fundo sonoro dos *slows*, as vozes altas e os risos, o tilintar dos copos de vidro e as palavras murmuradas. Ele gostava de ver toda essa encenação do desejo, a penumbra cúmplice, a violência tamisada, e num halo de fumaça vermelha e malva, como sob um projetor, os sorrisos ávidos e *blasés**, os rostos tensos, marcados, as carnes moldadas e oferecidas. Em todos os bares ele mostrou a foto:

– Conhece?

A cada vez o barman fazia não com a cabeça. A noite acabava. Estava pensando em desistir. Depois, no Maryland, no fundo de um beco que dava para o bulevar de Clichy... A boate estava fechando. Um único casal cambaleava na pista de dança sem música. Os restos de garrafas sobre as mesas desertas. Duas *taxi-girls*, ainda no bar, já de casaco. Ele puxou a foto.

– É o Firmin – diz uma.

– É, é ele mesmo – diz a outra, olhando de lado por cima do ombro enquanto massageia um pé descalço.

– Vocês o viram esta noite?

– Ele sumiu. Antigamente, nós o víamos sempre. Um incendiário!

– Ele pôs fogo aqui?

As moças começaram a rir, as duas.

– Um cliente maluco –, diz a primeira. – Champanhe para todo mundo, e notas, pacotes, para distribuir. Para nenhuma moça em particular. Para todas. Um cara esquisito. Nada pedia em troca. Mas cuidado... Ficava furioso se recusassem seus presentes. Você se lembra?

---

* Embotados, insensíveis (N.T.)

– O estilo do bobalhão um pouco chorão, de quem a gente desconfia. Que pode se tornar mau.

– Sabem onde posso encontrá-lo?

– Não, não o vemos há muito tempo.

O inspetor voltou ao frio do bulevar. A madrugada sublinhava a noite com uma linha vermelha no leste de Paris. Era o momento de dar uma olhada no domicílio de Firmin. O tempo de chegar lá, seriam bem seis horas. Rua Bouland, no XII° distrito. Uma rua curta, estreita como um beco, apertada entre a prefeitura e a linha da estrada de ferro. O inspetor juntou-se a seus dois homens que vigiavam o prédio. Eles haviam passado a noite no carro. Ninguém entrara ou saíra. Na porta de entrada, entre os moradores, o patronímico Firmin. Segundo andar.

– Vou lá sozinho – disse. – Esperem por mim.

Nesses casos, nunca se sabe o que virá depois da campainha. Nenhum barulho atrás. Depois, um roçar leve. Um deslizar de chinelos. A porta se abriu: uma velhinha, magra, de *robe de chambre* cinza. Olhava-o sem surpresa nem temor. Ele puxou a carteira e se apresentou:

– Ele fez besteiras de novo – diz ela. – Entre.

O pai, já vestido, o acolheu no salão:

– O que ele fez desta vez?

Ele aceitou o café que a mãe lhe oferecia. Preferia não olhar à volta. Havia um tal depósito de tristeza sobre as pobres cadeiras, a tela encerada da mesa, as flores da xícara de café.

– Sabe – diz a mãe –, antes ele era sério. Era contador, e todos gostavam dele. Depois começou a sumir, e a desviar dinheiro.

Tinham esquecido de abrir as janelas com o dia. O inspetor sentia-se cansado, fechado na luz elétrica que caía do teto, e cheio de uma tristeza estranha.

– Nunca o entendi – diz o pai. – Jovem ainda... O patrão confiava nele. Depois, um dia, assim, ele desaparece. Notamos que ele subtraiu uma soma enorme, que fugiu com a caixa. E gasta tudo com putas. E agora, é pior. Esses incêndios todos. Mandam-no para a prisão, ele sai, e em seguida recomeça. Vai acabar matando alguém.

– Ele pôs fogo de novo? – pergunta a mãe. – Sabe, ele antes era bom. Depois, teve tifo.

– Tifo?

– Ele tinha seis anos. Quando o vi todo cinza... Ele estava morto. Tinha ficado escuro feito carvão. Depois, como que por milagre, ressuscitou, ficou curado. Mas nunca mais foi o mesmo.

– Não encha o inspetor com as suas histórias.

O inspetor não entendia nada. Mas pelo menos estava seguro de que Firmin não voltaria para a casa dos velhos. Já estava se levantando para sair.

– Dê-nos notícias – lhe disse o pai. – Principalmente por ela. Eu não espero nada.

O inspetor soltou um suspiro antes de descer lentamente os cinco andares.

– Podem ir dormir – disse a seus homens. – É inútil ficar aqui.

O dia estava de um branco pálido. De repente se sentiu esgotado. Tinha frio. Vontade de estar em casa, de encontrar a ternura da mulher, de levar o filho à escola antes de dormir. Mal tinha tempo de passar na delegacia do IXº. Mas onde podia bem estar Firmin? O inspetor refletia dirigindo. O empregado modelo, a rotina do trabalho de contador, o sala e dois quartos dos pais idosos no XIIº distrito. E depois os sumiços, os desvios de fundos. Pigalle, Clichy. Dois mundos bem diferentes. Firmin fugia, sumia. Então... Então ele passava da realidade pálida e cinza do dia a uma cena de noite violentamente maquiada, um sonho onde correm rios de champanhe, onde brilham o *strass* e as miçangas, um teatro onde as moças pintadas de vermelho e rímel mostram-se em sutiãs lamês.

E o inspetor pôs-se a compreender: na luz mágica da noite, no halo vermelho e malva dos projetores, no teatro do bordel, Firmin subia à cena. Nessa cena da oferta sexual, Firmin vinha mostrar a sua chama. Nessa cena, ele queimava. Queimava para as putas.

Queimava o dinheiro em Pigalle. Queimava o Hotel Pigalle.

Oferecia a elas a sua chama, à sua maneira, às moças de Pigalle.

E o inspetor pôs-se a rir.

Teve ainda uma surpresa. Na delegacia do IXº distrito, Firmin o esperava. Acabava de se entregar. O inspetor estava curioso para vê-lo. Um bobalhão, sim, magricela, pálido, a cabeça abaixada feito uma criança pega em erro. Respondeu às perguntas como se recitasse uma lição decorada; como se repetisse, desde sempre, as mesmas palavras; como se vivesse, desde sempre, os mesmos atos. Não criou nenhuma dificuldade para confessar tudo. Como um garoto, reconheceu:

– Faço bobagens.

Pareceu ao inspetor que ele ali colocava uma contrição suspeita, tingida de um obscuro orgulho. E quando veio a hora de assinar os autos do processo do interrogatório, ele se ergueu e assinou a página com uma enorme e triunfal assinatura.

Estava um pouco mais cheio com a idade quando o encontrei, vários anos mais tarde. Acabara sendo internado no hospital psiquiátrico. A repetição dos atos incendiários demonstrara a ineficiência das estadas sucessivas na prisão, de que não resultara nenhuma emenda. Acabara matando alguém. No pavilhão do hospital, vivia a rotina da vida de recluso sem se queixar. Não era notado. Pálido como o uniforme, a roupa de brim cinza e os chinelos que pouco tirava; o olhar apagado por trás do vidro grosso dos óculos, e os cabelos ficando grisalhos. Levei um certo tempo antes de ver que o incendiário, o carvão semi-apagado, continuava incubado sob a espessa camada cinza. Ele me desejava, para o ano novo, seus votos ardentes. Um dia, encontrei-o diante de mim, ereto, ameaçador:

– É *isso* que a senhora quer? Fogo?

No pavilhão fechado onde fora internado, os pacientes tinham, de vez em quando, uma permissão para passar o dia na cidade, com o acompanhamento prudente de um ou dois enfermeiros. O que ele escolhia fazer, em seu dia de meia liberdade. Não me lembro. Suponho que eu não procurava saber, não me preocupando em vigiar do lado de fora os meus pacientes, já trancados, talvez até cativos de um olho onipresente. Em compensação, lembro-me bem que ele gostava de ser chamado ao escritório do médico-chefe para ajudar no ensino. Era mostrado aos jovens estudantes de psiquiatria. Ele falava com prazer, e muito. Contava suas "bobagens". Todos ficavam contentes. Ele por ter garantido, mais uma vez, o espetáculo. E seu público, embasbacado, ficava impressionado, aliás, sem nada ter entendido. Com efeito, não acreditem que tudo se entenda de imediato. Precisei de alguns anos de entrevistas com ele para entender e reconstruir a sua lógica inconsciente, a mesma que, em seguida, me permitiu montar as seqüências que acabo de apresentar.

Por que nos ter infligido a cena inaugural do quarto do Hotel Pigalle? E o excremento? O excremento ele oferece em resposta à solicitação das prostitutas que o abordam na rua, diante das imagens das revistas pornográficas. Porra de merda! Mas... Era merda? Ali só veremos fogo. O dejeto é matéria, material do espetáculo, e o prestidigitador, imediatamente, tira a chama mágica de seu chapéu. E a chama pula, fica em pé. Um feixe de fogo que brilha e hipnotiza, um jorro mágico que ele oferece às mulheres da vida. E a merda se faz espada de centelhas.

Firmin queima para as putas, ele queima de um ardente desejo de ser-lhes agradável e de satisfazê-las. Ele faz fogo para o prazer de vocês, senhoras. Ele arde do desejo de lhes oferecer a sua chama. Ele se inflama. Botador de fogo! Ele inflama essa merda, essa bosta, essa diarréia do tifo. E o dejeto, de desanimar, de dar nojo, se faz chama, se faz desejo que surge e se erige no ardor do braseiro. E a merda se vê como um falo ardente.

Ele se inflama, bebê considerado morto, consumado e calcinado pela febre. Já pálido feito cinza e preto feito carvão, já dejeto, ele ressuscita, renasce. Queimado pela febre, escurecido pelo tifo, ele renasce como a brasa ainda incubada sob as cinzas. Renasce sem cessar das cinzas, como Fênix, sem cessar, novinho em folha. Milagre sempre renovado da ereção das chamas a admirar. Firmin o incendiário, o inflamador, ressuscita e ressurge de suas próprias cinzas enegrecidas. Brasa dormida, carvão semiconsumido, ele renasce sob os nossos olhos numa flamejante explosão.

Senhoras, um conselho, com ele não brinquem com fogo. Não aticem a brasa incubada sob a camada espessa de cinzas frias. Pois ele pega fogo na primeira fagulha, na primeira provocação. Ele é todo fogo todo chamas tão logo uma mulher lhe diz: "Vem?" Ah, não tente então "acendê-lo"! Acham que é impotente? Mas é um bota-fogo! No entanto parece bem tranqüilo, quase apagado, grisalho e morno. Sobretudo, não fique brincando na frente dele, sem pensar, com a caixa de fósforos com a desculpa de que você fuma. Você poderia ter más surpresas, vê-lo transformar-se, empinar-se, de repente imenso, tenso, com seu famoso olhar fixo, ameaçador: "É isso que a senhora quer, fogo?" É isso que elas querem? Mostro para elas o meu castiçal.

Será um exercício de estilo? Não. Apenas tomei emprestado de Firmin seus significantes. O ato é carregado pelas palavras. Por trás do que se vê, por trás do espetáculo, há o que se ouve. Atrás do que se mostra, há o que se demonstra à revelia do ator. O que acontece em cena é apenas um texto, que se interpreta. Um texto de temível rigor, de diabólica precisão. Firmin representa, sem se ouvir, algo de muito preciso. O que é a chama? Um significante do desejo, do ardor, da ereção. Mas o fogo, a chama, também é um objeto. O fogo é, a um só tempo, objeto e significante. E, nesse caso, é também, é muito claro, o excremento, o objeto mais humilde, erigido pela chama em admirável objeto fálico. É preciso, para uma ereção mágica, para que um humilde objeto de desprezo e nojo se ponha a brilhar com todos os seus fogos, para que a merda se veja como um falo ardente, toda uma encenação. É preciso, para esse fogo de artifício, o artifício do teatro, espectadores, a construção de uma cena. Sim, como a outra cena, irreal e sexual, do sonho, a cena de teatro da noite de Pigalle.

Por que essa escolha por Firmin, essa escolha tão inconsciente quanto rigorosa, do fogo como significante central na organização de seu desejo? Escolha primitiva, arcaica, construída pelos acasos do destino na pequena infância... Esse objeto de nojo e de desinteresse, preto como carvão, consumido pelo tifo, o rebotalho, já cinzas, já negro e frio, o filho já considerado morto pela mãe, abandonado à morte pela mãe, não oferecendo mais senão um resto calcinado ao olhar já apagado da mãe, permanecido queimado, frio e apagado, de um primeiro fogo... De que febre, ou de que paixão, foi o resto apagado? Como o filho dejeto retomou a imagem junto à mãe? Como encontrou, no mundo dos vivos, no mundo do desejo, uma significação, um lugar? Como, a partir de suas cinzas, pôde brilhar de novo, ser senão admirado, pelo menos olhado pela mãe? Num renascimento miraculoso. Um fogo mágico que reanima a chama, o desejo morto de uma mãe. Um fogo, uma mágica e espantosa operação que se refere aos significantes, às palavras, à criação de um significante fogo. A criação de um significante de múltiplas significações, de um significante para fazer o novo fogo que dá novamente ao resto calcinado uma significação de desejo mantida junto à mãe.

Por que os desvios de dinheiro? Eles se prestam à mesma construção inconsciente, e ao mesmo ardor. Firmin, o piromaníaco, rouba o dinheiro que lhe é confiado, e o queima. Queima o dinheiro, o oferece às mulheres, como sua chama. Para Firmin, o dinheiro é um objeto que preenche a

Mulher... contanto que seja (como o excremento) torrado! Aí ainda, ele precisa do artifício e da ilusão da cena, os bares de Pigalle, e a encenação noturna do desejo. Mais precisamente ainda, o dinheiro foi previamente furtado, subtraído da caixa de seu patrão. Qual é o efeito dessa retirada, qual é o resultado dessa subtração? Uma falta. O que foi subtraído falta. *Antes de mais nada é preciso, num primeiro tempo, que falte algo ao Outro. Antes de mais nada é preciso subtrair, para em seguida preencher.*

Essa equação, vamos encontrá-la novamente. Com efeito, estamos aqui no coração da lógica do ato do crime perverso. De que objeto subtraído, faltando ao Outro, Firmin faz seu fetiche de chamas com que satisfaz as prostitutas? Do excremento, por certo. Mas, sobretudo, a chama é tirada do corpo que queima, de um cadáver tocha, de um morto no braseiro que satisfaria à exigência de um belo espetáculo!

O engodo, o fetiche

Assim, Firmin, o incendiário de Pigalle, em sua juventude, desviou dinheiro. Passava por empregado modelo, ganhava a confiança do patrão. O contador exemplar, no entanto, era apenas uma aparência enganosa: um belo dia ele ia embora com a caixa. Abuso de confiança e rapinagens afins inauguraram também a carreira de delinqüente de Landru. O escroque faz espelhar a ilusão aos crédulos à volta. Veste-se com um reflexo falso, com uma roupa de empréstimo: como Landru, cônsul na Austrália, surgindo diante da noiva num traje de opereta. O impostor penetra numa imagem ideal, reveste-se de um brilho (poder, dinheiro, conquistas) que é apenas um reflexo enganador, um simulacro, uma isca. Veste-se de um duplo. Por que tal falsidade? Poderíamos não fazer essa pergunta, e pensar que o escroque se disfarça para enganar suas ingênuas vítimas. Eu diria, ao contrário, que ele é escroque para poder fingir. Para viver na pele ou no hábito de outro personagem, mais rico, mais poderoso, mais brilhante. Aliás, o que ele faz com esse dinheiro extorquido à credulidade das boas pessoas? Guarda? Gasta consigo? Não, o dinheiro extorquido ao Outro tampouco lhe pertence, ele logo o oferece; mais precisamente, ele o dispersa num espetáculo do qual ele é o centro das atenções. Firmin subtrai dinheiro de seus empregadores enganados por sua boa cara. Ele era engodo sob a máscara do contador. Em seguida? Ele queima esse dinheiro! Tão rápido quanto se queimasse as notas! Dá uma festa! Com uma prodigalidade ostentatória, nas noites de Pigalle, ele desfila aos olhos das prostitutas, enche-lhes a cara. Ele é fogo rápido, breve ereção de uma imagem flamejante: a chama que ele encarna quando queima o dinheiro, quando brilha na cena dos bares noturnos de Pigalle, assume a significação de uma brilhante representação. Ele é o centro dos olhares, ele brilha – como Landru em sua roupa de cônsul, cetim, seda e bordados dourados por favor, e, não é desprezível, espada ao lado.

Insisti, com Landru, o sedutor, com Verdoux, interpretado por um mágico Carlitos, sobre a ilusão, a imagem fascinante que atrai os olhares e a admiração, a proeza do mágico, do prestidigitador. É tempo de lembrar seu reverso: o zé-ninguém, o rejeitado. Carlitos, o miserável vagabundo. Verdoux, o desempregado expulso, o excluído, jogado na rua. E Landru, seu modelo? Landru, bem mais ainda que escroque reincidente em fuga, é, sobretudo, aquele que acaba de ser condenado à relegação. Landru o perseguido, a caça de prisão, o relegado, o proscrito, não tem mais, na França, existência legal. A imagem veste, tal como um disfarce ou uma maquilagem, o real de um ser destituído e excluído. A roupa foi alugada num brechó.

Qual é o avesso da imagem, o real de Firmin? A verdade de Firmin está naquele menino abandonado à morte, escurecido pela doença, do qual o olhar de uma mãe se desvia. Um ser apagado, que ninguém pode desejar. Firmin recorre a um subterfúgio que transforma o rebotalho em significante do desejo. O dinheiro que ele queima propõe outra representação dele mesmo, uma imagem brilhante e desejável. O dinheiro que ele queima também fornece uma resposta à questão: O que quer de mim uma mulher? Se não são as notas que queimam para satisfazer a mulher, ele puxa da manga outra chama. Então o fogo, tirado de um corpo que se inflama, é oferecido ao olhar das prostitutas. Queimar, o significante incendiário, lhe serve para manter uma representação de si mesmo tanto quanto para oferecer uma manifestação de seu desejo. Figura do desejo, o incendiário oferece uma *imagem* de si mesmo ao olhar da mulher, e um *objeto* ao gozo suposto da mulher, da prostituta. Percebemos também, nesse incendiário, nesse fogo, a função de engodo, de *subterfúgio*: ele queima o que não lhe pertence, e oferece sua chama no lugar de outra coisa, de outro ardor, que uma mulher esperaria dele.

Para Firmin, o fogo significa o desejo. Ele adere à tradição da linguagem que faz da chama efêmera e ardente uma metáfora da ereção. Ele dá ao fogo uma *mágica significação* fálica, que também é uma significação ordinariamente humana. O mundo humano é um mundo de significantes e não de simples natureza, e para todo homem, em toda linguagem humana, as significações sempre excedem os fenômenos naturais e as coisas. A chuva vai significar igualmente a fecundidade, a noite vai evocar a morte, e o nascer do sol o renascimento. Só num mundo de linguagem, de significantes, é que um incêndio pode assumir a significação mágica do ardor do desejo. Para Firmin mais precisamente, o fogo, significante fálico, significante do desejo, também é o objeto que polariza seu rito sexual. Assim, devemos reconhecer o que para nós é da maior importância, e que *a priori* não era nem um pouco evidente: o fogo é para Firmin *fetiche*. Vamos nos explicar melhor.

Numa prática ritual, isto é, regida pelas palavras, o fetiche é um objeto significante, um objeto que também é uma palavra de múltiplas significações. No mundo humano – em que a magia e os ritos definitivamente têm a sua parte –, o que é ainda um fetiche? Uma coisa humilde, *a priori* sem valor. O olhar nele não se demoraria. E depois é erigido, colocado num pedestal, guardado num estojo, velado. Assume outra significação. Ele só é desvelado com precaução; só é mostrado num cerimonial: torna-se a causa de um ritual, o objeto de um culto. Ele participa do segredo e da exibição. Objeto mágico, em comunicação com um mundo sobrenatural, com forças que nos ultrapassam, ele é dotado de um poder escondido. Ele atrai, irresistivelmente, mas impõe respeito e temor. É o intermediário entre nós e os deuses, entre nós e um outro mundo, entre nós e o Outro. Objeto encantado e encantador, o fetiche não atende à nossa vontade. Ele é objeto animado por outra vontade que a nossa, e exerce sobre nós uma ação oculta. Ele se venera e se teme. É aureolado com um reflexo misterioso, com uma luz inquietante, que hipnotiza. O fetiche tem valor subjetivo. Ele diz mais que o que é, é mais que o que parece. É objeto falante, e falado. Outro mundo o moldou, ainda que a mão do homem o tenha humildemente talhado na madeira, no couro ou na pedra. O Outro lhe falou, e o fetiche diz algo que ultrapassa a sua significação de objeto. Ele fala em seu silêncio, e os homens lhe respondem. E a chave encantada, a chave fada de

Barba Azul, fala não só em linguagem de chave, que abre a fechadura, mas em linguagem de mancha que não se apaga. A chave fala e denuncia. A chave não é fetiche, é apenas fada: ela introduz ao mundo fetichista de Barba Azul, onde os cadáveres não são mais apenas cadáveres, mas onde falam a linguagem do desejo e da morte.

Para o psicanalista freudiano, o que é então um fetiche? Considerem, em sua caixa de papelão, um escarpim ou uma botina. É apenas um calçado. Tirado da caixa, se for necessário ao ritual sexual, ele perde a sua função de calçado, feito para andar. Oferece-se ao disfarce, ao teatro, ao jogo. Torna-se objeto erótico. Suscita o desejo. Se for a causa, o centro, a razão e a necessidade de um ritual sexual, ele se torna significante do desejo, embora seja apenas ordinário objeto. Ele se faz fetiche: mediação entre o sujeito do desejo e o Outro. Por que o Outro? Porque o desejo nunca é vontade nem consciência, ele depende de forças outras, inconscientes, sobre as quais o querer não tem domínio. Basta evocar a ereção para entender o quanto o desejo também é o desafio de forças misteriosas, já que incontroláveis. O desejo vem de outra parte, e não se pode desejar a pedido, nem querer desejar. A ereção, objetivação do desejo do homem, está na tradição humana a um só tempo significante (do poder, da prosperidade, da linhagem e da descendência por exemplo) e signo manifesto da intervenção de uma força outra. Assim é que no mundo do pensamento mágico, no imaginário e no inconsciente humanos, o falo se faz fetiche por excelência. Não é surpreendente encontrá-lo pintado na entrada das vilas de Pompéia para afastar o mau olhado: ele é o símbolo de uma feliz comunicação com exteriores forças benéficas.

Significante do desejo, e significante de uma benéfica comunicação com um Alhures, um Outro, de que o desejo depende, o falo empresta a sua significação ao objeto que será fetiche. Na sexualidade, todo objeto que serve de fetiche (corpete, escarpim, casaco de pele, chicote, etc.) assumiu valor e significação fálica. Assumiu a significação daquilo que completa um Outro, a mulher, e também daquilo que falta ao Outro. Em outros termos, mais familiarmente freudianos, é preciso, para um homem dito fetichista, completar necessariamente a mulher com uma botina, ou um casaco de pele, um engodo mágico, um substituto ao pênis faltante, um simulacro que tem a significação do desejo. Acrescentar um fetiche a uma mulher evoca e mascara a um só tempo a ausência do pênis, denega a falta e a reconhece junto. O fetiche preenche a função complexa, múltipla, de fornecer uma solução a todas as questões levantadas pela castração do Outro. A adição do fetiche lembra que o Outro, de qualquer modo, por pouco, falta... e não falta tampouco. Essa regulação da falta, essa maneira de assinalá-la mascarando-a, é essencial ao fetichista ordinário. Anódino, e, em suma, eficaz subterfúgio. Arranjo do desejo inteiramente banal, e bem freqüente. Insisto: não há aí nada lamentável nem patológico, muito pelo contrário, já que poderíamos até notar que uma parte discreta de fetichismo é inerente à vertente masculina da sexualidade humana.

O fetiche, esse acréscimo, esse substituto do pênis, esse *objeto ordinário ao qual é atribuído valor fálico*, ao completar o que falta, também admite a falta. A presença do fetiche sublinha uma ausência. Uma *ausência subjetiva*, a falta de algo que o sujeito procurou em vão na menina ou na mãe, e que não encontrou. Uma ausência subjetiva e uma falta simbólica, pois é bem apenas num universo simbólico humano que a diferença anatômica da menina ou da mulher pode tomar o sentido de uma falta. Na ordem da natureza, a uma menina, a uma mulher nada falta. Entende-se, então, que o que necessariamente falta, para todo sujeito humano, menina ou menino, não é o pênis, mas o falo simbólico. Outra maneira de dizer o interdito simbólico que, no humano, se refere ao incesto. Desse ponto de vista, *o fetiche, objeto significante, equivale a um falo simbólico, à presença de uma falta, à presentificação de uma ausência.*

Sobre esse modelo, a sexualidade criminal obedece a uma necessidade suplementar: criar a falta, realizá-la, produzi-la (é o ato criminoso). Não basta mais lembrar a castração escondendo-a ao mesmo tempo (amável operação imaginária); é necessário fazer-se primeiramente o instrumento da subtração, sua prova (em toda a violência do real). O crime perverso mostra *no real* o falo simbólico, a um só tempo como presença e como falta. A necessidade primeira de uma *subtração real*, referindo-se ao Outro, confere a esse ato, a essa sexualidade, a maior proximidade com a loucura.

É teórico demais? Abstrato demais? Entenderemos melhor a realidade pouco a pouco, com outros casos. Desde agora, com Firmin, o contador, descobrimos, compreendemos, o cálculo sexual da perversão criminosa: uma subtração imediatamente seguida, completada, apagada por um acréscimo. Ou ainda, um acréscimo que só se justifica por uma subtração primeira. Da mesma forma que um buraco, uma falta foi *cavada* na caixa de um *patrão*, antes de aparecer em positiva queima nos bares de Pigalle... Uma mesma falta, um buraco simbólico foi cavado pela morte, o *desaparecimento de um homem*, daquele que queima no incêndio, para ser positivado numa tocha de fogo no céu da noite de Pigalle. O fogo *cria a falta e a apaga* no mesmo movimento, na mesma mágica operação. Ele indica a um só tempo o negativo e o positivo, o mais e o menos; a operação mágica, o cálculo inconsciente que o mostra consiste em positivar o que é previamente subtraído.

Se, com efeito, é fetichista, Firmin na verdade não é um fetichista comum. A operação é complicada, o exercício perigoso: a falta deve ser realizada. O objeto que completará o Outro deve previamente ser subtraído, retirado, extorquido, no real. O fetiche, a chama mágica, o fogo do desejo, é um *cadáver* que queima.

De noite, diante do Hotel Pigalle, a prostituta, com seu pedido ("Vem, querido?"), desencadeou, mais uma vez, uma mecânica antiga, uma resposta infantil e complexa, um encadeamento de gestos e significações inconscientes que, uma vez posta em marcha, nada mais pode parar. A prostituta é o Outro de Firmin, o piromaníaco, *a mulher que ele completa com seu fetiche de fogo*. Sabemos que, mais do que poderia ser conveniente, a prostituta é visada pelo ato do crime perverso. Por quê? Jack o Estripador, o assassino das prostitutas de Londres, talvez nos ajude a entender.

Jack, o Estripador, e a mulher fatal

Nunca se soube a sua identidade. Ao contrário das regras em uso entre os autores de crimes perversos, ele não se denunciou, no que sabemos, em todo caso. Sua glória póstuma se prende a este nome: Jack, o Estripador. Um pseudônimo, um nome de autor, que para sempre toma o lugar do patronímico. É o nome que ele inventou para si mesmo, o nome sob o qual se escondeu e se fez reconhecer, o nome com o qual assinava as cartas provocadoras, escritas em vermelho sangue, que zombavam da polícia. Jack the Ripper! Na língua francesa, a palavra "estripador"* foi criada para ele. "Estripador" traduz bem a violência e o horror, mas o inglês *ripper* talvez diga com maior precisão clínica o ato de rasgar e arrancar. Ato específico do crime perverso. Fender um corpo. Dele extrair alguma coisa. The Ripper. Aquele que rasga. Que arranca. Nome emblemático do criminoso perverso. O nome significa o ato, e o ato cria o nome. O ato cria a palavra e faz o nome, que se desprende do autor. E Jack, o Estripador, que matava as prostitutas em Londres em 1888, permanece na memória como um dos nomes do mito do criminoso perverso, do matador em série.

---

* *Éventreur.* (N.T.)

É claro, o segredo, o mistério de sua identidade, nutre a lenda. Lembramo-nos também do contexto espetacular de seus crimes, de como eram cruéis e da evidência sexual.

As prostitutas. A faca. Os bordéis da cidade, as ruas estreitas e sombrias, os hotéis suspeitos. Imaginamos a inquietante silhueta, os passos ressoando no silêncio da noite, o nevoeiro que sobe do rio e distila o medo. O cenário do espetáculo do pavor. Bulevar do crime. Essa larga silhueta, de costas, destacando-se em negro na cortina azul sombria da noite, essa sombra desenhada pelo projetor branco da lua cheia... É Jack, o Estripador. Ele sai de cena a passos lentos. Acaba de assassinar uma das prostitutas de Londres. A cortina cai. Estouram os aplausos.

É a última cena de *Lulu*, a ópera de Alban Berg: o encontro de Lulu, a mulher fatal, com Jack, o Estripador. Lulu, a mais perigosa das putas. Jack, o mais perigoso dos clientes. Dois mitos frente a frente. A Mulher fatal e o Estripador. Lulu, a mulher que fatalmente seduz os homens, os leva irremediavelmente à perda. À sua volta, os homens são reduzidos a gravitar em satélites, atraídos por uma força que ignoram e que os agarra, um após o outro. Vítimas dessa irresistível e funesta atração, os três homens, que um após o outro casam-se com ela, morrem quase sob os nossos olhos quando descobrem que ela sempre os enganou... Quando a descobrem sem fé e sem amor... Quando se descobrem impotentes, desde sempre, em satisfazê-la... O primeiro marido, o professor, morre de uma crise cardíaca. O segundo, o pintor, se suicida. E ela atira com um revólver no terceiro, que tenta escapar dela. No último ato, murcha, envelhecida, reduzida a se prostituir num sótão miserável, recebe sucessivamente três clientes. O último é Jack, o Estripador. Jack, ele também, mata, mecanicamente. Diante da solicitação sexual representada pela prostituta, ele responde com a faca.

Lulu foi fabricada para levar um homem à perda, à destruição, à morte. Em cena, diante de nós, ela mata, involuntariamente, sem sentimento algum, como o cego instrumento de uma necessidade que a supera. Jack, necessariamente, mata as mulheres. Um e outro concebidos para matar, submetidos à predestinação do assassinato. Um e outro obedecendo à fatalidade, e cumprindo o destino. E cada um também é o instrumento do destino daquele ou daquela que, por infelicidade, o encontra. Encontro amoroso? Encontro sexual, encontro do desejo e da morte. Lulu? É simplesmente uma selvagem, *volkommen verwildert*. Soberba indiferença das feras, que matam sem maldade particular. É claro, um tal grau de insensibilidade chega à crueldade. Não é também o que se pode dizer de Jack? Um e outro sem amor e sem alma... Animais ferozes, na verdade, bichos de zoológico, na pista do mundo. Tome lugar, caro público! Sente-se nos jogos do circo! Venha ver o pobre domador enfiar a cabeça entre as aterrorizantes mandíbulas! Aplaudam!

É o próprio Alban Berg quem nos chama à parte em seu prólogo à ópera. Ele nos coloca diante do balé dos bichos selvagens, nos instala diante da arena. Tigre, urso, serpente... Lulu e Jack são bichos de circo e de cena. Arrepios de medo e estranho prazer em ver aquele que vai ser devorado; em ver matar, assassinar. Sim, uma arena, para a felicidade dos espectadores. E, nesse bestiário, os dois grandes orgulhos do organizador do espetáculo, os animais mais cruéis, os mais perigosos: Jack e Lulu. Aqui, com toda certeza, se morre.

Só o mito do matador de mulheres para encontrar o mito da mulher fatal. Ambos encarnam a violência de uma sexualidade indomável. Uma força mágica, pois inelutável, leva ao assassinato. Lulu, movida por uma força inconsciente, selvagem, irresistível, transportando com ela, à sua volta, todos as efusões do triunfo da sexualidade, só pode, sem cessar, recomeçar a seduzir... e enganar... e matar. E quando a força inconsciente e sexual põe Jack em movimento, ela o leva, como um autômato, mecanicamente, implacavelmente, a matar. Eles são, um e outro, a encarnação de uma pressão que os ultrapassa, e os faz agir, e recomeçar. No centro de um drama angustiante, de tensão insuportável, no coração da sexualidade e da morte, eles são, um e outro, apenas um mecânico instrumento. São também, em cena, um e outro, o centro de todos os olhares e o objeto de todas as fascinações. Hipnotizam. Lulu, no primeiro ato, brilha em plena luz, numa roupa de cetim branco, no brilho de sua jovem beleza; ela é a cintilação do orvalho ao sol da manhã. No ateliê do pintor, pousa para seu retrato vestida de Pierrô, e permanecerá até o fim identificada a essa roupa de luz, a essa imagem de carne e cetim. Uma mulher fada, uma imagem ideal da sedução, aureolada de uma glória fálica, uma enfeitiçante imagem cujo brilhante é realçado por todas as suas conquistas. E depois Jack, a sombra da noite, que só surge no fim e assume, na escuridão de um casebre, sua estatura, ao passo que o brilho de Lulu se ofuscou. Jack lhe rouba a cena. Sobre ele, todos os olhares se fixam. Jack, escondido e inquietante, sombra imensa num sobretudo sombrio. Berg tomou o cuidado de nos descrevê-lo: a face pálida, os olhos de brasa. Um sobretudo, um chapéu. Mãos grandes. Unhas roídas. Espantosa precisão, pouco suscetível de ser apreciado pelos espectadores, mesmo na primeira fila. Além disso, mãos vermelhas e ardentes, *feuerroten Händen*...

Lulu e Jack: dois mitos do crime sexual, face à face, em espelho. Jack é o duplo de Lulu, aquele em quem ela se reconhece, e a verdadeira figura de sua fatalidade, de seu destino. Ele é aquele que a atrai, aquele em quem ela reconhece algo de si mesma. Ela sabe disso, ela diz isso de antemão, numa perturbadora premonição:

– Quando um homem vem até a mim na escuridão da noite, a cem metros de mim, sei se ele é aquilo para que sou feita.

Alan Berg, estranhamente, não terminou *Lulu*. Entre muitas outras razões, talvez tenha sido difícil para ele levar a termo uma obra tão violentamente sexual. Sua ópera, do prólogo ao final, da primeira aparição de Lulu à entrada em cena de Jack, inventa uma representação do paroxismo pulsional. A cortina se levanta na perigosa verdade do sexo. Nem piedade, nem trégua. Nem descanso, nem repouso. Lulu não é um personagem psicológico, um tipo de mulher, um caráter. Ela é a pulsão sexual.

– Sei bem que você é indestrutível – lhe diz Schön, que, a despeito de todas as suas reticências, de suas tentativas de fuga vai, sem querer, se tornar o terceiro marido.

– Você é a mais predestinada das cadelas e putas que jamais conduziram um homem à sua perda... – lhe diz Alwa, o filho de Schön, que ela também vai seduzir.

Indestrutível, escandalosa, devastadora... de fato é assim a pulsão. Escura verdade e motor secreto da predestinação... Força selvagem sempre prestes a surgir. Nada pode pará-la. Sentimentos, regras sociais, interditos, prudência... tudo é varrido. Nada resiste a Lulu. Todos se precipitam sobre ela... para preenchê-la! Ninguém resiste a se perder por ela; ninguém pode recusar satisfazê-la. Ninguém pode se esquivar diante dessa pulsão; ninguém escapa ao irresistível, à indestrutível mulher fatal. Nada pode saciá-la, satisfazê-la, fazê-la calar, fazê-la cessar. É importante notar isso, Lulu não é, como se poderia crer, um objeto sexual. Ela é exigência sexual. É demanda permanente e sem fim, inesgotável, angustiante. É impiedosa vontade.

Escutemos no primeiro ato o infeliz pintor que, em seu ateliê, acaba de assistir à mortal crise de ciúme, à crise cardíaca do primeiro marido. Ele já sabe o que o espera. Está ajoelhado diante do cadáver:

– Eu trocaria de lugar com o senhor, professor, e lhe devolveria Lulu, e lhe daria de prêmio minha juventude, se fosse possível. Acorde! Eu nunca lhe quis nenhum mal. Acorde!

Ele fecha as pálpebras do morto.

– E agora rogo ao céu que me dê a força e a liberdade de espírito para que a felicidade possa ser minha um momento. Por amá-la, na verdade, somente por amá-la.

É, nesse drama furioso, um instante muito humano, e pungente. Esse homem não se esquiva, não só a seu desejo, mas ao desejo de responder à inevitável e misteriosa demanda da mulher. Ele, lá, já está aspirado. Sim... Que resposta, para lá não se perder ao lá se entregar inteiro? Diante daquilo que é sentido como um abismo, uma exigência sem limite, uma angustiante e abissal demanda, à qual o amor nunca pode satisfazer o bastante, Jack tampouco se esquiva. Ele tem a sua resposta. A faca.

Assim, a última cena põe frente à frente os dois bichos ferozes: num cubículo sob o telhado, no escuro, à luz da lua que entra pela lucarna. Lulu desceu para buscar um homem na noite da rua. Ela sobe com Jack, o Estripador. Mas eles não estão totalmente sozinhos. Na escuridão, afastada, prostrada no chão, jaz a condessa Geschwitz, que, feito um homem apaixonado, um *chevalier servant**, um cão fiel, persegue sem parar Lulu de um amor sem esperança, serve-a e encontra-a por toda parte. Aí ainda, até no sótão de Londres, ela continua a esperá-la.

– Fique tranqüila! – grita-lhe Lulu quando ela faz menção de se levantar.

– Quem é? – pergunta Jack.

– É a minha irmã. Ela é meio pancada, não dê atenção.

– Não é sua irmã. A pobre criatura está apaixonada. Esse bicho velho dá pena...

* Aquele que serve a uma dama, que lhe rende homenagens (figura medieval). (N.T.)

E lhe acaricia a cabeça como a um cão.

Dois bichos selvagens, face à face, e um pobre cão mudo, a condessa apaixonada, a quem Lulu, seu dono, ordena para não se mexer. Há o amor dos cães, que não exigem quase nada, que só querem e só dão amor. Além disso há, para os dois outros, a terrível e feroz pulsão. As duas feras se enfrentam.

– Vi que você tem um belo corpo – lhe diz ele. – Sei adivinhar isso, mesmo de longe, na noite. E a sua boca me agrada.

Mesmo assim ele quer partir. Ela o retém. Sim, é espantoso, é ele quem procura escapar, que tem medo, que teme uma armadilha. Ela lhe suplica que fique. O ritmo é o de um pesadelo assustadoramente longo. Essa observação, tão preciosa, é de Pierre Boulez. Um pesadelo. O encontro intemporal da verdade.

– Quando um homem vem até a mim na escuridão da noite, a cem metros de mim, sei se ele é aquilo para que sou feita.

No nevoeiro da noite de Londres, é bem o Estripador que ela buscou. Eles se encontraram, se adivinharam, um e outro, na escuridão. Ela levou para seu quartinho da mansarda aquele em quem ela se reconhece. Ela sabe o que quer. Ela lhe pede:

– Vem comigo agora! Por favor, não me faça esperar mais tempo!

E é ela, a prostituta, quem paga a ele para que fique. Que paradoxo! Que intuição – por parte de Berg e de Wedekind, do qual o libreto toma esse golpe de gênio! O paradoxo do libreto traduz a verdade paradoxal da relação entre o criminoso e sua vítima, entre a prostituta e Jack. É preciso bem toda a arte de uma ficção para apreender, para representar de maneira tão clara um dos mistérios do Estripador. Um estripador, seja qual for, um matador de mulheres, enfrenta a exigência sexual da mulher. Ele tenta primeiro, aos trancos e barrancos, dizer não. Jack está, sem querer, atraído pela mulher. Está atraído para uma armadilha. Está ameaçado pela pulsão. Do ponto de vista do Estripador, é a mulher quem pede; é a mulher quem exige. Ela quer.

A porta do quarto se fecha atrás deles. Ouve-se um terrível grito. Não!

No fim, como as outras... ela não quer mais. É tarde demais. O que ela queria dele? O que quis ela? A essa questão, Jack, ele, ao contrário dos outros homens, sabe responder. Para sempre, para toda mulher, ele forjou para si a sua resposta. O que quer ela? Jack não se choca com o enigma do desejo. Ele nunca mais se coloca essa questão. Ele sabe. Essa mulher encontrada na rua, ele não a conhecia. Ele adivinhou um belo corpo sob as pobres roupas, notou a beleza da boca. Ela é apenas mulher, ainda desejável, e prostituída. Mas para Jack – é importante notar –, para Jack toda prostituta é mulher fatal. Ela encarna a fatalidade, a pressão fatídica da pulsão, o imperativo cataclísmico de gozo. Do gozo dele? É claro. Ela o atrai. Mas sobretudo... Ela o aborda na noite, na rua dos encontros, e então surge da escuridão, superpondo-se a uma silhueta de mulher, o comando: "Vem comigo! Agora! Por favor!" A prostituta o solicita, e assim surge, como um abismo, uma imensa ameaça: "Não me faça esperar mais tempo!"

O encontro impõe responder presente. A mulher que o atrai o submete à pulsão sexual; e a pulsão, para Jack, é sempre irresistível pressão e transbordante demanda, aliciante vontade de gozo da mulher. No último momento, ele tenta, de qualquer jeito, ir embora, esquivar-se, esquivá-la. Ela insiste para que ele fique. Ela pede isso, quer. O que quer, ela, dele? De que quer, ela, gozar? Ele lhe traz a última palavra: a facada. O golpe que abre, fende um corpo. O ato que nesse corpo vai arrancar, extirpar... o que, enfim, falta ali. A faca que toma o lugar daquilo que falta a uma mulher, *o instrumento que a fura, e que a satisfaz plenamente.*

A cortina cai, enquanto Jack deixa a cena a passos lentos.

E, quando estouram os primeiros aplausos, uma questão me vem: quem pode bem, na vida, encontrar Lulu, essa improvável e, no entanto, convincente figura de mulher fatal, reduzida, muito rigorosamente, a ser apenas a pura estrutura da pulsão? De que parceiro é ela a angustiante realidade? Alban Berg? Wedekind? Não exatamente. Eles só encontram nela uma – inquietante – ficção. Qual é o homem que encontra nela a verdade de seu pesadelo? Quem encontra nela a verdade de seu pesadelo? Quem encontra nela sua própria feroz e cataclísmica pulsão? Lulu, a mulher armadilha, a mulher mortal, a puta maléfica, é o Outro de Jack, o Estripador. A mulher, Outro abusivo de um estripador, com efeito, não passa de uma vontade sem piedade, um mortal poço sem fundo. Em Lulu, a força pulsional da mulher é equivalente àquela do Estripador. A imensa vontade de gozo atribuída pelo Estripador à prostituta é apenas a imensa força pulsional dele; os transbordamentos que ele lhe presta estão na medida do transbordamento dele.

Não só se ela lhe fala, se lhe parece que ela se dirige a uma parte íntima dele mesmo, ele só ouve aí um imperativo; mas ainda, a prostituta não é qualquer mulher. Ela é o alvo do crime que lhe subtrai um falo imaginário, evocado por "todos os homens" que a desejam. Por isso insisti na imagem ideal de Lulu, a conquistadora, a mais brilhante das putas, a mais fálica das piranhas. Nela, the Ripper, o Rasgador, busca extrair, num gesto de estripação, o que possui uma significação fálica, ele lhe arranca isso. Entendemos, assim, os terríveis detalhes clínicos dos relatórios médicolegais: Jack, the Ripper, arranca especificamente um objeto virtual do ventre que ele rasga, da vagina e do útero que ele fende.

Porque a prostituta é, no imaginário, mulher fálica, ela é o Outro de muitos autores de crimes perversos. O Outro? O parceiro do autor, seu Outro, é, a um só tempo, seu público e sua vítima. A prostituta é o Outro, isto é, primeiramente a *espectadora* privilegiada, o público de Firmin, o incendiário, e, por conseguinte, *preenchida* por uma chama ou uma queima de notas. Nesse caso, ela pode se permitir ignorar o que está vendo, o que está queimando, e com o que ela se esquenta. Ela é igualmente o Outro, a *vítima*, Lulu, a puta: é ela, de preferência, que o ato do crime rasga, divide, para *completá-la com um fetiche ao lho subtrair*.

Chegamos a precisões clínicas bem assustadoras. Talvez estejamos prontos para enfrentar o monstruoso Gilles de Rais.

A ópera de Gilles de Rais

Seu nome virou lenda. Sua vida foi fulgurante e contrastada. Marechal de França aos vinte e cinco anos, companheiro de Joana d'Arc e herói da batalha de Orleans, ele foi enforcado aos trinta e seis anos. O combatente glorioso era também um monstro estripador de crianças. Ele deixa, na memória popular, as marcas de um mito assustador. No entanto, antes de adquirir a imortalidade por seus crimes, ele fora reconhecido por suas façanhas. Se não tivesse se transformado em lobisomem, em ogro ou em Barba Azul, Gilles de Rais teria tido seu lugar na história da França.

Ele foi objeto de estudos históricos bem sérios, e também de muitas hipóteses mais ou menos fantasiosas. George Bataille lhe dedicou uma magnífica biografia, Blaise Cendrars, uma peça escrita para o rádio em 1955. Mas nenhum comentário, nenhuma ficção esgota o enigma de Gilles de Rais. Nenhuma explicação psicológica responde por tal monstruosidade, nenhuma reflexão preenche o que representa um abismo para a razão: um grande senhor glorioso e cristão se entrega a uma paixão mortífera, ao assassinato deliberado e ritualizado. Duzentas crianças estranguladas, estripadas, cujas cabeças cortadas eram, em seguida, colecionadas em seus torreões. É fácil reconhecer nele um matador em série, e até o protótipo do autor do crime perverso, mas Gilles de Rais é de abordagem menos direta que alguns de seus êmulos que nos são mais contemporâneos. A pessoa de

Gilles de Rais (a representação de sua vida, e o personagem que ele nela representa) bebe profundamente na cultura e no imaginário de sua época, da mesma forma que está preso numa realidade histórica. Merece, mesmo assim, que nos interessemos por ele pois, curiosamente, apesar de seu afastamento no tempo, sua imersão em outra cultura, seu caso fornece os detalhes mais precisos e mais clínicos. Ele permite a mais rigorosa análise, e oferece à reflexão o modelo da fantasia do autor do crime perverso.

Sua vida se passa no final da Idade Média, durante a guerra de Cem Anos. A violência está por toda parte, a força faz lei. Ele é um desses cavaleiros ferozes de rosto crispado pela determinação, a esperteza, a luta, que em bandos armados, em guerra ou em rapina, pilham os campos, lançam-se ao assalto das muralhas, resistem aos sítios em seus torreões. Entre eles, Gilles de Rais é um senhor: ele pode, como quiser, recrutar tropas em seus imensos feudos, e possui fortalezas inexpugnáveis. Foi educado como um senhor, portanto, formado para a guerra: a coragem física e a crueldade se confundem num mesmo valor. Ele possui os dois. Nesses tempos de desordem, de batalhas contra o inglês e das últimas guerras feudais, a autoridade real é ainda bem precária, o direito dos fracos inexistente, e a justiça só se aplica com o apoio das armas. Durante oito anos, apesar do rumor público, Gilles de Rais poderá matar mais de duzentas crianças sem ser inquietado! Enquanto descendente de Du Guesclin, sua linhagem, suas alianças e sua considerável fortuna lhe garantem uma verdadeira imunidade. A extensão de seus feudos, do Poitou à Touraine, do Anjou ao Morbihan, lhe oferece um vasto território aberto a seus intermediários e provedores, território sulcado de percursos sangrentos, balizados por suas fortalezas cujos muros se fecham sobre os segredos do inferno.

O inferno, ele acredita nele, profundamente, e tanto quanto no paraíso. Em seu mundo de violência guerreira e de ferocidade, o Diabo concorre em onipresença e em poder com a grandeza redentora do Salvador. A encarnação do mal e da infelicidade tem uma realidade bem mais familiar que o Deus de amor e de compaixão. O demônio é o interlocutor no presente; o redentor, o de um amanhã sempre deixado para mais tarde. Sua fé ingênua, tingida de credulidade, é a da religião popular, a fé rude dos simples. As forças do bem e do mal se enfrentam, e se repartem, nitidamente separadas, entre inferno e paraíso. Também estão simplesmente figuradas, e até encarnadas, por anjos vestidos de branco e demônios negros de fuligem. A crença de Gilles de Rais adere às representações de edificação coletiva de sua época, e, muito precisamente, às figuras simbólicas do teatro religioso popular.

O teatro, na vida de Gilles de Rais, tem importância fundamental. Bem mais – o que nenhum de seus comentadores apreendeu –, não se pode compreender o extraordinário espetáculo a que ele se dedicou se não nos referirmos ao teatro religioso de seu tempo. Landru, disfarçado e pintado para seduzir as mulheres e lhes mentir, vivia no imaginário do *vaudeville*. Gilles de Rais é o *serial killer* herói de uma ópera litúrgica. Ópera? Sim, um desses dramas recitados e cantados, com músicos e coros, e intermédios dançados, que os habitantes representavam ao ar livre nas cidades da Idade Média: um mistério, uma paixão. Escritos em versos, misturavam o cômico ao trágico, o riso ao pavor, a truculência ao patético, a trivialidade ao misticismo, a ingenuidade à espiritualidade. É esse gênero que deveria ser retomado para mostrar o que foi o espetáculo inventado por Gilles de Rais, sua paixão pela encenação e sua paixão pela voz. O canto faria ouvir ao menos o que não foi percebido por seus biógrafos, a importância da voz. O desnudamento da voz.

A ópera medieval, a paixão de Gilles de Rais – isto é, a sua vida – foi um verdadeiro grande espetáculo: figurantes às centenas, armados e a cavalo, fanfaras militares e coros litúrgicos, grandes batalhas e grandes missas. O assalto, a tomada de uma cidade e a sagração de um rei, nada menos. A isso se acrescentam todos os clichês do pavor: sombrios torreões e escuros subterrâneos, porões assustadores, luz estranha da feitiçaria, evocações demoníacas, mortes secretas e cadáveres em série. O espetáculo da vida de Gilles de Rais, o teatro organizado pelo próprio Gilles de Rais, e ao qual se entregou sem limites, é tão grandioso e complexo que precisei nele recortar cenas, encontrar a iluminação conveniente e escolher o ponto de vista.

Ele nasceu em 1404 em Champtocé, na beira do rio Loire, no castelo de seu avô materno, Jean de Craon. De sua infância nada se sabe a não ser a data em que acaba, o momento em que o menino perde a mãe, depois o pai, com alguns meses de intervalo. Gilles tem onze anos. O órfão é confiado, mas antes deveríamos dizer entregue, abandonado, à tutela de seu avô

Jean de Craon, grande senhor temido em seu tempo por sua violência, avidez e cinismo. Esse homem se encarrega da educação do menino. Ensina-lhe o uso da força (jogar na cela reféns para, por eles, cobrar resgate, contratar um casamento de interesse começando pelo rapto de uma rica herdeira) e os meios de combate (rapinagens, pilhagens, assassinatos). Gilles de Rais, adolescente, descobre as misérias e os suplícios da guerra: os incêndios, os estupros, as estripações à faca, pelo menos como espectador. E se me refiro às lembranças precisas que me confiaram outros criminosos perversos, é provável que ele encontre aí, precisamente na adolescência, o espetáculo dos corpos fendidos, desventrados, que lhe revela seu gozo.

Assim, bem educado, já casado e até pai, Gilles, aos vinte anos, toma posse de sua imensa fortuna. Sua vida começa. Ou melhor, começa então o primeiro período de sua vida. Ele encontra Joana d'Arc e participa da reconquista dos territórios ocupados pelos ingleses, episódio glorioso que culmina com a sagração de Carlos VII, herdeiro até ali contestado do reino. É ele quem comanda as tropas reais que a Donzela leva à vitória diante de Orléans. Sua conduta lhe vale o grande reconhecimento do rei. No dia da sagração em Reims, Gilles de Rais tem a insigne honra de ir buscar, entrando a cavalo na abadia de Saint-Rémy, a ampola que serve à unção real. No mesmo dia, é feito marechal de França. É 17 de julho de 1429. Gilles de Rais tem vinte e cinco anos. O rei lhe agradece por seus altos e recomendáveis serviços, e reconhece a sua extrema bravura. Gilles está no auge de sua fortuna, no apogeu de sua glória.

Esse período acaba logo depois. Ocorrem a morte de Joana d'Arc, em 1431, depois a de Jean de Craon, em 1432. Gilles de Rais se retira da cena histórica. Não participará mais, por sua ação, da realidade de seu tempo. Deixa os campos de batalha. Sabemos, pelas confissões que ele fará mais tarde, durante o seu processo, que no mesmo momento, a partir do desaparecimento de seu avô, Jean de Craon, ele se entrega em segredo, em sua fortaleza de Champtocé, aos primeiros assassinatos de crianças.

Paro aqui um instante. Que metamorfose transformou, de repente, como que por sortilégio, o valoroso rapaz em monstro? Que íntima mudança? A morte de Joana? A de seu avô e antigo tutor? Certamente, a cronologia é fiável. Ela, no entanto, não explica nem o processo nem seu mecanismo. Proponho-me a resolver, no caminho, boa parte desse enigma; e permito-me já levantar uma hipótese um pouco diferente. Gilles de Rais, o nobre guerreiro histórico, e Gilles de Rais, o monstro, constituem apenas uma única e mesma pessoa. A ruptura entre dois períodos de sua vida, por mais manifesta que seja, é apenas aparente.

Os assassinatos de crianças, então, começaram. Gilles de Rais, o intrépido herói, doravante, foge da guerra. No momento em que o reino da França se consolida, em que as grandes alianças se fazem, em que as batalhas decisivas são travadas, Gilles de Rais se corta do mundo de seus pares, que acabam desprezando rapidamente esse jovem desmiolado: com seus caprichos ele arruina a influência e a força de que é o herdeiro. Dilapida sua colossal fortuna em futilidades, liquida suas fortalezas. Suas tropas, seus homens de armas, só lhe servem, então, para desfilar, caracolar e posar à frente de uma magnífica escolta. Soai clarins! Arauto de armas, anuncie! O marechal de Rais! Mas o marechal, ao invés de lutar tal como recebeu do rei a missão, prefere se fazer cônego. Teria ele entrado em devoção? Logo, em seu feudo de Machecoul, ele resolve fundar uma capela em memória dos Santos Inocentes. É de uso que um senhor de seu nível edifique uma capela no recinto de seu castelo, e que ali mantenha de hábito um clero. Mas a capela de Machecoul rivaliza com uma catedral! Ainda mais admirável que seus espantosos ornamentos, que o luxo ostentatório de seu clero, o tesouro dessa capela é seu coral de crianças! Devoto, portanto? Não é a imagem que ele dá de si. Sua prodigalidade espanta, seu fausto ofusca. Suas despesas escandalizam. Viaja sem parar, de Champtocé a Nantes, de Machecoul a Orleans, vive feito um nababo, e, por toda parte, está acompanhado de sua casa militar e de sua casa eclesiástica completa. Clarins, soai! Dêem lugar ao admirável senhor de Rais!

Vemo-lo chegar numa cidade, nas ruas de Orleans? Os populares acorrem, e a multidão espantada se junta e se afasta diante da estranha tropa que desfila, flâmulas batendo ao vento, armas soantes. De duzentos a trezentos homens e crianças fantasiados, disfarçados, todos a cavalo, dignitários da capela e companheiros de armas, crianças do coral e servidores. A fina poeira levantada pelos cascos dos cavalos, o fagulhar das armaduras, o reflexo azulado de um raio de luz sobre o metal dos capacetes; o escarlate das roupas do clero, o ouro dos bordados, o brilho dos veludos, das peles e das sedas... O senhor dessa tropa ambulante, o centro dessa procissão de feira, atrai de longe todos os olhares. Sua rica roupa evoca o marechal e o cônego. Desse guerreiro afeminado, em roupa longa e de capacete, a graça e a beleza não bastam para disfarçar a violência secreta, invisível, que, no entanto, se desprende de sua presença, de sua pose. Aproximem-se. Ficarão perturbados pelo desdém que marca seus traços, e por seu olhar: tem um brilho metálico, cruel, fixo, como os olhos das grandes feras.

Esqueçamos, por enquanto, essa desagradável sensação. Antes que a tropa se disperse para se alojar, como puder, nas estalagens da cidade, populares, admirem mais uma vez o senhor de Rais, e o desfile de feira que anuncia a grande representação! Abram espaço para o teatro!

O Mistério do sítio de Orleans

Abram espaço para o *Mistério do sítio de Orleans*! Para o grandioso espetáculo que comemora a libertação da cidade! Não o imagine como simples espectador que olharia passivamente. Você é um habitante de Orleans. Você contribuiu para a construção dos cenários, para a fabricação das roupas, para a escolha dos atores, dos figurantes, dos cantores. Estes são seus próximos parentes e amigos. Talvez você tenha encomendado o texto, ou financiado o espetáculo. Imagine o desembarque dos Aliados, *O mais longo dos dias*, representado, tocado e cantado todos os anos, nas costas normandas, pelos habitantes da região... Não só um espetáculo, mas uma celebração, não só uma festa, mas um ritual. Os mistérios, as paixões, os milagres representam e reinterpretam, lembram e fazem viver os fundamentos de uma identidade comum, histórica e religiosa. São a participação coletiva da encenação do simbólico que estrutura, a um só tempo, a sociedade e a íntima crença. A mesma fé simples que talha, nos troncos das árvores, santos com cara e pés de camponeses, o mesmo impulso que une os construtores de catedrais, o mesmo fervor reúnem uma cidade inteira para uma representação e fusionam todas as energias e todos os entusiasmos. Povo simples, burgueses e clérigos, todos, à sua maneira, se entregam à festa. Cada um, potencialmente, é ator.

Por isso Gilles de Rais foi um dos grandes comanditários do *Mistério do sítio de Orleans*, dessa celebração da vitória de Joana d'Arc. Ele decidiu o esplendor da encenação, a riqueza das roupas e a abundância dos figurantes. Ele fora um dos protagonistas da batalha. Foi um dos grandes organizadores do espetáculo que a cidade ofereceu todos os anos no aniversário da vitória. Gilles de Rais esperava levantar de novo sua glória em declínio com a lembrança de seus altos feitos passados? Penso, antes, que, nesse momento particular, preciso, nesse instante da representação, Gilles de Rais, o grande personagem guerreiro que ele fora, e Gilles de Rais, o personagem de teatro, achavam-se juntos, unidos. Com certeza, também Gilles de Rais era apenas personagem de cena, em cena. A guerra, o teatro das operações, fora sempre, para ele, apenas jogo e teatro. Anos antes, o jogo fora a guerra; agora, o teatro era a guerra. Armados ou fantasiados. Figurantes alinhados e dispostos ali, onde ele havia alinhado e disposto as suas tropas, sob a mesma flâmula, a dele, atores na mesma cena, e da mesma cena.

Os habitantes de Orleans comemoravam o acontecimento histórico fundador de uma nova autoridade real. A vitória de Joana d'Arc, que abrira a via da sagração, os ligava mais profundamente ao reino cuja unidade acabava de ser afirmada. Assim, entendemos que o *Mistério do sítio de Orleans* montado todos os anos, de 1434 a 1439, custou bem caro. Entretanto, suponho que Gilles de Rais não foi apenas um dos ricos produtores, mas também o instigador e o promotor. Aí encontro a sua influência e seu gosto pelo grande espetáculo, a encenação de *uma verdadeira batalha, a um só tempo jogo e festa*. Dizem que parte de sua fortuna foi dilapidada dessa maneira. Foram representados o desembarque dos ingleses, os combates, as tomadas de assalto, as cidades queimadas e pilhadas! Ele se apegava sobretudo aos cenários, às roupas, exigia o luxo, o brilhante, o custoso. Fazia correr rios de vinho, o mais caro. Não, não era a nostalgia de um passado próximo que o incitava a espalhar ouro para financiar a representação que o glorificava. Essa cena, essa encenação de sua vida, era uma das únicas realidades de sua vida. Ele se via brilhar em cena. Representou o próprio papel? Ou então olhou como espectador o personagem que o representava em cena? Seja como for, Gilles de Rais, em cena, encenado, iluminado, mais brilhante, era o único Gilles de Rais. Gilles de Rais representava seu personagem. Ele interpretava a representação de sua própria vida.

Sobretudo, na cena de Orleans, na cena do mistério, ele não estava mais só: ele acompanhava Joana. Ela permanecia a seu lado. Ele fazia, para sempre, casal com a Donzela.

Gosto de imaginar o que fora o primeiro encontro dos dois. Ele fora à corte do delfim, em Chinon. Era 6 de março de 1429. Iria se lembrar para o resto da vida. Carlos o chamou para lhe apresentar um rapaz vestido modestamente. De perto, o adolescente mostrou ser uma adolescente andrógina, frágil, com um capacete de cabelos curtos, em pose ereta como um soldado. Pareceu-lhe que aquele rosto tinha a pureza perfeita do rosto de uma madona pintada com a brancura do leite e do azul do céu. O sorriso que ela lhe endereçou lhe abriu a nostalgia de uma lembrança muito antiga da infância, das cerejas colhidas na árvore na primavera. Ela respondeu ao cumprimento de uso que ele lhe endereçava. Suas palavras, que mostravam grande maturidade, eram ditas com a voz delicada de uma jovem. No dia seguinte, ele a reviu: ela estava a cavalo, armada. Só o rosto frágil, branco, aparecia fora da armadura pesada de metal. Ele ficou impressionado.

Obteve do delfim que lhe confiasse as tropas que Joana ia levar até Orleans. Ela dirigia. Ele comandava. O que isso significa? É isso, precisamente, que se deve perguntar. É esse gênero de questão que é preciso pensar em se colocar. Ele comandava a manobra. Joana, embora mulher, não estava desprovida de armas. Não lhe faltava nada: senão a voz. Gilles lhe ofereceu a voz. Ele pôs sua voz, toda a força de sua voz de homem, a serviço dela. Para Joana, ele ordenava com sua voz a disposição das tropas, o alinhamento, o movimento. Para ela, ele as lançava ao combate. Para Joana, a voz de Gilles punha em movimento a mecânica da batalha, os autômatos destinados a *fender os corpos, cortar as cabeças e ter o corpo fendido.*

Para ela: para a Donzela, a um só tempo virgem e guerreira. Mulher sem falha. Uma fada. Um ser quase já completo, mágico, a serviço do qual, na cena de Orleans, Gilles de Rais, em toda a sua glória, se oferecia para a eternidade. De novo e ainda, ele lhe oferecia a voz, a dele.

Ele a completava com a sua voz, de novo e ainda.

Ele lhe oferecia as ordens, e os gritos, e a lembrança do sangue, dos corpos desventrados, despedaçados. Ele lhe oferecia, em Orleans, o *gozo de uma festa.*

A Paixão de Machecoul

Não se pode tomar uma cidade todos os dias. Nem todos os dias comemorar a libertação de Orleans. Mas existem outras cenas. Há Orleans, mas também Machecoul. Já, Gilles de Rais começou seus jogos macabros. Já, em segredo, *sua voz dá ordens* para íntimos rituais. Não há apenas a Donzela a quem oferecer a voz. Há o Bom Deus, e, depois, também o Diabo.

A fortaleza de Machecoul – terrível nome! –, feudo da herança materna, oferece diferentes lugares para montar uma cena. Devemos imaginá-los. Um castelo feudal. Um torreão fortificado, quartos altos, sempre fechados, sombrios, por trás de espessas muralhas. Sob o torreão, uma rede misteriosa de porões e subterrâneos. Em seguida, no interior do recinto das muralhas, uma alta capela, bem nova ainda, de pedras brancas de calcário, e banhada de luz: a capela dos Santos Inocentes, fundada e construída pelo senhor de Rais.

Em Machecoul, pode-se representar a cena da capela. Lá também se representa a cena dos subterrâneos. E lá se representa, ainda, a cena do torreão. Cenas bem distintas, em aparência, e que tudo parece opor. Numa delas, numa luz branca, na capela, crianças cantam. Em outra, no escuro, num quarto do torreão, uma criança é degolada. É em Machecoul que é representada a ópera de Gilles de Rais: a realização, em duas cenas em alternância, de sua fantasia. A cena do paraíso e a cena do inferno que são, curiosamente, as duas cenas clássicas do teatro litúrgico da Idade Média. É primeiramente uma surpresa descobrir que Gilles de Rais, para encenar sua fantasia, isto é, para realizá-la (inclusive para consumar seus crimes), utilizou os temas e as convenções do teatro religioso de seu tempo. Uma vez evidenciado, é claro que esse empréstimo parece tão natural quanto a influência do cinema sobre um criminoso perverso contemporâneo. A fantasia, tão fixa, tão estereotipada, por mais eterna que seja, se representa nas figuras de um imaginário que depende de um discurso comum a uma época. O senhor de Rais, em casa, em seus castelos, organizou, baseado no *Milagre de Teófilo*, o milagre de Gilles. Entretanto, ele o representou de verdade. Não fingiu. A representação era real. Conto como um espetáculo, mas é a vida de Gilles de Rais. Digamos que meu recorte teatral segue a realidade dos fatos, a verdade da biografia, a precisão das confissões, e as ordena com a ajuda de uma *lógica clínica*. Ao reconstruir sua fantasia, isolo, nessa vida, três cenas.

Acontece que, em sua época, a representação teatral se organiza em quadros vivos, em cenas distribuídas ao ar livre, divididas em vários lugares. Cada lugar tem seu cenário fixo e os atores lá ficam imóveis, em silêncio; quando a ação diz respeito a eles, então se animam. Em vez de acontecer no tempo, numa progressão cronológica, a ação de um milagre, de uma paixão, se desloca no espaço, numa finalidade teológica. Por isso é que o inferno e o paraíso são os dois lugares essenciais, as duas cenas que se enfrentam. Construídas em cada extremidade, face à face, elas não só enquadram o espaço cênico, mas enquadram a causa, a mola propulsora da ação. Tudo as opõe. Suas cenas se respondem e se animam de modo alternado. Aos urros assustadores dos demônios do inferno replica o doce coro dos anjos do paraíso. À danação se opõe a salvação. Os anjos, como os demônios, aliás, são apenas habitantes comuns da cidade.

O inferno, enorme e sombria goela, se abre graças a uma maquinaria, num fragor horrível, rufar de tambores, gritos, urros. Vemos, então, bem no fundo, fervilhar e vociferar os demônios negros de fuligem. Ao contrário, no palanque do paraíso, muito alto, montado sobre pilotis, decorado preciosamente, velado de luz e de transparentes tecidos, ficam imóveis os anjos. Está ouvindo uma celeste música? Levante os olhos. O coro harmônico dos anjos, vestidos de branco e de bordados dourados, começou seu canto.

É o momento. Voltemos nosso olhar para os anjos, para a branca capela dos Santos Inocentes edificada no recinto de Machecoul. Ela se eleva, alta e luminosa, e a claridade de sua pedra, a leveza aérea de sua arquitetura gótica contrastam com as sombrias muralhas que a cingem. A coorte clerical engalanada, que nas estradas servia ao marechal de cortejo falante, brilhante e colorido, já está ali. A escolta de Gilles de Rais, como no teatro de Jean Genet, arvora um inquietante e cômico exagero das insígnias de sua função, e a dignidade eclesiástica está escandalosamente maquilada. Eles agora estão em sua cena, os cônegos, em sua capela, de pé e imóveis. Reina um grande silêncio. Suas roupas de histriões, que chocavam debaixo do sol, ao contrário, se fundem na doçura da luz. Alguns reflexos dourados, acesos por um raio que cai de um vitral. Alguns toques de índigo, de púrpura, de açafrão, que predominam alegremente sobre a pálida claridade. Vê-se, sobretudo, atrás do altar, o coro das crianças, todas de branco.

O canto litúrgico, o coro dos anjos, começa. As vozes sobem ao longo dos pilares, alcançam o cimo da nave, unidas numa fragilidade serena que causa arrepios. Levantados pelo apelo de uma eterna harmonia, os rostos dos homens se levantam, se alisam. Ao coro das crianças respondem os solistas. Há a voz grave e bem timbrada do cônego Buchet. Além disso, a modulação terna, segura, do chantre Rossignol*. Mas sobretudo, cristalina, transparente e frágil como uma gota d'água que treme numa parede de vidro, a voz de um menino. De olhos fechados, a cabeça para trás, os lábios entreabertos, muito pálido, Gilles de Rais, em êxtase, escuta.

Machecoul, de novo. A ação mudou de lugar. É outra cena. O cenário? O torreão, muralhas de pedra, um corredor sombrio; uma pesada porta de carvalho, fechada. Por trás da porta, os atores estão escondidos: Gilles de Rais e os dois cônegos, Buchet e Rossignol, os mesmos, insisto, que cantavam antes a celeste música da capela. E também um menino, um único. A cena se passa a portas fechadas. Nenhum som escapa. Não há fechadura onde enfiar um olho. Nem espectador, nem testemunha. O olhar de Deus, talvez? A galhofa do Diabo, mais provável. Será também o demônio quem vê, nos quartos vizinhos, as cabeças cortadas de crianças, alinhadas sobre um baú como belas esculturas erigidas sobre pedestal?

Machecoul, ainda. Mudança de cena de novo, graças a um pequeno deslocamento. Foi preciso descer, de tocha na mão, escadas escorregadias que giram até o subterrâneo. O lugar parece um porão. Os atores são os mesmos, Gilles de Rais, Rossignol, Buchet. Um novo personagem a eles se juntou: François Prelati, mágico e feiticeiro florentino. Todos têm a cabeça coberta por um capuz que lhes cobre metade do rosto. O local é muito sombrio. Rossignol, que acaba de tropeçar, resmunga um palavrão. Ouve-se, ensurdecido e longínquo, um grande dilúvio de chuva e um rugido de

* Rouxinol. (N.T.)

tempestade. As tochas crepitam. As chamas clareiam com uma luz trêmula o chão de terra batida onde um círculo branco foi traçado com pó de giz. Em volta, todos tomam lugar em silêncio. Prelati, o mágico, dá dois passos, cruza o círculo. Gilles de Rais estremece. Braços levantados, palmas estendidas, Prelati, o feiticeiro, invoca o demônio numa língua sonora e misteriosa. Ele o chama por todos os seus nomes secretos. Cabeça nua, olhos brilhantes, ele esboça, com ritmo, uma pantomima esotérica. Vemos então que se trata de um homem jovem, e mesmo atraente. Depois, com muitas demonstrações de respeito e submissão, ele avança até o centro, se ajoelha e põe no chão um rolo de pergaminho. É o pacto que Gilles de Rais acaba de assinar com seu sangue, o pacto que o liga ao Diabo. Nesse momento, ouve-se um estrondo de trovão do lado de fora. Gilles de Rais foge correndo pelas escadas. Os outros se olham, assustados demais ou desconcertados para fazer um gesto. Prelati parece não temer nada. Ouvem-se os passos de Gilles de Rais. Ele volta. Agita diante de si, protegendo-se e segurando-a com os dois braços, uma virgem de marfim. Prelati o repreende, o acusa de não saber o que quer. Gilles de Rais baixa a cabeça. O diabo não virá mais essa noite. Não mais que nas noites precedentes, nem nas seguintes.

Gilles de Rais, em sua infância, com certeza, tinha visto uma representação do muito popular *Milagre de Teófilo*, que, na verdade, é o ancestral de *Fausto*. O autor está longe de ser desconhecido: é o poeta Rutebeuf. Teófilo, substituído por Fausto, não cessou de renascer, sob a pena de Marlowe, de Gœthe, e é por isso que conhecemos todos seu tema. Envelhecido na ascese e na busca do conhecimento, Teófilo, um dia, invoca o Diabo, que surge diretamente do inferno. Teófilo lhe vende a alma e assina o pacto com seu sangue. Assim, gozará da juventude, da riqueza e do poder, mas será atormentado pelo remorso. Milagrosamente salvo da danação pela intervenção misericordiosa de Maria, Teófilo escapa *in extremis* da goela hiante do inferno e dos urros da malta dos negros demônios.

Gilles de Rais, e é o que nos interessa, toma por modelo uma cena à qual adere sem distância. Para ele, *Teófilo* não é uma representação alegórica, mas a realidade. Para ele, o teatro sequer é uma transposição da vida, pois é a sua vida que é uma transposição do teatro. Foi assim, de um modelo tirado do espetáculo, que dedicou uma parte de sua vida e de seus recursos à evocação do Diabo. Tomou a seu serviço o florentino François Prelati, necromante, alquimista e espécie de escroque, que lhe agradou e a quem se ligou. Nos porões, à meia-noite, Prelati praticou muitos episódios assustadores e cômicos, todas as espécies de farsas e pega-demônois. Esperava-se do demônio Barão (era este o seu nome!) a fórmula secreta da transformação dos vis metais em ouro. Bizarramente, o demônio, bravo ou tímido, não respondeu nem se mostrou. Não a Gilles em todo caso. Embora lhe tivessem enviado o pacto... Gilles de Rais acabou pensando que o que convinha ao demônio Barão era o que agradava ao barão de Rais: um pequeno pedaço do corpo de uma criança. Era o que os ligava, o Diabo e ele: um pouco de membro de criança. Ele lhe mandou oferecer, num cálice. Na ingenuidade dessa atenção se descobre uma grande parte da verdade de Gilles de Rais. Pois o Diabo, se por acaso gostasse de necrofilia, na fortaleza de Machecoul já estava servido, à saciedade, e há muito tempo. Os quartos, os sótãos, os fossos guardavam diversas apresentações de cadáveres, que às vezes foi preciso (diante da ameaça de uma visita inopinada ou porque isso fazia parte da viagem?) transportar em baús entre dois castelos.

Basta por enquanto... Em Machecoul, que agora a goela do inferno se feche. Que os demônios fiquem quietos. Mas que música celeste é essa, trazida por suaves vozes? A ação mudou de lugar. Levantemos nossos olhares para a branca capela, para a capela dos Santos Inocentes. O coro dos anjos do paraíso recomeçou. O que cantam essas jovens e puras vozes de crianças? O ofício dos Santos Inocentes. Os anjos, o coro dos meninos com vozes de anjos, e também Rossignol e Buchet, os chantres assassinos de crianças, entoam juntos o piedoso ofício em memória dos meninos degolados por ordem de Herodes!

Que os espectadores fiquem tranqüilos e se inquietem. Do inferno, até aqui, eles não viram muita coisa. O inferno não é essa pantomima que acontece à meia-noite em subterrâneos. O inferno é o gozo do Diabo, a portas fechadas, no quarto alto do torreão. O inferno é Gilles de Rais que explode em gargalhadas quando uma garganta é aberta, quando uma criança agoniza.

Será preciso a dramatização do ato das confissões, a encenação do processo, para que se abra sob nossos olhos, hiante, o abismo do inferno.

A glória de Gilles de Rais

O comparecimento diante de um tribunal nos parece o final lógico de uma vida de criminoso, e a publicidade do processo tornou-se fundamental ao exercício da justiça em nossa sociedade. Para nós é ainda mais difícil apreciar, de imediato, o acontecimento que foi o processo de Gilles de Rais. Chegarei a dizer que foi, por parte do senhor de Rais, uma verdadeira proeza conseguir comparecer em Nantes diante dos tribunais eclesiástico e secular conjugados. Vejo nisso a prova de um verdadeiro domínio de seu destino. Ele precisou cometer muitas imprudências, vale dizer, fazer muito esforço, para que pensassem em acusá-lo. Ninguém teria pensado nisso, e ninguém desejava isso. Enquanto teve as armas, as fortalezas e a fortuna, ninguém se preocupou nem com as extravagâncias de um par nem com o boato. Em 1439, enfim, foi preciso ele contravir às regras fundamentais do feudalismo: entrou armado na capela de Mermorte, maltratou o sacerdote, jogou-o numa cela. Violação da santidade da Igreja e da imunidade eclesiástica. Aquilo não podia mais passar despercebido. Em 1440, agravou seu caso ao pretender recuperar, pelas armas, o castelo de Saint-Étienne-de-Mermorte, que, no entanto, havia vendido. Era demais. Estava zombando da autoridade do duque da Bretanha, seu suserano. Em menos de um ano, atacara dois pilares que estruturavam o feudalismo. A reação, então, não se fez mais esperar. Ainda mais que o provocador estava arruinado. Ele havia, em alguns anos, dilapidado seus bens, liquidado suas fortalezas. A justiça secular e a justiça eclesiástica puseram-se em ação de concerto; o bispo de Nantes e o presidente da Bretanha diligenciaram uma investigação.

Notou-se, então, que em seus feudos, nas cercanias de seus castelos, um boato corria, abafado pelo medo. Crianças desapareciam. Tinham sido colocadas, confiadas a servidores do senhor de Rais. Nunca mais tinham sido vistas. Os investigadores registraram, junto aos pais, testemunhos entrecortados de prantos. O boato também falava de feitiçaria, de pacto com o demônio. Uma pequena tropa de armas do duque da Bretanha foi procurar o barão de Rais em seu castelo de Machecoul. Ao contrário de toda expectativa, ele não opôs nenhuma resistência e deixou-se levar e ser preso na Torre Negra de Nantes, sede do tribunal eclesiástico. Lá ficou prisioneiro durante todo o tempo do processo.

O processo eclesiástico é aberto em 13 de outubro de 1440. Vai durar doze dias. Os doze últimos dias da vida de Gilles de Rais. É o apogeu da representação teatral, o desfecho, a partir do qual tudo o que aconteceu antes toma sentido. É também um drama por inteiro que, para a encenação, se recorta em atos. Uma sala de audiência se presta naturalmente ao teatro, e a grande sala medieval da Torre Negra fornece uma cena de austera solenidade. A peça, de vastas proporções, é deixada na penumbra. No entanto, a luz cai, bem do alto, sobre um grande cristo na cruz, talhado numa madeira escura. O alinhamento das poltronas de respaldo alto destinadas ao tribunal parece aí se apoiar. Tapeçarias cobrem as paredes. Com dificuldade, é possível distinguir os motivos sombrios de uma Descida da cruz e, talvez, de um Juízo final. Quando a cortina se levanta, os escrivães, escribas e notários patenteados já estão sentados atrás das mesas onde estão dispostos pergaminhos, penas e tinteiros. Tudo está pronto para recolher a integralidade dos debates, transcrição que servirá para a redação das minutas do processo.

À direita, entram lentamente e tomam assento, com toda a dignidade, o bispo de Nantes, o vigário do inquisidor da heresia e o procurador. Eles constituem o tribunal eclesiástico. À esquerda, Pierre de l'Hôpital, presidente da Bretanha e do tribunal secular, acaba de tomar assento separado, à direita do bispo.

Trazem Gilles de Rais. Deixam-no de pé, diante do tribunal, enquadrado por dois soldados. Todos os olhos se fixam nele. Seu aspecto ainda é imponente, ele se mantém ereto. Seu rosto não está desprovido nem de beleza nem de altivez. Mas sempre aquele olhar estranho, penetrante e frio, e aquela dobra de desprezo que crispa os lábios. Os traços estão ficando grosseiros, e o álcool começou a inchar-lhe as pálpebras.

O procurador lê, de forma judiciária, com solenidade e lentidão, no maior silêncio, o ato de acusação. É longo. E terrível. Comporta vários delitos de acusação: violação da imunidade eclesiástica, feitiçaria e heresia, e, enfim, assassinatos de crianças. Gilles de Rais empalideceu. Mas não se mexe. A leitura do ato de acusação dura muito tempo. No entanto, o bispo, o inquisidor e o presidente permanecem imóveis, congelados numa dignidade de estátuas. Nem por isso deixam de pensar. A situação não é tão simples. Certo, eles cuidaram de lembrar os princípios jurisdicionais que fundam a legitimidade que têm de julgar o senhor de Rais. Certo, a relação de forças está a favor deles, mas não é habitual que um senhor tão nobre seja acusado de tais crimes. Existem tantos, e tão pouco críveis, que parece difícil confiar totalmente nos testemunhos, que, no entanto, concordam. Como o réu vai reagir? Como vai se defender?

Gilles de Rais é, portanto, intimado a responder à acusação, a contradizê-la, a debater, em suma, a se defender. Ele recusa. Com a altivez, o desdém e a insolência do grande senhor, contesta os juízes. Irrita-se, agita-se, grita, insulta-os. O bispo, o inquisidor e o presidente, imóveis, hieráticos, fixam-no sem pestanejar. Os clérigos, debruçados sobre seus pergaminhos, transcrevem sem descanso. E eis que baixam um pouco mais a cabeça sobre as notas. Gilles de Rais acaba de xingar seus juízes de debochados e sodomitas!

É imediatamente excomungado.

Cortina. Fim do primeiro ato.

Ato II. Mesmo cenário, e mesmos personagens. Uma semana se passou, durante a qual deixaram Gilles de Rais no segredo em sua prisão. Estamos na quinta-feira, 20 de outubro. Gilles de Rais é trazido pela segunda vez diante do tribunal. O que vai acontecer agora? Pois bem, é a surpresa. Logo que entra, Gilles de Rais se põe de joelhos. Pede perdão aos juízes, chora. Com humildade e devoção, confessa ter cometido e perpetrado os crimes dos quais o acusam. A expressão da contrição se lê em seu rosto, se exprime em seu corpo. Ele permanece curvado, de joelhos, banhado em lágrimas, sacudido por suspiros. De imediato, aceita todos os testemunhos que o acusam.

Eles, então, são lidos. São pesados. Numerosos, circunstanciados e detalhados. Não só as queixas dos pais e das mães das crianças desaparecidas, mas também o testemunho dos cúmplices de Gilles, que para ele roubaram meninos e participaram dos assassinatos. Há, já, detalhes terríveis. Gilles de Rais confessa tudo. Reconhece tudo, com a maior humildade. Obtém a suspensão de sua excomunhão.

Deve, no entanto, ser submetido à questão. Já no dia seguinte.

Ato III. Sexta-feira, 21 de outubro, pela manhã. Mudança de cenário. O tribunal mudou-se para a sala baixa da Torre Negra: a sala de torturas. Um subsolo, um subterrâneo de teto baixo, paredes de pedra sombria. Não há janelas, nem um respiradouro de onde escapariam os gritos. Raras tochas fazem surgir da sombra a luz fraca de instrumentos assustadores. É possível utilizar esse mesmo cenário, esse mesmo subterrâneo, que já serviu à evocação do demônio na fortaleza de Machecoul. Ali onde Gilles de Rais chamava o Diabo, ali ele deve responder à Inquisição.

Entre os membros do tribunal eclesiástico se destaca e avança o inquisidor. Gilles de Rais vai ser submetido à questão. Então, ele pede, estranhamente, para dizer tudo e se confessar livremente diante de Pierre de l'Hôpital (este, é claro, está ausente, uma vez que a imputação de heresia e feitiçaria não é da alçada do tribunal secular) e diante do bispo de Saint-Brieuc. O pedido é aceito.

Mesmo assim, há com o que se espantar. Como Gilles de Rais consegue subtrair-se à questão? Obter do inquisidor que se deixe destituir de suas prerrogativas? Deve-se reconhecer que ele tem uma grande força de persuasão ou de sedução, uma forte personalidade em todo caso. E, seja qual for a origem, uma grande ascendência, um poderoso domínio sobre os outros.

Ato IV. No mesmo dia, de tarde. Estamos na prisão de Gilles de Rais, o quarto de sua residência forçada no torreão da Torre Negra. A peça é grande o bastante para conter mesas, poltronas e baús. Gilles de Rais e Pierre de l'Hôpital estão sentados face à face, muito próximos. Pierre de l'Hôpital, inclinado para a frente, escuta Gilles de Rais que começou a falar. A uma distância discreta, um tabelião e um escrivão tomam nota do diálogo. Recolhem a confissão de Gilles de Rais, feita livremente, fora de julgamento. A cena representada a portas fechadas, que não tínhamos podido ver no quarto da torre de Machecoul, a confissão do quarto da Torre Negra nos desvela. O que aconteceu num quarto se mostra num quarto.

Noto que o dramaturgo (isto é, Gilles de Rais, que conseguiu mudar seu mundo de lugar) deu prova de grande segurança na escolha do lugar. A ação, até aqui, progredira na tensão do diálogo, na relação de forças entre o discurso oficial de um tribunal e as respostas singulares do réu. Já no ordenamento codificado e previsto do processo, Gilles de Rais abriu uma brecha ao jogar seu próprio jogo. Ele criou a surpresa. Não eram esperados nem os insultos do primeiro ato nem a contrição espetacular do segundo. Certo, o tribunal nunca perdeu a impassibilidade necessária à sua autoridade. Mas cada um de seus membros sentiu e viveu, em silêncio, violentas emoções.

Agora, a revelação integral dos crimes ocorre na intimidade de um quarto que dá à confissão um caráter privado. Nesse lugar, o interlocutor, o receptor, é tão prisioneiro quanto aquele que se desvela, trancado num relato de que não consegue escapar. É forçado a ouvir, e a ver as terríveis imagens que surgem das palavras. Qual foi a reação de Pierre de l'Hôpital, presidente da Bretanha, forçado a receber o detalhe dos crimes? Crianças degoladas, estranguladas, desmembradas, atormentadas lentamente. Transportes macabros de caixas de ossadas e de corpos. Cabeças cortadas e conservadas separadas. E todo o ritual sexual dessas mortes de crianças, todas as precisões de um gozo inaudito, inédito, de crueldade insustentável.

Nenhum autor de crime perverso, hoje, ousaria desvelar isso. Para mim, é da mesma forma impossível citar o detalhe das confissões, repetir isso, fazer-me a voz de Gilles de Rais. Calar-se, então? Eludir? Recusar tomar lugar na grande cadeia do gozo voyeurista, substituir o olhar do *voyeur*? Certamente. No entanto, a precisão clínica, os detalhes da prática sexual mortífera oferecem a oportunidade única de compreender, de modo bem preciso, a lógica do ato criminoso perverso. Com a distância estabelecida por um trabalho, por uma elaboração, veremos, um pouco mais adiante, ao reconstruirmos sua fantasia inconsciente, que Gilles de Rais procura obter, e obtém por uma operação de divisão real, que se refere ao corpo de sua vítima, o surgimento do "objeto" voz. Do último sopro. Esse objeto, esse *último sopro* de uma criança, ele o oferece ao gozo do Diabo. Esse saber sobre a fantasia, desvelado de modo tão cruel por Gilles de Rais, essa fantasia que faz agir o autor do crime perverso, nem por isso permite ler esse momento das confissões, esse tempo de *estripação* e de *lenta estrangulação* de uma criança, sem pavor.

Tomado de pavor? Assim também ficou o presidente da Bretanha. Olhem-no, que, sem se dar conta, recuou imperceptivelmente. Seu rosto se imobilizou e exprime uma dolorosa incredulidade. Ouve-se, por momentos, que ele suspira, apesar de seu domínio de si mesmo, num mal-estar reprimido. E quando, tendo se recuperado, faz uma primeira questão, ele pensa, pela primeira vez na vida, que deve tomar cuidado para que sua voz não trema. Olhe também esses pobres clérigos que levantam a cabeça, com os olhos arregalados, a respiração cortada, e retomam as suas notas. O pavor, a estupefação que sentem deixaram um rastro no documento oficial. Há uma ruptura nas minutas do processo. O redator, de repente, abandona o latim eclesiástico para prosseguir apenas em francês. A verdade desse momento é tal que o clérigo desistiu de traduzi-la. O que foi conversado, o que se passou entre Pierre de l'Hôpital e Gilles de Rais, não pôde ser transcrito, mas apenas relatado integralmente. Por que matar crianças? É a questão que coloca um humano, Pierre de l'Hôpital. É, nesse processo, o momento mais intenso, o ápice de um interrogatório em que o interrogado não é outro senão aquele que questiona ansiosamente:

– Mas por quê? Quais os motivos, quais as intenções, e com que fins você matava as crianças?

– Infelizmente, meu senhor, o seu tormento é inútil, e eu com...

– Eu não me atormento, mas estou muito surpreso com o que você me diz e não posso me contentar simplesmente com isso. Assim, desejo saber de você a pura verdade...

– Fiz apenas para meu prazer. Perpetrei esses crimes conforme a minha imaginação e o meu pensamento, sem o conselho de ninguém, e seguindo o meu próprio sentido. Fiz apenas para meu prazer e meu deleite carnal.

– Não posso compreender isso.

Experimento uma certa simpatia por Pierre de l'Hôpital, que buscava, para além do interrogatório judiciário, um sentido que desafiava a compreensão. Presidente do tribunal e grande senhor feudal, ele, com certeza, não era ingênuo. Mas nada, em sua cultura, na ordem simbólica que o sustentava no exercício de suas funções, o havia preparado para isso. Seus interrogatórios, marcados da dignidade ligada à sua função, mostram também uma humanidade de que poderíamos ter saudades. Uma humanidade mais inocente que a nossa.

Ato V. Sábado, 22 de outubro. Voltamos para a grande sala superior, na sede oficial do tribunal. O lugar mesmo onde, dez dias antes, vimos Gilles de Rais ceder, chorar, humilhar-se, pedir perdão aos juízes e ser apesar de tudo enviado à questão, serve de palanque para seu triunfo. A cortina se levanta sobre a cena do gozo, e diante de um público. Diante do tribunal completo, Gilles de Rais repete o grande relato que fez, na véspera, na intimidade. Ele não quer esconder nada. Insiste, quer contar tudo. Tudo é dito, exibido. Ele não nos poupa nada. Sequer o riso que o sacudia quando podia ver os espasmos de uma criança agonizando. Sobretudo, solicita ao tribunal que o resumo de seu relato seja publicado em língua vulgar a fim de que todos, inclusive aqueles que não lêem o latim, possam ali encontrar instrução:

– Para que a dita confissão secreta seja confiada à memória dos homens nas melhores condições...

Magnífica transcrição, pelo clérigo, numa língua medida e precisa. Maravilhoso paradoxo: uma confissão, secreta por definição, desembrulhada na frente de todos, difundida, transmitida às gerações futuras! E com que desígnio? Para que se instruam... Mas que ensino encontrar nessas cenas de terror, nessa exibição de um gozo alucinado, nesse pesadelo que ninguém pode assumir sonhar? O ensino, precisamente, sobre o gozo. Esclarecer a verdade do prazer, torná-la conhecida e propagá-la. Gilles de Rais, com alguns séculos de intervalo, está bem próximo de um de nossos contemporâneos que quis, segundo seu próprio dizer, revelar a todos, ao mundo inteiro, o prazer universal do canibalismo. À sua maneira, ele conseguiu isso, pois seu ato, de fato, foi difundido através de todo o planeta. Eles são, um e outro, na mesma ambição que tiveram, próximos de Sade.

Essa singular vocação de ensinar leva Gilles de Rais bem longe, e para nossa grande surpresa. Sua minuciosa descrição do tratamento que ele aplicava nas crianças é pontuada... de sábios preceitos pedagógicos! E o escrivão, fielmente, relata:

"Ele reza e exorta, muito afetuosamente, os pais, as mães, os amigos e os próximos de todas as pessoas jovens e de todas as crianças, a governálos nos bons modos, seguindo os bons exemplos e as boas doutrinas; a instruí-los sobre isso e a castigá-los, com medo de que caiam na armadilha em que ele mesmo caíra..."

Essa tirada do amigo das crianças e dos jovens, esse sermão educativo, faz rir. Ou caçoar. Uma nota cínica ressoa nos ouvidos. Imagino, no entanto, que o tribunal não teve um sorriso. Provavelmente os bons juízes não se alarmaram com aquela violenta ingenuidade. Não sentiram no momento a admirável divisão entre o pedagogo e o carrasco de criança, entre o sopro da criança e a voz de seu mestre! Pois todos, no maior silêncio, fascinados, atordoados, o olham e o escutam. Gilles de Rais, em cena, conduz o jogo. Ele encontrou o seu público e o domina. E que público! Um juiz, um bispo, um inquisidor. Sombras imóveis da lei e espectadores mudos, eles permanecem petrificados, suspensos à sua voz, enquanto ele os arrasta em emoções complexas: pavor, horror, piedade, nojo. Ele os mantém numa tensão extrema, e foram suplantados, ficaram estupefatos, hipnotizados. Eles o deixam falar. Deixam surgir de suas palavras as imagens de um monstruoso gozo. É claro que ele chora também, suspira, geme. Solta lágrimas de contrição, de devoção, de arrependimento, de vergonha... Não vêem eles a luz que se acende em seus olhos quando ele se anima ao evocar certos detalhes? Escutam sem pestanejar aquela tirada grandiosa em que o degolador de crianças se veste da dignidade do pedagogo e dá conselhos aos pais e aos mestres! Escutam, sem mexer um músculo, o apóstata demoníaco louvar a grandeza de nossa mãe, a Igreja! Ele os conduz, e eles o seguem. Ele representa com muito ardor. Que presença tinha ele pois? Que segurança, em todo caso, que arte, para uma representação que durou várias horas... E que voz, sobretudo! Dessa voz brotou um fluxo de imagens, seqüência após seqüência, detalhe após detalhe. Impossível fechar os olhos, recusar ver: a voz prossegue, o relato continua, as cenas se sucedem numa realidade crua.

Que comediante! Mas ele não é apenas comediante. Ele é sincero, também. Os arrependimentos, as manifestações de devoção e de contrição não exprimem apenas uma necessária duplicidade diante da ameaça da inquisição.

Pois o carrasco de crianças, o escandaloso pedagogo, é também aquela criança órfã, abandonada à crueldade do mundo, a quem, para toda educação, à guisa de significante paterno, propuseram a guerra e suas mortes, seus corpos estripados e seu sangue.

Pois aquele que pactuou com o Diabo também é, como o Teófilo de Rutebeuf, e como todos os homens da Idade Média, um cristão.

Em suas fortalezas, ele ofereceu ao Diabo o *último sopro dos anjos*, daquelas crianças escolhidas por sua beleza de anjos. Em sua capela, ele ofereceu a Deus a *voz celeste dos anjos*, daquelas crianças escolhidas pela beleza da voz que tinham. Deus e o diabo são apenas a mesma figura do Outro, sempre presente na alternância de duas cenas distintas em que o que acontece, no entanto, bem oposto em aparência, obedece à mesma necessidade. À sua maneira, o tribunal eclesiástico deve ter ficado persuadido disso. Pronunciou a excomunhão do condenado, mas Gilles de Rais obteve (pela segunda vez em poucos dias), imediatamente, sua reintegração na Igreja.

O último ato do processo se desenrolou no Bouffay de Nantes, sede habitual do tribunal secular, e três dias mais tarde: não se pode confundir justiça eclesiástica e justiça secular. A multidão, naquele dia, aglomerava-se dentro, empurrava-se do lado de fora, para assistir ao veredicto. Diante desse amplo público, Gilles de Rais, já promovido vedete, repetiu sua longa e minuciosa confissão. Foi, de novo, um franco sucesso.

Foi condenado a ser enforcado no dia seguinte. Junto a Pierre de l'Hôpital, ele fez vários pedidos. Obteve resposta favorável a todos. Assim foi que Gilles de Rais obteve decidir, ele mesmo, a encenação de sua última representação, de sua execução, que ele quis pública. A seu pedido, uma procissão piedosa e apiedada dos habitantes de Nantes o escoltou e se amontoou diante da cena de seu enforcamento. No motivo da *edificação* de todos, é claro, e para ajudá-lo a se manter na firme esperança da salvação.

O gozo de Deus

Eu não deveria sorrir com tanta ironia, pois Gilles de Rais também morre como cristão. Essa realidade, se quisermos bem pensar nela, se impõe como um enigma. Bataille, a quem devemos uma soberba introdução às minutas do processo, é também aquele que extrai esse paradoxo de um Gilles de Rais crente. Assim, ele procura explicar o inexplicável. A perspectiva histórica e social sobre a qual ele esboça o retrato do grande senhor feudal, cuja força tenderia à presunção e a análise psicológica que lhe faz desenhar um ingênuo de traços insistentes de "credulidade", mostram um Gilles de Rais em forma de bobo presunçoso, que pensaria se safar com Deus como com o Diabo. Caricatura rabiscada com mão de mestre, mas na qual mal reconheço Gilles de Rais. O universo do erro próprio ao cristianismo, a grandeza do pecado invocados justamente por Bataille não esgotam a singularidade do enigma: Gilles de Rais morre seguro de ir para o paraíso. É preciso levar a sério essa flagrante contradição. Enfrentar esse paradoxo, com todo rigor, é a única razão de ler esse terrível processo, e o único meio de ver para além da cena do macabro *Grand-Guignol*. Como compreender? Aquele que propôs ao demônio um pacto selado com seu sangue, aquele que ria diante da agonia de suas vítimas, aborda o limiar da morte e dá esse adeus a seu mais caro amigo:

– Adeus, François, meu amigo! Nunca mais nos veremos neste mundo; reze a Deus que lhe dê boa paciência e esperança nEle, pois então nos reveremos na grande alegria do Paraíso! Reze a Deus por mim e eu rezarei por você!

Adeus não destinado à galeria, mas que o tabelião do processo arranca na intimidade. Essas palavras, dirigidas ao cúmplice Prelati, erguem-se à altura do amor mais verdadeiro. O momento da separação faz esperar o encontro na outra vida. Como explicar essa tranqüilidade, essa segurança, por parte de um assassino, propriamente falando, demoníaco?

De seu pacto com o demônio, Gilles de Rais esperara glória e poder. Ingenuamente? Essa ingenuidade, Bataille se preocupa demais em demonstrá-la. Mais que ingenuamente, lealmente. Oferecendo-se lealmente de todo o seu ser, e para além de seu bel prazer, para servir o bel prazer do Diabo, disso esperava, em contrapartida, os bons e leais serviços. Um Diabo que ele não pode imaginar enganador. Como não pode imaginar que seus cúmplices, que Prelati, brinquem com sua credulidade, já que se trata de sua boa fé. Um Diabo para quem ele organizou, no segredo de seus castelos, o inferno. Pois com quem partilhava ele seu terrível gozo, suas gargalhadas infernais diante dos espasmos, do último sopro? Um Diabo a quem trazer, ingenuamente, lealmente, o que ele desejava também: alguma oferenda retalhada e retirada de um corpo.

E agora ele vai morrer. Com a segurança daquele que fez o que tinha de fazer, com aquela firme certeza do autor do crime perverso diante de suas realizações, sem remorso nem questões, seu dever cumprido, estando seguro de ter dedicado a vida inteira ao serviço do Outro, de não se ter esquivado, ele se prepara para ir ver a outra face do Diabo, que ele chama Deus.

O Outro de Gilles, Deus ou Diabo, está feliz com o *tesouro do órgão que se esconde na garganta dos meninos*. Está feliz, à sua maneira, com as missas ou missas negras. Está feliz com a oferenda da efêmera e frágil voz celeste de um anjo pré-púbere; ou então do efêmero último sopro, do tesouro que surge quando uma garganta é aberta. A lógica da fantasia acontece em alternância, realiza-se nas duas cenas, conjuntas, face à face, do inferno e do paraíso.

Não se trata de modo algum de ingenuidade, pois a encenação é sempre uma representação, uma realização, da verdade. Na cena do *Sítio de Orleans*, Gilles de Rais viu desempenhar seu próprio papel, seu próprio personagem; e a cidade lhe comprava sua própria flâmula para a representação... Na cena tradicional das paixões, dos mistérios, viu as santas mulheres carregarem o Cristo ao túmulo, e, segundo o realismo do roteiro, comerciar o óleo que ungiria o Salvador; elas tinham a espessura das econômicas e devotas burguesas que representavam a cena. Viu os anjos, os demônios, Jesus ou Maria representarem; todos tinham a mesma presença, a mesma realidade, a mesma trivialidade que os habitantes muito ordinários que, por um momento, os encarnavam. Eles também eram verdadeiros. Tudo o que viu no teatro, a vitória de Maria sobre o Diabo, a salvação do monge Teófilo arrancado à malta dos negros demônios, tem, para ele, a mesma realidade que a vitória de Joana sobre o inglês, e assume, em seu tempo, a mesma significação: a sublimação de uma batalha ganhada sobre o inimigo, uma epopéia da libertação, uma vitória do bem sobre o mal.

O paradoxo não é uma contradição. Vejo o culminar de uma pura lógica nesse ato final que foi a representação de sua morte. Foi sua última encenação, o último espetáculo oferecido, não só ao público, mas elevado à dignidade de um sacrifício oferecido ao Outro. O coro da multidão o escoltou com prantos e preces até a forca. Ele morreu estrangulado. Como as crianças que havia matado. *Último sopro, oferecido ao Outro*, nos espasmos do enforcamento. No momento em que a sua voz se apagou ressurgiram *para Deus as vozes*, os cantos, o coro, da multidão em prece.

Epitáfio

Foi enforcado entre os dois ladrões, seus cúmplices, Buchet e Prelati. As santas mulheres – dignas devotas de Nantes – se encarregaram de enterrar seu corpo em terra sagrada, na igreja Notre-Dame-des-Carmes. Sobre seu túmulo, o que se escreveu? Imaginem o que quiserem, pois nem a igreja nem a sepultura existem mais. Vou me permitir, à guisa de epitáfio, prosseguir minha pesquisa. Gilles de Rais vai me perdoar, ele que mais para o fim se voltou para a pedagogia e quis que fossem conservadas as suas confissões para a instrução de todos. Tinha razão: seu caso é exemplar, e pode servir a todos os que venham a se interessar pelo ato criminoso perverso.

Champtocé, o castelo onde ele nasceu, é também propriedade de seu avô e tutor, Jean de Craon. É aí que este último morre em 1432. É também em Champtocé, logo após a morte de seu tutor, que Gilles de Rais inaugura suas singulares práticas criminosas. Poderíamos pensar que o desaparecimento do tutor, de sua autoridade e de sua vigilância, abriu a Gilles de Rais um espaço de liberdade e de licença. Um argumento psicológico desse gênero tem a vantagem, e o inconveniente, de tudo explicar, e de não explicar nada. Direi, mais precisamente, isto: com a morte de seu tutor, o apagamento, o desaparecimento do que permanecia investido de uma significação paterna abriu o vasto campo da perseguição pelo Outro. Para Gilles de Rais, um pai, mais ou menos, tinha, até ali, feito barreira e barragem (proteção e interdito a um só tempo) à ameaça do Outro. Que Outro? Pois bem, por exemplo, a Mãe, a Mulher... Deus, ou o Diabo... Baal, ou Saturno. Que perseguição? Que ameaça? A do Outro que dispõe de nós, nos manipula, nos devora, nos engole, e nos rejeita... A Ogra. A Manta. O Outro que nos pega vivos, nus, para objeto, e que abusa e que goza de nós. O desaparecimento do pai ou do avô, o apagamento daquilo que permanecera rastro simbólico do pai, faz surgir esse Outro, sem freio, a quem é preciso um objeto. Assim, Gilles de Rais, ao perder o tutor, abandonado, entregue sem defesa ao Outro, encontra-se na necessidade de produzir um "objeto" a oferecer a esse Outro. Derradeiro engodo a propor, a substituir, para satisfazer a feroz exigência, a vontade perseguidora, o gozo abusivo do Outro. Derradeiro subterfúgio para não afundar na loucura.

As confissões de suas práticas sexuais, que fornecem os detalhes mais clínicos, mais precisos, permitem estabelecer, com segurança, que objeto Gilles de Rais troca com o Outro: a "voz", o objeto da pulsão de Gilles de Rais. A mesma fantasia, aquela que faz da voz o objeto pulsional que se troca entre o sujeito e o Outro, fornece a base de toda a sua singular relação com a sua realidade. A organização de sua capela responde à mesma lógica que seus crimes. O Outro de Gilles de Rais goza, se ouso dizer, *apenas com a voz*. Mas é preciso, ainda e sempre, fazer a voz surgir, o objeto que O completará e O satisfará. Oferecido ao Outro, o objeto voz O faz calar. Sem essa organização, Gilles de Rais, completamente louco, teria sofrido alucinações auditivas organizadas em delírio. O Diabo lhe teria dado ordens diretamente.

A voz preenche o Outro. O Diabo, ou o Bom Deus. E se eu ousava fazer falar Gilles de Rais, eis, na minha opinião, o que ele nos diria: "O objeto que O satisfaz, a voz, é também o objeto do meu prazer, e o que O completa, a voz, é também a causa do meu desejo." Tesouro do órgão do menino. Voz efêmera, fadada ao desaparecimento, do menino pré-púbere do coral. Sopro efêmero, que vai se apagar, do menino estrangulado. Furtiva passagem, presença da ausência... A falta se faz objeto. O falo desliza na voz.

A voz preenche o Outro: Joana igualmente, cujo papel jamais foi percebido. A casta relação de Gilles de Rais com Joana d'Arc, uma vez compreendida, permite apreender muitas coisas sobre o perverso criminoso. O que faltaria a uma mulher? O que falta a Joana? O que ela quer? O que ela poderia exigir de um homem? Digamos que, como a Deus, lhe falta muito pouco, pois ela é sem falha: virgem, e armada. Gilles de Rais a completa com a voz, que, caso contrário, lhe faltaria. A voz, sua voz de homem, é oferecida à Mulher, pois seria precisamente aquilo que faltaria a uma mulher. Percebe-se bem, ainda essa vez, o quanto a voz tem valor fálico. Completada com a voz que ele lhe acrescenta, que ele lhe oferece, Joana é bem o Outro. E é porque ela já era outra, e não uma mulher como as outras, que ele se oferece para completá-la com a sua voz. Pois a voz é precisamente o objeto com que o Outro se completa.

Joana tinha, aos ouvidos de Gilles, uma voz bonita? Suponho, mas isso, no fundo, não tem importância alguma. O que conta está em outro lugar: a voz que Gilles lhe acrescenta, a voz dele, sua voz de homem, também dirige o fabuloso, *e sonora, espetáculo das gargantas abertas e dos ventres fendidos* no combate. Gilles de Rais, em sua casta relação com Joana, e glorioso marechal de França, jamais foi um perverso ordinário. Sua voz, que no campo de batalha, para Joana, comanda a manobra, e lhe oferece o estertor dos que morrem, é a mesma voz que, no segredo do torreão, comanda e dispõe seus cúmplices, ordena o ritual sexual, e faz surgir o último estertor de uma criança. A voz do herói é também a voz do carrasco.

Em Champtocé, após a morte de Joana, após a morte de seu tutor, ele retira, do corpo de suas vítimas, a voz que ele atribui ao Outro, que ele oferece ao Outro. Ele a extirpa ao dividir o corpo deles (estripação e estrangulação). Reduz a voz a um puro objeto, ao último sopro. A fantasia, em sua fixidez, persiste até o desfecho. E é ele quem oferece, à multidão aglomerada diante da forca e aos ouvidos de Deus, seu último sopro, extraído de seu próprio corpo, por sua própria estrangulação.

O monstro, o mágico

Monstro, é quase sempre assim que aparece o autor do crime perverso, e monstruoso é o epíteto mais comumente acrescentado a seu crime e a seu comportamento. Mais ainda que a selvageria do ato e sua crueldade sem medida, as práticas necrófilas, as mutilações do corpo da vítima são contrárias a todas as regras humanas de respeito (e de temor) pelo cadáver, a toda a simbólica que estabelece, em toda cultura, a relação entre os viventes e os mortos, e codifica, em toda sociedade humana, os rituais da sepultura e do luto. Os cadáveres são sexualmente utilizados, e podados, retalhados, fatiados, esmagados, moídos, até serem transformados em peças de açougue. Pensem no Canibal, no Açougueiro de Hanôver. Pensem em todos os instrumentos, serras, tenazes, que foram encontrados na casa de Landru, ou nas cabeças cortadas de Gilles de Rais, nos rasgos de Jack the Ripper. São igualmente monstruosas a ausência de uma humana compaixão, a falta de remorso ou de culpa, a surpreendente frieza, a indiferença. Esse criminoso reivindica seu ato, sente um certo orgulho. Afirma que fez o que sempre quis fazer. É, com efeito, monstruoso.

O monstro mostra uma estranheza que ultrapassa a compreensão humana. É um disforme prodígio, uma incrível realização de um destino ruim. Um poder sobrenatural misturou-se em sua fabricação, conferindolhe, a um só tempo, uma natureza animal e uma comunicação mais direta com forças obscuras e estranhas. Ser sobrenatural e fantástico, compósito e desarmonioso, é, por natureza, lendário. Sua anormalidade, seja ela física ou de caráter e de comportamento, é tão perceptível que assusta. Ele fascina tanto quanto dá medo. É temido e exibido. Para espantar, o monstro deve, no entanto, conservar, em seu caráter compósito, uma parte de normalidade. Um criminoso em pleno delírio, os olhos alucinados, agitado, desvairado, barba por fazer, manifestando com seus gritos e gestos a violência e a desordem, não é mais um monstro, mas apenas um louco, e então é temido, e temos pena dele. O autor do crime perverso não inspira pena. Ele é ainda mais monstruoso porque mostra uma prodigiosa disformidade interior e uma normalidade de superfície. É monstro pois parece também um humano bem sociável. Caracteriza-se pela calma, a polidez, a correção da roupa, o tom, o comportamento. Por isso é que fascina: o que se esconde sob essa aparente conformidade aos códigos e usos sociais? De que estranha força é ele o produto? Tentamos entendê-lo, e sempre algo nele escapa à explicação. Qual é a lógica singular do monstro, já que não parece humana? Que outra construção, estranha ao humano, forjou esse destino, que Parcas teceram essa vida? Um deus mau, uma força maléfica, uma obscura força inconsciente? Esse monstro comunica com arcaicas forças que ultrapassam a consciência normal de um humano?

Se pode fascinar, no entanto, não nos reconhecemos nele: é diferente demais, estranho demais. O público, estou segura, não se identifica nem com um Gilles de Rais, nem com um Jack o Estripador, nem com um Vampiro de Düsseldorf, nem com um Landru, ainda que estes tenham, por outro lado, sabido manter-se em soberbas ou simplesmente corretas aparências de mundanidade. Entretanto, o Vampiro continua sendo um dos emblemas de Düsseldorf. A cidade de Hanôver, há agora uns dez anos, formou o projeto de edificar uma estátua a seu Açougueiro. Continua existindo, hoje, um clube Landru (reservado aos homens). Mais espantoso ainda, Landru, em sua prisão, recebeu não só mensagens misóginas de simpatia, mas sobretudo, vimos, cartas enamoradas de admiradoras. No que diz respeito a ele, começamos a entender as razões de seu sucesso. Ao horror inspirado por seus atos se soma a estranheza de sua personalidade: nessa vertente, ele exerce perfeitamente a fascinação do monstro. Por outro lado, seu humor lhe atrai a simpatia: ele se torna de novo humano. Enfim, Landru dá de si uma imagem particular, que impressiona inconscientemente seu público, e que já sublinhei várias vezes. Ele apresenta uma imagem de homem que gosta de mulheres, uma glória fálica. É, aliás, assim que ele próprio se imagina. Temos dele um auto-retrato – bem parecido – desenhado na prisão, uma caricatura: cabeça do crânio careca e barba negra, num corpo magro... nu, em ereção! O instrumento se ergue maior que o corpo. Landru dá importância a essa representação, e a todas as significações que ela implica. Ele insiste nisso, na audiência: as mulheres que conheceu não tiveram do que se queixar dele.

Com Landru, percebemos então o que fascina: a pulsão sexual não inibida, não segura. Audível aos mais surdos, visível aos mais míopes, esteja ela ou não revestida com a roupa do senhor. O *don Juan* de duzentas e oitenta e três mulheres, bem mais, o homem que tinha o segredo do gozo das mulheres, da satisfação delas, pode fazer sonhar os homens... e as mulheres. Basta, no entanto, pensar na seqüência, no real do esquartejamento, para que o sonho vire pesadelo. Assim, para entender seu exuberante sucesso, é preciso tentar ser mais preciso.

O objeto da pulsão

Imagine-se num museu a contemplar com prazer um quadro que, por múltiplas razões, o atrai, por exemplo, um belíssimo nu pintado pelo erótico Ticiano: Danaé, sensualmente deitada e oferecida, cuja carne nacarada recebe as gotas de uma chuva dourada. Imagine agora alguém penetrando de noite na sala, recortando na tela um seio de Danaé e levando seu fragmento para casa. Ato escandaloso, selvagem e incongruente. Esse apólogo evoca o crime perverso. Mais precisamente, ele ilustra o crime perverso em seu laço escandaloso com a pulsão sexual.

Para entender melhor, evocarei o caso do Canibal que fez grande sucesso há alguns anos na França e no mundo inteiro, e que, desde então, está identificado a esse nome. A natureza sexual do crime do Canibal é evidente, ao ponto que os jornalistas imaginaram que a vítima era sua amante. Não era o caso, mas essa deformação da realidade assinala que para todos a associação com uma pulsão sexual, ou com o desejo, era clara. Com efeito, o seio, objeto da pulsão oral, é o objeto pulsional que se concebe mais facilmente; ele é, digamos, o mais natural, o primeiro na história de todo sujeito, e o recalque comum ao humano nunca o proíbe de pensar que o seio seja objeto de uma pulsão sexual. O caso do Canibal nos interessa porque este extrai o objeto da pulsão. Direi que ele o objetiva. O objeto da pulsão oral torna-se realmente objeto, é apresentado numa geladeira. O seio está despido da imagem de mulher que ele contribuía para tornar bela, ou desejável. Ele saiu da imagem. Completamente nu, vivo, é apenas objeto consumível. É uma passagem ao real, uma objetivação no real do objeto da pulsão.

Objeto erótico, o seio, de hábito, contribui para causar o desejo, para fazer de uma imagem ideal um ser desejável. O ato criminoso retira o objeto, o seio, o extrai, e para dele gozar o faz aparecer como puro objeto. Passagem do objeto erótico ao objeto de gozo, que deve ser extraído, talhado, retirado (como recortaríamos a tela de um belo quadro) da imagem de um ser desejável. Como o reflexo nos espelhos de Veneza em que se admiravam as jovens mulheres do conto de Perrault, a imagem que um humano oferece aos outros, felizmente, vela o que faz dele um potencial objeto de gozo. É perigoso atravessar o espelho à maneira das esposas de Barba Azul.

O desnudamento do gozo do objeto participa do escândalo e da fascinação exercida pelo autor do crime perverso. Embora um humano mais comum, se ouso dizer, não possa gozar do objeto da pulsão dessa maneira. Ele acha, com efeito, o ato escandaloso, selvagem. Não mais que do seio da bela Danaé recortado na tela, o amante de belos seios, o homem que encontra, nessa imagem da mulher, seu desejo, não gozaria do seio de uma bela mulher transformado em peça de açougue. Mas a objetivação do objeto da pulsão, o surgimento do objeto, choca e interpela todo humano.

O Canibal faz aparecer o objeto seio ao retirar o seio da imagem de uma mulher. Na imagem, ele deixa um buraco. A objetivação cria também uma falta. O que é positivado foi obtido por uma subtração primeira efetuada sobre o Outro. Sobre o público, o primeiro efeito desse ato, do recorte do objeto, do buraco deixado por sua extração, é simplesmente a angústia e o horror. De maneira complementar, a positivação do objeto, sua passagem ao real, suscita uma satisfação inconsciente muito arcaica: não haveria mais falta; a pulsão agarraria, realmente, seu objeto.

Para explorar até o fim o apólogo iniciado mais acima, depois de ter furtado e levado consigo o pedaço de tela, o que faria o meu recortador? O conservaria para si, bem guardado? Não, ele o mostraria! Como se o objeto retirado não lhe pertencesse, ele faria dele um espetáculo, convocaria os jornalistas a virem fotografá-lo, o ofereceria em triunfo aos olhares. Foi precisamente o que obteve, em sua determinação, certamente, ainda mais forte por ser inconsciente, numa manipulação inconsciente de seu público, o Canibal parisiense. As fotos dos pedaços do corpo recortado especificamente por ele, por sua pulsão, circularam ainda melhor porque a revista que os propunha foi proibida. O sucesso do autor foi também assegurado pelo escândalo. Chocante e assustadora dissecação. *Desnudamento, desvelamento real de um objeto pulsional violentamente esclarecido numa encenação*. Surgimento de um objeto de gozo normalmente velado. Escandalosa mostração *daquilo que de hábito é submetido ao recalque*. Aí se origina o sucesso do monstro.

No próprio autor do crime perverso, o objeto da pulsão nem sempre aparece de modo tão cru. A natureza sexual dos crimes de Gilles de Rais não pode ser desconhecida, já que ele proclama e descreve seu gozo, seu "prazer" e seu "deleite carnal", como diz com espantosa franqueza. No entanto, foi preciso de minha parte toda uma reconstrução para estabelecer seu objeto. As precisões que ele fornece sobre seus rituais sexuais e mortíferos permitem fazer surgir o que permanece inconsciente, até para ele: a voz. O objeto da pulsão sexual de Gilles de Rais é a voz. Menos objetivável que o seio, ela é um "objeto" impalpável, inapreensível. No entanto, da mesma forma que o Canibal retalha um corpo para dele fazer surgir o seio, objeto oral, a mesma lógica abre uma garganta para gozar da voz que ela guarda. O crime tira da imagem desejável a voz, ele extrai a voz, para dela gozar. Faz com que ela apareça como puro objeto de gozo.

Com efeito, o amante de belas vozes pode ficar apaixonado por uma voz, mas esta permanece vestida, enroupada, pela imagem de uma pessoa. Gilles de Rais, que, no entanto, é piedoso amante das frágeis vozes de meninos, da efêmera bela voz dos meninos pré-púberes que ele escuta religiosamente em sua capela, como Mr Hyde, também se transforma em gozador de voz. Ele arranca a voz na garganta das crianças. Faz da voz trazida por uma bela imagem de criança, por um belo rosto de anjo, um objeto: o último sopro. Ele retira o último sopro para dele gozar. Suas confissões, infelizmente, não deixam dúvida alguma quanto a isso, ele goza do último sopro do menino. Gilles de Rais arranca o último sopro de meninos escolhidos pela beleza: ele tira da imagem a voz. Tira desses meninos a voz (quanto a isso, também, as confissões são horrivelmente precisas: ele os estrangula). Faz aparecer o objeto, o último sopro, ao lhes tirar a voz. Não se pode ser mais preciso sobre a positivação de uma falta.

Em outros termos, Gilles de Rais encontra a significação do desejo numa bela voz de menino, e a voz assume valor fálico. A voz, que pode faltar ao Outro, a Joana d'Arc, por exemplo, pode então se oferecer, completar Joana d'Arc, ou satisfazer plenamente Deus. A voz, a um só tempo subtraída e oferecida, se negativa e se positiva ao mesmo tempo. Ela se presta à fetichização.

Esta análise precisa dos crimes de Gilles de Rais nos permitiria esclarecer com luz nova os crimes de Landru? Já notei que a opinião comum reteve que Landru assassinava as senhoras por interesse, e desconhece a natureza sexual de seus crimes. É verdade que o objeto de sua pulsão está longe de aparecer claramente no que sabemos dele. Podemos agora prestar uma atenção nova em certos detalhes reunidos pela investigação.

Fernande, sua namorada, por quem ele era muito apaixonado, testemunhou no processo. Alphonse Boudard, como homem, escrutou as fotos que nos restam dela, ali buscando o segredo de sua atração. Fernande tinha, diz ele, mais ou menos, uma dessas peles diáfanas onde a emoção aflora numa tocante vermelhidão. Não tinha ela, sobretudo, uma bela voz? Ela quisera ser cantora lírica. Os dois gostavam de ir juntos à ópera. "Ele chorava escutando o *bel canto*, as lágrimas lhe escorriam pelas faces...", dirá ela no tribunal, fazendo questão de ressaltar que seu amante não era insensível. Durante todo o tempo de seu longo depoimento, Landru permaneceu imóvel, de olhos fechados, escutando-a como no concerto.

As escavações no jardim de Gambais permitiram exumar os cadáveres de dois cachorros.

– Eu os estrangulei – reconheceu Landru.

E acrescentou de maneira ainda mais estranha:

– É a mais doce das mortes.

Achamos que, para Landru, a voz, até no último sopro, é o objeto com que se completa uma mulher. Ele extrai o último sopro das senhoras que ele mata. Ele as estrangula. Por outro lado, é apaixonado por Fernande que, para ele, possui "a voz", isto é, a voz de uma mulher desejável. Ele atribui "a voz" a Fernande, cantora lírica. Ele encontra, na voz de Fernande, um traço singular que ele mesmo criou, isolou, numa voz de mulher. Ali encontra algo que lhe fala de maneira precisa, que só ele pode reconhecer, já que só se dirige a ele. Essa objetivação de um sinal tênue, impalpável, íntimo, é uma atribuição subjetiva. A qualidade específica da voz de Fernande para Landru era, seguramente, inaudível ao ouvido de qualquer outro (como poderia ser um reflexo subjetivo, a cor ou a disposição de uma pilosidade, invisíveis a qualquer outro que ao fetichista). Fernande, provida da "voz", permanece uma imagem ideal de mulher, uma mulher por quem Landru é apaixonado. Sua voz causa o desejo de Landru e o mantém apaixonado. Ele fecha os olhos para melhor ouvi-la, como Gilles de Rais em sua capela, suspenso no coro dos meninos.

É tempo de nos lembrarmos que o dinheiro, e as jóias sobretudo, uma vez retirados de uma mulher assassinada, logo eram atribuídos, transferidos para Fernande. As jóias, precisamente, se somam ao que faltaria a uma mulher. São, de modo bem comum, um equivalente fálico, elas brilham, têm valor, são o dom de um homem. Na mesma série objetal, do tesouro do órgão ao ouro das jóias, a voz equivale ao ouro, ela tem valor fálico. Landru retira o ouro e a voz, o último sopro, de uma mulher, aquela que ele assassina. À outra mulher, a Fernande, ele atribui o ouro e a voz. Landru efetua uma operação simples e bem sucedida: o falo que faltava a uma mulher foi positivado ao ser transferido para a outra. O negativo se positiva, numa álgebra inconsciente e mágica!

Acabamos de avançar na compreensão do efeito de fascinação exercido pelo monstruoso crime perverso sobre seu público. Por um lado, o tratamento particular, monstruoso, sofrido pelo corpo ou o cadáver, evoca essas mutilações que arcaicas e selvagens tradições reservam ao corpo dos inimigos. Estranhamente, aqui, é *numa relação com o eros, numa paradoxal união sexual, que a pulsão, para reencontrar seu objeto, o arranca de um corpo.* Esse triunfo de uma pulsão sexual que parece tão pouco submetida ao recalque, de uma pulsão que visa tão precisamente seu objeto e que parece atingi-lo, sidera. Quem, sem querer, se torna testemunha é atacado, sem saber, por uma estranheza desnorteante, assustadora, uma alteridade repulsiva, que, no entanto, lhe fala numa intimidade muito secreta. Monstruosa mostração de um gozo mórbido da materialidade do objeto, de um objeto desnudado, despido, do véu do vivente. O objeto da pulsão, até o mais impalpável, o mais sensível e efêmero, como uma voz de criança, é materializado como objeto de gozo. Mas o crime opera uma dupla operação: não só de mostração, mas também de prestidigitação. Pois a fetichização do objeto, sua valorização fálica, também traduz a inscrição paradoxal da presença na ausência. O criminoso perverso é um monstro, mas é também um triste mágico. Faz aparecer *no inconsciente uma falta que se preenche*. Exerce sobre seu público uma manobra inconsciente de ilusionista. Uma subtração é positivada. Conscientemente, e de modo inteiramente normal, o público percebe a monstruosidade, sente nojo e horror. Mas nesse objeto retirado de um corpo, subtraído, faltante, o seio do Canibal por exemplo, a conjunção da objetivação do gozo e de um significante do desejo força, no inconsciente, uma via subterrânea ao sucesso.

O relicário do necrófilo

O ato do crime perverso, a operação do prestidigitador monstruoso, mesmo assim, deixa um vestígio mórbido: os restos, justamente, que são conservados, e que permanecem. O autor repugna livrar-se deles, guarda-os, vela por eles. Às vezes fecha-se por vários dias na companhia desses restos, dorme deitado ao lado do cadáver ou num quarto sujo de sangue, cheio de vestígios. Essa intimidade com os restos macabros suscita uma impressão de estranheza angustiante mais próxima dos filmes de terror. Basta imaginar Barba Azul descendo em seu subterrâneo e contemplando, em silêncio, na escuridão, seu tesouro de mulheres degoladas e presas à parede. Ou Gilles de Rais diante de sua coleção de cabeças de crianças, alinhadas sobre baús. Seus cúmplices foram testemunhas: pedaços de cadáveres, e também ossadas, se não eram jogados nos fossos, viajavam em cofres, de uma fortaleza a outra; as cabeças cortadas eram, por muito tempo, guardadas nos quartos do torreão. Ele as visitava, as admirava, falava com elas, as beijava com terna devoção. Paradoxo suplementar, e desta vez assustador: embora tivesse, a sangue frio e às risadas, torturado as crianças, ele parecia gostar muitos dos despojos. O que representavam para ele?

A coleção de Landru, se tivesse sido filmada, seria igualmente angustiante. Na mansão de Gambais, um corredor, uma porta de madeira grossa cuja maçaneta resiste; está fechada à chave. O que esconde? O buraco da fechadura incita a, por ele, espiar: vestidos de todos os tamanhos, soltos, inertes, imóveis nos cabides; uma coleção macabra dos vestidos das mortas. Em Clichy, a porta da garagem se abre rangendo: na penumbra, na poeira, num enorme cafarnaum, corpetes, uma botina, uma peruca, uma dentadura. Por que esses despojos das mulheres assassinadas, esses restos, roupas de baixo e próteses, conservados como troféus? Por que escondê-los por trás de uma porta e mostrá-los pelo buraco da fechadura? "*São os vestidos de minha mãe, que conservo com devoção*", dirá o nosso Barba Azul a uma namorada curiosa demais. Uma pérola, esse testemunho! As roupas de baixo de uma mulher (e primordialmente de uma mãe) constituem o próprio protótipo do fetiche: o último véu onde o olhar da criança parou antes de descobrir a ausência de pênis, a última tela que mascara a castração. O próprio Landru diz isso, sem que, no entanto, ouçam: a lingerie, os vestidos, as perucas e as próteses, por ele conservados, equivalem estritamente às roupas de baixo da mãe, que escondem que a rainha está nua, e à peruca que a completa. Despojos das mortas, fetichizadas, como "as roupas de minha mãe". Despojos conservados, como os objetos de uma morta que amamos "com devoção", como o rastro de uma piedosa lembrança e de uma devoção mantida, como relíquias.

Assim, Landru possui uma coleção de vestidos e próteses femininas (que velam a mãe, ou a completam). Também coleciona mulheres (duzentas e oitenta e três), cuja lista estabelece e guarda consigo. Coleciona as mulheres de que ele tem a segurança, e até a certeza subjetiva, de poder preencher, de satisfazer sexualmente. É capaz, durante seu processo, de vangloriar-se publicamente disso: as mulheres que o conheceram não tiveram do que se queixar dele. Uma coleção de vestidos, portanto, e de mulheres. Uma coleção que ele acumulou ao se colocar a serviço do Outro, da Mulher, da Mãe? Ele, em todo caso, procura satisfazer as mulheres que coleciona. E procura velar e preencher a castração da mãe, pois os corpetes e as próteses das mulheres de Landru significam, ainda e sempre, a eventualidade de um falo materno. Ele se dedica a preencher o Outro.

É também o que causa uma satisfação inconsciente em seu público: ele está a serviço da mulher, e, em todo caso, a preenche. Por isso é que as mulheres lhe escrevem, e por isso os homens o admiram!

Ao refletir sobre a mórbida e pitoresca coleção das "roupas de minha mãe" de Landru, eu não estava evocando as relíquias por acaso, pois eu guardava, na memória, Gilles de Rais e sua capela dos Santos Inocentes. Esqueceu-se, pois são para nós tempos longínquos e às vezes estranhos, que a capela, na época de Gilles de Rais, é, na realidade, um "quarto de relíquias". Tomo emprestado de Georges Duby esta expressiva fórmula, e sua definição: a capela de um senhor ou de um rei é um estojo de arquitetura construído para abrigar restos de corpos martirizados, sacrificados, num tesouro de peças de ourivesaria. Ela é edificada para guardar, e mostrar, restos de corpos santos. As relíquias são igualmente conservadas em móveis de devoção de portas duplas para se oferecerem, no segredo do quarto, à contemplação e à devoção. São também usadas, montadas em jóias. Delas se espera uma mediação salvadora com Deus, mas também uma proteção contra poderes maléficos: a relíquia tem uma função de fetiche, no sentido pagão do termo. Essa função mágica, aliás, não nos é nem estranha nem longínqua, pois perdura hoje na fé popular, em certas igrejas do Mediterrâneo. O culto piedoso dos restos, a devoção a ossos, a diversos fragmentos de cadáver, que são implorados, escondidos e mostrados num precioso cofre, e que são ritualmente retirados em grande pompa, permanecem familiares.

Gilles de Rais, sabe-se, partilha a sua devoção, em todo caso, a sua crença, entre o Diabo e o Bom Deus. Ao Diabo, na noite dos subterrâneos, ele se liga por um pacto, ele oferece uma parcela do corpo de um menino sacrificado num cálice, como um símbolo sagrado. Esse resto (de um corte específico do corpo) é a marca, a objetivação, de uma mediação entre ele e o Outro que é o Diabo. É, nesse sentido, uma funesta relíquia, que facilita a relação com o Outro, a intercessão junto ao demônio. Dele ele espera o segredo mágico, alquímico, da obtenção do ouro. É importante notar que esse resto tem uma função propiciatória: ele tem por visada ganhar o poder sobrenatural do Outro. Ele tem um poder mágico. Encontramos claramente aqui a função do fetiche. Objeto e causa de um ritual sangrento, o resto, a parcela do corpo de uma criança assassinada, se faz relíquia e fetiche.

As cabeças das crianças, conservadas preciosamente no torreão como uma coleção secreta, escondidas atrás das portas dos quartos, reservadas à sua contemplação íntima, a quem ele se dirige em palavras de amor e devoção, e que beija com respeito, não assumem elas, sem que ele queira, a mesma função de relíquias? E, com certeza, os ossos, os vestígios de seus crimes que viajam nos baús de sua escolta, são restos fetichizados que ele carrega por toda parte consigo como um amuleto, uma imagem de devoção e um tesouro.

Junto a Deus, Gilles de Rais ainda usa de outra mediação. Em sua grandiosa capela dos Santos Inocentes, ele guarda a jóia da voz das crianças. Reúne, abriga e mostra uma coleção preciosa de vozes. Quis um estojo esplêndido para esse tesouro, um receptáculo digno de um coro de vozes de anjos. A voz do anjo é o médium entre ele e Deus, a objetivação da troca entre ele e o Outro.

Mas as crianças martirizadas também são anjos!

– Você escolheu bem – disse ele um dia a Buchet, seu fornecedor –, ele é belo feito um anjo.

Nos quartos do torreão, a cabeça da criança se tornou o objeto de um culto reencontrado. Resto de uma operação de divisão (que dividiu o corpo para dele extrair a voz), a cabeça foi restaurada em sua imagem ideal, erigida em objeto de admiração, montada sobre seu pedestal. É uma cabeça de anjo e de mártir, de santo. A cabeça, em sua materialidade que nos assusta, é, para Gilles de Rais, um *resto da voz do anjo*, um resto idealizado. Para ele, numa inconsciente construção, ela passou a ter valor de relíquia. Quanto a nós, de repente podemos reconhecer que a cabeça, esse resto que permanece presente, esse resto de uma voz subtraída, de uma voz ausente, passou a ter valor de fetiche.

A coleção dos restos dos anjos sacrificados e mártires, dos Santos Inocentes, dos meninos belos feito anjos assassinados, a coleção das relíquias obtidas pelo assassinato está em Machecoul tão *secreta e presente* no tesouro das vozes da capela, onde se canta o ofício piedoso em memória dos meninos mártires degolados (por Herodes, e sobretudo por Gilles de Rais), quanto na coleção de cabeças cortadas escondidas atrás das pesadas portas dos quartos do torreão.

Há aí, se quisermos bem pesar um a um cada termo, cada elemento da construção que agora acabo de estabelecer – com certa surpresa, de qualquer modo –, uma lógica inconsciente assustadora tanto é rigorosa. No comportamento de Gilles de Rais nada foi deixado ao acaso, e ele não tem a mínima liberdade: sua fantasia impede que faça qualquer movimento, decide a sua ação ao limitá-la, deixando-lhe apenas a ilusão de uma escolha ou de uma vontade, até em suas estranhezas mais singulares. O que aparecia como um cinismo monstruoso, uma provocação escandalosa (o ofício dos Santos Inocentes, por exemplo), de repente se esclarece, numa luz cruel, decerto, tanto revela a simplicidade e a fixidez da pressão, ainda mais implacável por ser única e eterna: a mesma, sempre.

Assim, Gilles de Rais possui em sua capela um tesouro de vozes, e um tesouro de cabeças em seu torreão. É claro que ele goza desse tesouro; mas a função do tesouro é também ser proposto a Deus. E esse tesouro, ele o acumulou a serviço de Deus. E o Diabo? Para falar a verdade, ele acabou sendo escamoteado. Se confiarmos na coerência do que reconstruímos, agora compreendemos bem a segurança de Gilles de Rais de ir para o paraíso. Certeza estranha, inabalável, inexplicável pela razão pois fundada numa causa inconsciente: a cabeça do anjo, o resto da voz do anjo, é também o fetiche que lhe serve de mediação com Deus, e o resto de um sacrifício que terá satisfeito plenamente Deus. E, com certeza, com esse caso exemplar de assassino monstruoso, podemos entrever que a ausência de remorso e de culpa do autor do crime perverso também se justifica por uma inconsciente reivindicação sacrificial. Não terá ele sido primeiro o *instrumento* do sacrifício, antes de se fazer dele o *sujeito*? É, em todo caso, o que reconheceu inconscientemente o público do processo de Gilles de Rais, e toda a cidade de Nantes. Em 26 de outubro de 1440, Gilles de Rais, no momento de sua morte, recebeu, como um mártir ou um santo, a homenagem de uma multidão em lágrimas e em prece que o acompanhou numa piedosa procissão. Contrariamente à lei que queria que o corpo do enforcado fosse queimado, ele foi levado a uma terra consagrada, e enterrado com devoção no recinto de uma igreja.

Landru é de uma cultura bem diferente da de Gilles de Rais. É provável que não acreditasse nem em Deus nem no Diabo. Não era, em todo caso, homem de se incomodar com religião. A implacável cortesia com que tratou o capelão da prisão, até o limiar da morte, mostra isso. Entretanto, à sua maneira, ele trazia suas relíquias consigo: a lista dos nomes das mulheres que ele havia matado. Ele trazia consigo o rastro de seu pacto com o

Outro, qualquer que fosse. Esse resto, esse rastro escrito, esse indício de uma coleção, talvez tivesse para ele uma função inconsciente de proteção ou de salvação, de mediação íntima com o Outro e de conciliação secreta. Nessa hipótese, uma arcaica lembrança da função propiciatória de um fetiche obtido pelo sacrifício de um corpo perduraria no inconsciente. Desse pacto com o Outro, desse sacrifício consentido ao Outro, o inconsciente popular não mostraria o reconhecimento?

Podemos somente supor. Quando, em 28 de janeiro de 1923, o mobiliário e os efeitos pessoais de Landru foram vendidos em leilão, um ano após a sua execução, a multidão se precipitou para comprar tudo! Seus restos também tinham virado relíquias, objetos potenciais de um culto fetichista. O ritual sangrento do autor do crime perverso era também um ato de obscura magia.

Podemos nos perguntar de que extravagantes marcas de devoção os túmulos de Landru e de Gilles de Rais seriam hoje objeto. O de Gilles de Rais – destruído apenas na Revolução – não existe mais. Os despojos de Landru foram para a fossa comum.

Só há talvez Sade que receba em seu túmulo vazio a visita de seus admiradores.

Sade

Um pequeno retalho separado

O destino do autor do crime perverso encontra seu fim com o processo, nessa teatral cena onde, enfim, se encontram, juntos, o público e a lei. Nesse lugar, nesse tempo em que se abre para ele a audiência, o autor encontra, de uma só vez, uma tribuna para suas confissões, um público para emocionar e experimentar, e um juiz para pronunciar uma condenação. O processo, por outro lado, é o tempo da celebridade; bem mais, a cena da glória. A obra atinge seu destinatário, e o público assume então a função de principal protagonista. Encenação rigorosamente codificada, regrada, dominada, o processo faz, ainda mais, brotar os afetos atordoadores, intensos, violentos, contraditórios. O processo ideal é aquele em que o público, obrigado a se calar, assiste ao espetáculo: em seu silêncio ele tem medo, se compadece, se indigna, chora, perdoa, condena. Às vezes, escapando à ordenação e surgindo do dispositivo, um grito abafado, um protesto, uma queixa, um soluço, uma cólera, uma voz que treme.

Falta a Sade ter tido seu processo. Mas Sade pertence ainda a uma época em que o teatro perverso não tem audiência. E Sade, enquanto vivo, não teve nem verdadeiro processo público... nem muito público. Ficou preso no torreão de Vincennes, depois na Bastilha, e, num segundo tempo, foi confinado com os loucos, em Charenton. Sobre seus atos, sobre sua ativa determinação em realizar sua fantasia na cena de sua própria vida, a justiça do rei, depois a do Primeiro Cônsul, preferiram jogar um véu opaco. Sobre as cenas organizadas pelo marquês nas noites de seu torreão, ao abrigo das muralhas de La Coste, a cortina caiu para sempre. O teatro sadeano teria permanecido desconhecido, escondido nos segredos dos subterrâneos do castelo, enterrado sob as pedras, se Sade não tivesse convertido, ou sublimado, sua intensa atividade pulsional reprimida pela prisão em graforréia. Mecânica encenação da utilização dos corpos destinada a assegurar o gozo do autor e do leitor. Nada é deixado ao improviso. O gozo tem suas exigências, suas regras, sua organização. Imposição de uma inesgotável pulsão, de um tema único, repetido ao infinito, a recolocar, de novo, e ainda, em cena, em quadros vivos.

A ausência de processo público não impediu Sade de usufruir de uma celebridade escandalosa, e isso desde a juventude. Em 1778, quando o jogaram no cárcere onde estava previsto que o esqueceriam por muito tempo, Sade, na idade de trinta e oito anos, já era amplamente conhecido por seus crimes. Costuma-se pensar que ele foi preso por causa de seus escritos, suscetíveis, em seu tempo, de perturbar a ordem pública, pois atentavam contra a moral e a religião. Mas em 1778, Sade não escrevera nada. Pensa-se também que Sade, herdeiro gastador e licencioso, rebelde à razão, teria sofrido pressão de sua família. Seus pais, assim como os de Mirabeau e muitos outros nobres pais, preocupados com o patrimônio e o renome, teriam obtido da autoridade do rei a carta régia* que conteria, por um certo tempo, os erros de conduta de um jovem libertino. Tudo bem banal?

Ao contrário. Direi antes, contestando a opinião aceita, que os esforços de sua família para manter secretos seus crimes não bastaram para impedir a triste glória do filho pródigo. A temível solicitude, a notável coesão da parentela do jovem Sade, unida para defendê-lo, usando de todo o seu crédito para subtraí-lo à prisão, para pagar as suas dívidas, indenizar suas vítimas e comprar o silêncio, batalhando para manter a cabeça erguida e

* A *lettre de cachet* em geral continha ordem de prisão ou de exílio. (N.T.)

salvar a qualquer preço a reputação, fracassou diante da gravidade crescente dos delitos e da propensão ao escândalo do filho delinqüente. Uma família como muitas outras. Sempre se espera que o rapaz vá se emendar, que o confronto com a autoridade, a justiça, alguns dias de prisão, servirão de lição. E o jovem, a cada vez, jura que agora entendeu.

Com efeito, o jovem Sade é filho de ótima família e de nobre linhagem. Seu pai, além disso, é escritor de teatro. Sua mãe, que bem cedo se retirou para o convento, não o cria. Ele é confiado a um tio abade e "libertino" ao mesmo tempo, que se corresponde com Voltaire. Uma educação entre os jesuítas continua no exército, e até, bem jovem, na guerra. Como aí se apresenta o jovem Sade? "Bem perturbado mas bem bravo", nota um superior. Perturbado, também é o que dele pensa seu pai, que olha com amargura e temor aquele rebento estranho em quem não se reconhece. Um desses jovens de quem se diz que fazem muitas bobagens. Dissipação e prodigalidade sem freio. Seu pai não vê mais outra solução senão casá-lo, e acaba encontrando, apesar da má reputação do sujeito, a aliança que convém com uma família de magistrados, os Montreuil. "São pessoas bem honestas e respeitáveis, censuro-me por enganá-los, e fico condoído ao ver a má aquisição que estão fazendo", escreve ele enquanto o contrato se redige.

Enfim... O rapaz está casado, e entregue, aos vinte e dois anos, a seus sogros na Normandia. Sua jovem sogra, a famosa presidente de Montreuil, está encantada com ele, e sua esposa, Pélagie, loucamente apaixonada. Deve-se dizer que é um belo rapaz, e encantador. Com ele ninguém se entedia: ele encena comédias, faz toda a casa subir ao palco. Com pouco tempo de casado, no entanto, sua jovem mulher grávida de pouco, estupor, ele é encarcerado. Por depravação excessiva. Não é nada. Mesmo e sobretudo no reinado de Luís XV, em que ninguém se assusta tanto assim com a libertinagem. Violências com prostitutas, agravadas de blasfêmias.

Os Sade e os Montreuil têm bastante amigos e apoios; as coisas são feitas de forma que o assunto se acalme. O rapaz, recém-casado, promete não recomeçar, e parte rápido para Paris. Gasta o dote de sua mulher com as cortesãs, com as atrizes célebres por quem tem paixão, bem mais, furor. A sogra fecha os olhos e mente à filha. Um jovem cheio de ardor de fato precisa gastar as suas energias. Quem, aliás, seria capaz de parar esse frenesi?

Interrupção brutal, no entanto, em 1768. Sade é encarcerado. A acusação é séria. Ele seqüestrou e esfaqueou uma mulher que encontrou na rua pedindo esmolas. A história se espalha e faz escândalo. Sade é objeto da indignação pública. Vai ser necessário dinheiro, e influência, e até a graça do rei, para tirá-lo dessa enrascada. E a família faz isso. Mas não pode impedir que, desde então, o nome de Sade fique conhecido e associado à reprovação, ao escândalo.

É melhor enviar o impenitente para suas terras, em La Coste, com mulher e filhos. Longe e na calma, na Provence. A cunhada, Anne-Prospère, curiosamente se soma a este quadro campestre da felicidade conjugal, mas, no fim das contas, é apenas uma contrariedade que fica no seio da família. E Sade, no campo, em La Coste, em Mazan, se põe a transformar seus castelos em teatros. Monta uma trupe de atores na qual arregimenta seus acólitos. É um pouco preocupante para uma mãe saber que suas duas filhas se prestam, numa trupe de saltimbancos, a representações ambulantes. No entanto, seria apenas uma preocupação menor, se...

Se em 1772 não estourasse um novo escândalo público. Sade, acusado de tentativa de envenenar prostitutas em Marselha, foge. À revelia, é condenado à morte, e, na praça principal de Aix, executado em efígie, cabeça cortada, corpo queimado. Caramba! Um tempo fugindo, uma curta prisão no forte de Miolans, uma evasão, duas viagens à Itália... Ele retorna a La Coste em 1774, e ali permanece sem ser incomodado até 1777. O essencial acontece nos dois últimos anos que ele passa no castelo. Dois anos cercados de escuridão.

O que aconteceu? Para entrever, é preciso fazer uma verdadeira investigação, escrutar as cartas conservadas pelo administrador de La Coste, Gaufridy, amigo de infância de Sade, o fiel homem de confiança. O coração de um sombrio mistério é esclarecido, numa luz turva, pelos subentendidos, as mensagens codificadas, o temor. A investigação bate em muros de segredo e se agarra a essa preocupação gritante, manifestada na correspondência, de apagar todos os rastros, de destituir todas as testemunhas; medo de ser lido por um terceiro, e necessidade de ser bem compreendido pelo destinatário. Às vezes, a fulgurância de uma palavra terrível, escapada, fazendo irrupção com violência através da opacidade do silêncio. Às vezes, furando uma frase, traz o brilho inquietante de uma palavra deixada em branco.

O que há a esconder? O castelo contratou para sua criadagem muitas moças bem jovens. As cartas assinalam que algumas "reaparecem" e voltam à luz do dia depois de terem sido tratadas no maior segredo. Se algumas reaparecem, outras teriam desaparecido? Na mesma época, o prior de um convento recolheu e, sobretudo, escutou uma delas que fugiu. A respeito do senhor de La Coste, ele escreve, fervendo de indignação: "É preciso prender esse homem pelo resto de seus dias!" Numerosas queixas, emanando dos pais das jovens empregadas, chegam às autoridades. Um pai vem com um fuzil sob os muros reclamar a filha. Começa, então, o episódio rocambolesco da prisão de Sade, que aconteceu em dois tempos. Sade cometeu a louca imprudência de ir a Paris. É imediatamente preso e encarcerado em Vincennes, em 1777.

Sua família, então, desenvolve uma intensa atividade, animada por uma dupla preocupação a serviço de um mesmo fim: lavar e apagar. É preciso, no maior segredo, sumir com todos os rastros comprometedores que Sade possa ter deixado para trás em La Coste. Ao mesmo tempo, paralelamente, oficialmente, lavar a família dessa antiga condenação à morte à revelia de 1772. Nesse sentido, usando da proteção do rei e das relações de amizade com os pares magistrados, convém recorrer perante a câmara do parlamento de Aix para a revisão do julgamento. O arranjo dos Montreuil com as autoridades tem a clareza de um contrato. Uma vez limpo dessa condenação infamante, que mancha o nome de seus filhos e compromete o futuro deles, uma vez seu nome reabilitado, Sade permanecerá, e por muito tempo, em Vincennes. Em segurança. A presidenta, que assumiu a direção dessa delicada negociação, dá prova de notável domínio. De um lado, bombardeia o administrador, Gaufridy, com instruções secretas, codificadas, angustiadas, para que em La Coste ele limpe, sobretudo sem testemunhas, toda marca, todo indício. Do outro, os Montreuil dirigem aos juízes de Aix numerosas cartas de reconhecimento e de gratidão antecipada. E o arranjo tem êxito.

Mas é impossível prever tudo. O condenado fugitivo foi conduzido sob escolta até Aix para anular o julgamento antigo. No caminho que o trazia de volta a Vincennes, Sade fugiu. Sem se preocupar em ser recapturado, estranhamente, ele simplesmente retornou a La Coste. Cinco semanas mais tarde, em 26 de agosto de 1778, no meio da noite, o inspetor Marais mandou que abrissem à força as portas do castelo. O que encontrou então?

No dia.seguinte, Marais levou seu prisioneiro sob boa guarda. Desta vez, Sade ia ficar preso doze anos. Na fortaleza de Vincennes, depois na da Bastilha. É notável que ele foi, em Vincennes, um dos três detentos (três apenas) que a reforma das cartas régias – e a circular de Breteuil de 1784 – não libertou. Era então considerado, conforme as categorias da circular, criminoso suscetível de reincidência.

Foi também o único detento da Bastilha que o 14 de julho de 1789 não libertou. Trepado no alto da muralhas, arengando as multidões, gritando que estavam degolando os prisioneiros, ele fora evacuado, oito dias antes, ao hospício de Charenton. A Revolução só lhe devolveu a liberdade em 1790, por dez anos, exceto o curto intermédio do Terror, durante o qual escapou por pouco à guilhotina. Em 1800, foi de novo encarcerado em Bicêtre, depois em Charenton, onde morreu em 1814.

Esquecemos por que Sade passou na prisão vinte e sete anos de sua vida. Acusamos o arbitrário e o capricho do poder, a pudicícia ou o puritanismo de um século, no entanto, nem pudico nem puritano. Eu preferiria também considerar, em Sade, apenas o inventor de uma escrita. Proponho uma hipótese mais realista, fundada em todos os elementos e documentos encontrados em sua biografia. Para ser agradável à sua nobre, poderosa e infeliz família, em 1778 Sade foi preso através de uma carta régia a fim de guardar o segredo sobre seus crimes. O acaso da Revolução o tirou de uma pena que fora prevista perpétua. E, em 1800, a administração do Primeiro Cônsul, em conhecimento de causa, presumindo o passado e os fatos, à leitura do dossiê de 1778, considerou que era mais prudente mantê-lo até o fim de seus dias afastado da sociedade.

Por que existe uma tal resistência em reconhecer que Sade foi criminoso? Posso compreender também que essa resistência seja difícil de ser superada. Sade inventa, digamos assim, uma perversão. Ou melhor, ele inventa um ensino sobre o gozo. Ele lhe dá seu nome, ele inventa portanto, no sentido próprio, um certo tipo de gozo que, antes dele, com certeza, existia, mas não era reconhecido. Sade, com seu nome próprio, nomeia um real. Esse gênero de gozo, esse real, preferimos alinhá-lo, guardá-lo, no âmbito da ficção. Assim, Sade teria sido apenas um escritor fantasista (escrevendo seus fantasmas, suas fantasias masturbatórias) e fantástico (dotado de imaginação, escrevendo situações inteiramente imaginadas). É o que preferimos achar.

A biografia que lhe é dedicada por Jean-Jacques Pauvert, os elementos que ele fornece, no entanto, não deixam dúvidas quanto ao que motivou seu longo encarceramento. Ainda que Pauvert, no último momento, hesite em afirmar. Sou, portanto, forçada a acumular as provas, a explicar, a demonstrar. Consolo-me ao notar que o próprio Pauvert, em seu rigoroso trabalho de historiador, soma aos documentos, que soube descobrir e ler, numerosos comentários. Seu livro monumental é, doravante, a base indispensável a toda reflexão sobre Sade, o viático e o mapa necessários a todo explorador que decida aventurar-se nesses obscuros territórios sadeanos. Sua objetividade, o valor dos documentos, que ele é o primeiro a mostrar, se devem também à justa e notável posição que ele soube manter: longe dos dois fossos que ameaçam aquele que caminha com Sade, o julgamento e a hagiografia. Pauvert não tenta apagar as contradições, e aceita deixar-se dividir entre posições contraditórias. Sobretudo, e o entendo, ele evita cair na trilha dos juízes. Não sem uma tendência a justificar Sade, a raciocinar em seu lugar. Ao lhe emprestar sua própria razão, encontra para ele boas razões. Mas para bem escrever sobre Sade é preciso, primeiramente, se apoiar em seu próprio fundo de humanidade. Sobre essa base, Pauvert, sem tremer e sem preconceito, pode não desviar os olhos. Ele lê os documentos. Bem mais, ele os procura, os encontra, e nos mostra esses documentos. E, como a presidenta de Montreuil, de cuja correspondência ele faz surgir um surpreendente e interessante personagem (uma mulher enérgica, lúcida, razoável, mas não desprovida de afeição, muito pelo contrário, pelo sedutor genro que ela conheceu jovem e belo rapaz), Pauvert conserva um apego para com o amigo de juventude pelo qual ele tanto batalhou outrora. Não chega, como a presidenta, a apagar os indícios, a cobrir todos os rastros – muito pelo contrário, já que é ele quem os encontra, os extrai. Mas, num segundo tempo, às vezes vela suas descobertas com explicações moderadas.

Não é por fraqueza por seu antigo protegido que Madame de Montreuil devotará seu talento, e seu crédito, que não é pequeno, ao segredo. Ela quer preservar a filha e a honra do nome de seus netos. Ela sabe. Age em conseqüência, mas jamais lhe escapa uma palavra inútil, um julgamento, uma indignação. Não é por acaso que Sade a elevará ao nível de Grande Perseguidor, de dona de seu destino. Ela é seu único interlocutor, o único à sua altura. Ela reage, com toda a razão, e não é o que lhe falta. Responde com toda a sua humanidade, contida, isto é, dominada e exprimida no rigor do estilo de sua época e na precisão de suas palavras. Razão e humanidade, Sade tem bem a sorte de encontrá-las em Pauvert quando este se faz seu interlocutor póstumo.

Que Madame de Montreuil não me queira mal se também chego a chamá-la de cúmplice. A cumplicidade, para quem ousa encontrar o autor do crime perverso, para quem aceita entrar em verdadeira relação com ele, é inevitável. Ele é o mais forte. Irresistível. Ele sempre acaba encontrando em nós um pequeno território onde, a contragosto e sem que os outros saibam, nós nos encontramos com ele, queiramos ou não. Seria inútil negar isso ou se escandalizar. É melhor rir, quando for possível. Devo até reconhecer que, lendo a vida de Sade como Pauvert nos conta, eu me identificaria de bom grado com a presidenta de Montreuil, a contragosto encarnação da lei e a contragosto cúmplice, que escreve e age de maneira tão razoável. No entanto, não examino Sade à luz da razão. Não procuro nem explicá-lo, nem compreender a psicologia de seus contemporâneos. Procuro reconstituir a lógica inconsciente que sustenta seus atos e sua obra; pois ela também guia a nossa reação, a de seu público.

Essa lógica também não funda as minhas próprias reações? Entendo, enfim, esse tom do qual não consigo me desfazer. Desde que suspeitei que Sade era de fato um criminoso, devo responder de meu lugar policial. Faço, doravante, parte daquelas pessoas que fazem as investigações, que buscam os indícios. Indícios existem. Bem suficientes. Eu, no entanto, não previra colocar-me como inspetor, e me vejo, sem tê-lo querido, do lado da lei. Aproveito para ressaltar as contorções intelectuais a que devem se submeter os hagiógrafos que se esforçam em ser os fiadores da eterna inocência de Sade. Sempre precisam supor que todo contemporâneo de Sade, que cada testemunha, signatário de uma correspondência ou de um documento administrativo, cada responsável por uma decisão, cada vez erra, ou mente, quando não é um covarde, um hipócrita, um canalha. O hagiógrafo de Sade retoma, por sua conta, o que Sade viveu subjetivamente. Suas cartas atestam isso, ao longo da vida ele só encontrou uma interminável e indistinta série de malcriados, ordinários, bandidos, vagabundos, celerados. Conspiradores e perseguidores. Sim, se recusarmos a hipótese do ato criminoso, somos obrigados a imaginar, a inventar, por trás de cada documento, a falsificação e a maquinação; a encontrar sempre uma explicação diferente, contraditória com a precedente. E um amontoado de incoerências só encontra a sua lógica aparente na tese de um universal complô tramado contra o nosso herói.

Mas o que encontrou, então, o nosso inspetor Marais, surgindo nessa noite de 26 de agosto de 1778, após ter mandado abrir à força as portas do castelo de La Coste? Só conhecemos seu grito, e suas palavras, escapadas num tremor de indignação e pavor:

– Fale, fale, homenzinho, você que vai ficar trancado pelo restante de seus dias, por ter feito [um branco] num quarto negro que está em cima, onde há corpos m... [branco].

Só nos resta isso, e a brutalidade da prisão, a violência de sua reação para com aquele que ele, em seguida, leva prisioneiro. Já é muito. Havia testemunhas, e isso foi escrito e relatado; depois borrado, pela prudência da presidenta. Restam também, após a prisão, todas as espécies de rastros de objetos que se apagam mas que aparecem através das correspondências. Ossos no jardim. Desaparecimentos.

A Pauvert parece pouco provável que tivesse havido cadáveres em La Coste. Ora, a necrofilia, como sabemos agora, é quase que uma constante no autor do crime perverso. Os restos são essenciais. Estão ali para ficar. Para serem encenados, erigidos em negro fetiche que brilha na escuridão de um quarto mantido trancado. *Sade, dissecador de mulheres, e necrófilo?* Precisamente. Para servi-los. Em La Coste, entre 1775 e 1778. A partir dessa verdade, a coerência de toda a sua biografia se ordena. Como se ordenam na cena dos escritos sadeanos os lugares e os papéis dos personagens.

Munida dessa chave, reli com interesse as justificações contraditórias e embaraçadas de Sade escrevendo à sua esposa Pélagie, entre outras, sobre a presença de ossadas na terra do jardim. Essa chave, é verdade, ela sozinha não abre o segredo das estranhas preocupações que ele conta a Gaufridy, o incondicional homem de confiança. Sade, curiosamente, usa códigos. Apresento-lhes, intacto, um enigma: "Hélène pôs, como pensamos, a(o)s [branco] do antro em cobertura de maçã? Para compor a palavra que falta, peguem todas as últimas letras da fruta que dão as quatro árvores plantadas no começo da aléia principal do pequeno bosque, e a primeira do estado de Bontemps." De minha parte, mesmo depois de ficar sabendo que Bontemps era o pedreiro da propriedade, entrego os pontos.

No entanto, essa chave é a chave de prata de Barba Azul, a chave mágica. E leio facilmente as cartas misteriosas e codificadas que no mesmo momento a presidenta envia ao mesmo Gaufridy. Passo-lhe essa chave. Experimente você mesmo. "Na coisa em questão, não podemos admitir terceiro, mesmo de confiança, outro que entre você e eu. Assim, só podemos nos aconselhar com nossas boas intenções respectivas [...] Eu achava que se tratava apenas de um objeto; dois, é pior ainda. Você sabe precisamente quais eram esses objetos, de onde vindo, e como? Já que você está seguro de que não podemos encontrá-los em atividade, é preciso, com certeza e sem mais tardar, aniquilar cem pés sob terra todo rastro e tudo o que pode justificar os dizeres passados e futuros."

Longe de representar o complô da moral e da lei, os próximos de Sade, sobretudo seu tio abade, e essencialmente a presidenta, organizam uma verdadeira conspiração para protegê-lo. Com um cinismo espantoso, e aquela segurança que dão, com certeza, o dinheiro, a posição social e os privilégios. É enviada para os trabalhos forçados, por carga régia, uma certa Nanon, uma das jovens vítimas. Outra é seqüestrada na casa do abade enquanto cicatriza. Elas, sobretudo, não devem falar. Não do que sofreram, mas do que puderam ver. É a preocupação constante da presidenta: o que viu Nanon? Sabe ela o que desapareceu? Devem estar seguros para se prevenirem contra tudo, e, primeiro, apagar no castelo, no maior segredo, tudo o que pode ficar; sempre se poderá alegar em seguida... que ela sonhou! Sim, é o que lhe responderão: "Você sonhou." Com efeito, acreditamos sonhar quando lemos, sob a pena da presidenta, o cerne de suas inquietações secretas – "Não se esqueça de destruir esta carta assim que a tiver lido" –, sua preocupação com os vestígios conservados nos armários, e retalhos, e "objetos" desmembrados.

Retalhos... Desmembrados... Diabo de palavras... Tão clínicas, e clássicas, nos relatórios de polícia os laudos médico-legais quando se trata do ato criminoso perverso. De onde surgem eles, aqui, para escaparem dessa pena tão prudente? Ela é tão clara, no fundo, tão terrivelmente límpida, essa carta a Gaufridy. Por que recusar decifrá-la? É claro, querer saber não deixa de ser arriscado. A chave de prata abre, entre as quarenta e duas peças do castelo de Sade, o quarto trancado. Não trema.

"Um objeto [uma das prisioneiras de La Coste] voou [escapou] pela janela, e recolhido pelos vizinhos, forneceu mais esclarecimento do que queríamos... De um outro objeto [de uma outra vítima] você encontrou um pequeno retalho separado. [Ela estaria, portanto, morta? Isso é confirmado pela frase seguinte.] Só há um de desmembrado e perdido? [Houve só um cadáver, cortado?] Quanto aos antigos móveis, a região alta onde foram colocados vestígios, é exterior ou interior? [Os restos foram colocados em cima, ou dentro dos móveis?] Seria interessante para aqueles que os estragaram [certo, sua função de fetiche, erigido ou escondido, não pode impedir um resto desse gênero de machucar um pouco feio seu pedestal ou seu estojo] que não se percebesse nenhum rastro que pudesse fazê-los procurar [procurar os autores, a origem desses rastros, o destino ulterior dos vestígios?]."

Já que entre o público encontrado pelo autor do crime perverso eu tomei, por um momento, o lugar particular do infeliz policial, daquele que leva um susto ao abrir a porta e descobrir, no quarto, a macabra encenação, os pedaços de um corpo cortado, prossigo; tendo colocado os óculos especializados, examino os documentos. De onde surge o termo, tão preciso, dissecador de mulheres, aplicado a Sade? De uma ilustre boca, a de Mirabeau.

O pródigo conde de Mirabeau, dilapidador e adúltero, sofrendo a coerção da vontade paterna, fez, em 1780, uma estada forçada em Vincennes. Lá cruzou, por azar, com Sade, seu primo por aliança, durante um memorável passeio.

– Envenenador e dissecador de mulheres! – lançou-lhe de passagem.

O marquês de Sade, antes mesmo de ter publicado qualquer linha, tinha, junto a seus pares menos puritanos, uma reputação muito singular. Por que essa palavra? Sua precisão é perturbadora. Quem conhece essa afinidade do criminoso perverso com a dissecação?

Em contrapartida, hoje sabemos, após tantas investigações que o público acompanha ansiosamente, que o autor do crime perverso tende a se denunciar, a se entregar. Parece sempre que um motivo inconsciente, incompreensível em todo caso, o leva a se trair. Ele sempre precisa atrair sobre si a atenção, sair do anonimato. Pressão equivalente, tanto parece irresistível, à pressão pulsional que leva ao ato criminoso. Parece que o fado, o destino, conduz um personagem cego pela desmedida, que assume todos os riscos. Como que por desafio, por provocação, ele se mistura aos investigadores, se manifesta como testemunha, envia declarações anônimas, deixa indícios, e arrisca cada dia um pouco mais ser desmascarado. Esmera-se até que a investigação se oriente sobre ele; e, sem pensar em fugir, espera que o encontrem ante a sua obra, diante dos restos de um corpo. Já se esforçou para ser preso, ser reconhecido? Vai se esforçar da mesma forma para ficar na prisão.

A singular vida de Sade, de fato, é, também, uma clássica biografia de autor de crime perverso, e encontra nesse quadro toda a sua lógica. São, então, coerentes os rocambolescos e misteriosos episódios de sua prisão em dois tempos. Não resisto à tentação de mostrar um, um único, tão extravagante, tão claro antes, que bastará. Em 17 de junho de 1777, um pai vem, de fuzil na mão, até o pátio do castelo de La Coste exigir que lhe restituam sua filha, menor. Não lha devolvem. Dois tiros de fuzil são dados. Sade escreve ao procurador do rei em Aix para se queixar do comportamento do pai. O fato só já é bem divertido. Um detalhe torna a coisa ainda mais engraçada: Sade está, então, desde 1772, condenado à morte à revelia, e oficialmente fugitivo. Apenas preciso dizer o que se segue. A reação do procurador, no cúmulo da indignação, não se faz esperar. Sade será preso meses mais tarde em Paris, para onde correu a despeito da mais elementar prudência, na mais total inconsciência e igual a um homem resolvido a se entregar.

É tempo de deixar o lugar do inspetor. Ele não é bom de ser guardado por muito tempo. Marais, de certo modo delegado de roubos e costumes de sua época, teve a segunda má surpresa de sua vida. A presidenta obteve que ele fosse demitido de suas funções: pois, escreve ela, ainda que o que disse fosse verdade, ele não podia gritá-lo assim diante de testemunhas.

Em cena, senhoras e senhores, em cena!

No torreão de Vincennes, Sade encontrou um cenário que há muito tempo lhe era intimamente familiar: as muralhas de um quarto de prisão.

Com efeito, ele já havia mandado construir esse cenário em La Coste. Por sua instrução, pagando caro, a morada fora transformada em teatro. Uma cena fora construída na grande sala de recepção. Nas paredes do salão estavam superpostos os muros da prisão, grandes telas suspensas onde as pedras das muralhas estavam pintadas. Era o tempo em que, para representar a comédia, ele havia recrutado atores profissionais, mas também sua família e os empregados para montar uma trupe de saltimbancos. O teatro, em La Coste, fazia parte da vida cotidiana. Assim, vivendo em cena em sua própria casa, Sade já vivia no cenário da prisão.

Acho que a vejo, feito um retrato gravado em fundo de perspectiva, essa estranha e fantástica imagem de Sade sentado e imóvel no cenário pintado da prisão. Ela tem o caráter perturbador do sonho em que se mostra a verdade desconhecida do sonhador. Cena fixa, parada. Gravura onde se congela a representação, instantâneo que se eterniza, em que se confundem o futuro e o passado. Imagem enigmática mas nítida, emergindo sozinha, em toda a sua clareza, como de um sonho cujo resto foi esquecido. Você entrevê, como eu, uma coisa essencial. Qual, mais precisamente?

Mal pára em algum lugar, mal se instala um pouco, na casa dos sogros na Normandia, em sua casa na Provence, Sade não descansa enquanto não tiver armado o tablado para representar comédias e não tiver feito todos subirem em cima. Só teria ele, com os outros, e até com os íntimos, relação possível em cena? Com efeito. Se certos humanos experimentam, dolorosamente, a imposição de viver na cena do mundo em representação, Sade, por sua vez, precisa do semblante. Toda a sua vida e a sua correspondência mostram isso: o personagem de comédia é a única imagem de si mesmo que ele pode propor ao exterior, e a única significação que ele pode encontrar para si. Ele só se representa sob um artifício de convenção. No seio mesmo de sua própria família, com os seus... A comédia é o único desfile, o disfarce a única roupa, o jogo a única esquiva, o papel a única conduta para manter o real à distância, e a fantasia no quadro das conveniências. O teatro, esse lugar onde se partilha uma realidade de convenção, também oferece o recurso do jogo. A comédia do mundo é representada em conjunto: fingir, esquivar, escamotear, fazer caretas. Diante do Outro, dar-se em espetáculo, e dedicar-se por inteiro à ilusão. No teatro mundano

Sade se apresenta num papel de ilusionista que, aos trancos e barrancos, engana a malignidade, a maldade fundamental do Outro.

Ao deixar a cena que construiu e enfrentar o real, ao se ver despido de sua roupa de convenção, ele não sabe mais se conduzir, não sabe se dirigir: ele se conduz mal. Privado de palco para representar seu personagem, ele perde os usos de sua nobreza e de sua educação: está perdido. Então, desmunido, desnudado, abandonado, decaído, torna-se incapaz de compromisso e até de trocas. Não percebe mais dos outros senão a monstruosa exigência que têm a seu respeito. Reage. Esse homem de quem os contemporâneos também reconhecem as grandes maneiras, a elegância e o porte, entrega-se, então, à cólera, insulta seus pares, briga com os lacaios. Imprevisível, impulsivo, brutal, grosseiro, furioso, enraivecido, a invectiva e a injúria na boca. Esse homem não responde a seu nascimento, constata, tristemente, um de seus pares, forçado, na prisão, a conviver com ele.

Ao subir de novo em cena, ele pode novamente vestir a roupa elegante, e representar, em todas as convenções estabelecidas, o personagem do marquês ou do conde. Não pense que isso lhe seja indiferente. Ele faz questão de seu bom tom e suas boas maneiras, mas só os conserva na comédia do mundo. Por isso é que se liga ao teatro, seu único espaço de participação nas convenções comuns que bem ou mal o asseguram de seu lugar na sociedade. Recluso em Vincennes, põe-se a escrever uma longa série de comédias. Inquieta-se, com ansiedade, junto a um correspondente: "Diga-me principalmente se a peça está no tom da boa companhia, o que é essencial, [...] e diga-me se a moral e as máximas são boas [...]."

A cena do teatro lhe é indispensável para se manter no "tom da boa companhia". Uma cena, um cenário misturados à vida cotidiana. Uma vida confundida com o teatro e que acontece em cena, entre essa trupe de atores formada pelas pessoas à sua volta.

Em sua própria morada, em casa, em La Coste, o personagem de Sade está sentado no cenário de seu salão. Um cenário de prisão no interior do teatro onde vive Sade, trancado dentro de muralhas pintadas. A prisão, já em La Coste, fornece uma cena, e Sade nela encontra uma de suas representações. Ele se representa na prisão. *O prisioneiro é uma representação dele mesmo.*

Há, em La Coste, *outra cena, mais obscura,* em que prisioneiras das muralhas de pedra, as jovens empregadas seqüestradas, servem a singulares práticas. Uma cena subterrânea, secreta, em que a imposição da pulsão obriga Sade a fazer de si o instrumento que corta os corpos.

Na *cena pública do teatro de La Coste*, no salão, Sade, forçado pela prisão, no cenário pintado das muralhas de uma prisão, encontra uma representação e uma significação humanas. Ele só encontra a sua representação em cena, e só encontra a sua humanidade, e a boa companhia dos homens, vindo, sobre a cena da prisão, sujeitar-se à lei.

Quando chega à fortaleza de Vincennes, em 1778, e que as portas se fecham sobre ele, o cenário, daí por diante, é fixo. As pedras das muralhas não são pintadas. Ele, no entanto, continua a dar importância à sua ficção, a seu teatro. Como por toda parte, como em outros lugares, ele só encontra na cela, atores. Os guardas, os carcereiros, o diretor, e até sua esposa Pélagie, que o visita fielmente, todos representam um papel. Infelizmente! Representam mal. Todos recitam, mais ou menos bem, o texto que lhes mandam ensaiar, e que lhes deve ser soprado. Sim, há sempre um soprador nesse teatro da prisão, em Vincennes, na Bastilha, pois esses inúteis não decoram o texto. Ele, nessa má comédia, dá, sozinho, a réplica a bufões que recusam representar com ele, que respondem atravessado. Ele se indigna. Fica com raiva, insulta, agride. Deixado só, em cena, entrega-se a imensas tiradas. É bem esse o tom do prisioneiro em sua correspondência com Pélagie, a esposa tão bem nomeada: uma seqüência inesgotável de monólogos grandiosos, daqueles de que os grandes atores gostam de se apropriar e que a sala escuta prendendo a respiração. Bravo! A voz, o tom, o ritmo variam mais que a frase. Pois nessa estreita cena fixa da prisão, fechados num tempo imóvel, os protagonistas de Sade, sejam quais forem, a despeito da afeição ou da boa vontade, não têm jogo livre. Todos, Pélagie incluída, rápido se vêem privados de significação pessoal. Sem diálogo, a comédia vira pantomima. Todos são reduzidos a ser apenas autômatos, fantoches manipulados, recuperados. Marionetes dirigidas secretamente pela mão da lei, simples instrumentos da imposição legal que se exerce sobre Sade. Todos, sem exceção, agentes da sogra e presidenta, Madame de Montreuil. E todos acabam sendo tratados da mesma forma, cães, inúteis, perseguidores e carrascos. Bandidos! Moleques!

Entretanto, na prisão, sem descanso, ele continua a escrever comédias. Tudo foi esquecido das peças que ele compôs (não só em Vincennes, mas também durante a vida inteira) e da abundância de sua produção teatral convencional, daquela que ele desejava "no tom da boa companhia". Tudo foi esquecido dos esforços que fez uma vez livre, durante a Revolução, para fazer representar suas peças destinadas à cena oficial, assediando os comitês de leitura dos teatros de Paris e do interior. Enquanto autor dramático, Sade conheceu muitas decepções e fracassos. Nunca desanimou. Foi representado algumas raras vezes, sem conhecer o sucesso, mas sempre para sua imensa satisfação.

Durante a Revolução, o cidadão Sade, membro muito ativo da seção de Piques, formou o projeto de um grandioso espetáculo. Desejava promover o retorno do teatro de gladiadores, dos jogos do circo romano. Satisfazer, enfim, a crueldade da multidão, assegurar, enfim, o gozo do espectador? Certamente, reconheço bem aí a dedicação de Sade. Aí ainda, ele permaneceu incompreendido. A Revolução, em nome da qual são propriamente cortadas cabeças, não se compraz com essas espécies de jogos.

Bem tarde na vida, com mais de sessenta anos, no teatro do hospício de Charenton, Sade, enfim, encontrou um público. Deve ter sido a sua revanche e seu triunfo. Foi em, todo caso, seu grande negócio, enquanto pôde beneficiar-se da caução do diretor, Coulmiers. A casa de Charenton recolhia, e prendia, todas as espécies de "loucos". Toda época tem suas modas, seus fascínios terapêuticos. Quem, sobretudo, persuadiu Coulmiers de que o teatro trataria de seus infelizes pensionistas? O próprio Sade? Provavelmente. O resultado foi um sucesso, talvez não acadêmico, mas em todo caso mundano: uma casa de saúde, uma clínica, tornou-se, de repente e paradoxalmente, um alto lugar do divertimento na moda, e Sade foi, nessa nave dos loucos, o grande personagem, o instigador e o ordenador das festas. Teatro, bailes, jantares após o espetáculo, todas as encenações eram dele. Ele escolhia as peças, distribuía os papéis, dirigia os ensaios. Fazia subir em cena os pacientes e o pessoal, e, bem entendido, fazia também o ator. O que era representado? Óperas cômicas, comédias, *O Despeito amoroso*, *As Falsas Confidências*, *O Impertinente*. Tudo muito conveniente. Às vezes divertimentos compostos pelo próprio Sade, e bem convencionais, como a sua *Festa da amizade*. Mas o sucesso ficou mesmo com o teatro dos loucos e dos monstros. A Paris chique inteira acorreu para ver de perto o velho marquês obeso que fazia o papel dos galãs. De maneira pesada, decerto, mas mesmo assim ele roubava a cena das brilhantes e belas histéricas.

É, enfim, o sucesso. Ele fascina. Assusta. Sua reputação de monstro já é conhecida. Seu público gosta de sentir medo aproximando-se dele, gosta de se arrepiar jantando à sua mesa após o espetáculo. As pessoas o olham, cochicham, vangloriam-se de tê-lo visto: uma estranha fisionomia, um quê de extraordinário e de sinistro, os cabelos brancos, um beiço desdenhoso, o olhar de fogo. Junto a isso, grandes maneiras e muito espírito. Ele brilha. De um brilho sinistro, inquietante, de um fogo apagado que ainda arde, que ainda queima no olhar. Ele conseguiu. Seu nome vai se tornar imortal, ele sabe disso, escreve falando disso a seu filho. Ele, o encarcerado, o louco, o dejeto de sua família e da sociedade; aquele de quem as pessoas se desviam, de quem sentem vergonha; aquele que provoca a indignação, a repulsa e o horror, virou um negro fetiche, que, com seu brilho sombrio, atrai.

Ele continua a brilhar. Em Charenton, diante do que passa por ser o seu túmulo, ainda hoje é visitado. Homenagem póstuma aos despojos de um homem célebre? Não, o túmulo está vazio, é sabido. Reconhecimento da universalidade do nome Sade inscrito sobre a laje. O nome se confunde com a obra, com a criação. Através de sua obra, Sade se inventou. Criou seu nome. O nome, Sade, desonrado, proscrito, reprovado, o patronímico que ele conseguira tornar monstruoso, tornou-se imortal. O nome terrível nomeia uma parte íntima, secreta e universal de cada um.

Ele que foi um tão medíocre autor dramático, é o autor e o inventor de uma forma de teatro. Um teatro privado, masturbatório; um teatro didático, levando o ensino para um objeto muito novo, para uma forma de gozo até ali inaudita. Para essa propedêutica universal, e diferentemente de outros autores de crimes perversos, ele de modo algum oferece seus atos como exemplo, publicamente reconhecidos. Ele não oferece diretamente o modelo de sua vida, de sua determinação e de sua sujeição ao gozo. Sua vida, seus atos, de fato, são desrealizados, não passam de uma ficção, escrita por ele.

Não é também o caso dos outros autores de crimes perversos, ainda que sejam reconhecidos criminosos? Seus atos, quando aparecem na luz branca da cena, se irrealizam. O real, em presença do público, se teatraliza.

Na própria encenação do processo, o real, o objeto real do gozo assassino e perverso, passa à ficção. Pois, no que se refere ao real, ao real do pavor... Uma coisa é arrepiar agradavelmente de horror estando confortavelmente sentado na poltrona: é teatro ou cinema. Outra é experimentar o terror da presa.

Assim, Sade não se confessa à audiência pública. Se comparado aos criminosos célebres, aqueles que por seus crimes suscitaram a admiração horrorizada e adquiriram a imortalidade, ele faz má figura. Só lhe resta sua obra a propor. A qual foi posta no índex, proibida para publicação e venda. No fundo, ele foi o autor do crime perverso privado de público. E é também o universal autor do crime perverso. Conseguiu fazer para si um nome, conquistar a temível e rebelde *fama*, a reputação, a glória, não pelo ato do crime, mas por outro ato. Ele se escreveu, se fez gozo de escrito. A fantasia é encenada no escrito. O crime é teatro.

Sade permanece em cena, esteja ele em La Coste, na Bastilha ou em Charenton. Ele vive o seu teatro sadeano. Por isso é que seu público vê nisso apenas um sonho, uma encenação, uma fantasia tomada simplesmente por uma fantasia. Nenhuma vítima sobe nessa cena para perturbar o mecânico desenrolar lembrando-lhe a crueldade. O leitor é o único público, o espectador solitário. Não há outro protagonista, não há papel acessório, não há identificações auxiliares para ajudá-lo. Não há processo para liberar os afetos, para circunscrever uma culpa, para enunciar um erro. Sade e seu público ficam a sós, na intimidade da leitura. A sós nesse processo íntimo, a sós nesse espetáculo, deixado só diante de suas próprias reações, cada leitor aceita o papel que Sade, o seríssimo criminoso perverso, no segredo de um teatro masturbatório, o faz representar. Que papel nesse processo? Existem poucos. Na fantasia de Sade, há a voz da lei e há a voz do carrasco. A voz dos representantes da ordem, da moral, dos juízes e daqueles que enviam à Bastilha. E a voz que comanda e organiza os rituais destinados a extrair o gozo dos corpos.

Juiz? O leitor não deixará de fazer um julgamento moral e estético... o que é pelo menos razoável. Cúmplice? Ele não deixará de gozar de sua própria crueldade... e é difícil fugir dela. Sucessivamente juiz e cúmplice, o protagonista desse íntimo processo, em todos os casos, fica constrangido.

O efeito está garantido. Sade, o incontestável mestre de todos os sérios perversos, acertou em cheio.

Bem mais... Que fale em nome da lei ou em nome do gozo... Que se encarregue do dispositivo da manutenção da ordem e da condenação, ou que execute o dispositivo do assassinato.. Que seja juiz ou cúmplice, o protagonista de Sade é... um carrasco, um perseguidor. Não há escapatória. A voz do carrasco legal é a mesma voz que a do carrasco criminoso. Agora entendo melhor a relação de Sade com seu mundo, a de um Sade discreta mas realmente paranóico diante de um conjunto de personagens, pequenos ou grandes, que o atormentam. Não é sem relação com uma vontade de permanecer preso. Vontade deliberada, e não livre, pois parte ativa da fantasia, vontade inconsciente, vivida como a prova da vontade do Outro. Há, na provocação repetida, visada, de Sade para com as pessoas que encarnam a lei e têm o seu destino entre as mãos, um apelo franco à lei repressiva. Sou sensível a essa acumulação de acasos em que se revela a determinação secreta, em que se faz, na soma das coincidências, a soma de um destino. Sade, vítima do arbitrário, da injustiça, da incompreensão, da pusilanimidade e do puritanismo, da perseguição de sua sogra, de Bonaparte e das cartas do rei enviando-o à prisão, terá sido vítima de Sade, só isso. Ele é, mais que qualquer outro, e em todos os sentidos do termo, o autor de seu destino, que ele assina, tal um novo demiurgo, com seu nome. Não é também o que fascina tanto? Essa exigência de liberdade sexual, de liberdade sem consideração, sem limites, essa exortação furiosa, obsedante, essa intimação de gozar, de votar-se exclusivamente ao gozo... e uma vida de reclusão. Surpreendente paradoxo, e perfeita conjunção. A reivindicação da liberdade mais extrema se oferece ao aprisionamento.

Privado de seu processo, Sade suscita, todos os dias, o processo em que ele nos convoca. O processo de Sade não acaba nunca: reconstruções, biografias e comentários, defesas, acusações, profissões de fé... Sade sempre encontra seus advogados e juízes, e todas as espécies de defensores e de procuradores, sempre renovados. Nunca acabam de desculpá-lo, de condená-lo, de absolvê-lo, de proibi-lo de novo; de relegá-lo, de excluí-lo, de censurá-lo, de incensá-lo. Nunca acabam de julgá-lo. O público dos leitores é confrontado, convocado, ao espetáculo manifesto das encenações sadeanas e ao espetáculo latente do processo de Donatien Alphonse François de Sade.

Público e júri. Convocado, intimado a responder, em sua alma e consciência, à questão: "O que fazer com um *autor* como este?"

A questão é tão embaraçosa que é preferível evacuar: "Meu caro, isso é só ficção!"

O espetáculo, a festa, senão...

Não é espantoso reunir, com três séculos de intervalo, Gilles de Rais e Sade na paixão comum que tinham pelo teatro? Descobrir Gilles de Rais arruinando-se para patrocinar o *Mistério do sítio de Orleans*, e Sade arruinando-se da mesma forma para montar comédias em seus castelos da Provence? Encontrar Sade, em todas as épocas de sua vida, autor, diretor e ator, e esforçando-se com obstinação para apresentar as suas peças? Ao reconstituírem suas respectivas biografias, Bataille de seu lado, Pauvert do seu, sentem e ressaltam a que ponto seus dois heróis vivem para o teatro, a que ponto se dedicam a isso. Já avancei um pouco mais. O espetáculo, em Sade, se confunde, por necessidade, com a sua vida. Seria também, a esse ponto, o caso de Gilles de Rais? Ele foi, à sua maneira, um espantoso participante do *Sítio de Orleans*, já que se tratava de um episódio de sua própria vida; já que foi primeiro o protagonista real e histórico da batalha.

Paremos um instante nessa cena estranha: Gilles de Rais, herói da batalha de Orleans, assiste, como espectador, ao *Mistério do sítio de Orleans*. Onde está o verdadeiro Gilles de Rais? Será aquele que olha? Será o personagem que está em cena? Ele parece ter-se entregue a um trabalho de ilusionista cujo objeto é ele mesmo. Quem representa o marechal de França e companheiro de Joana d'Arc? Não é aquele que, no teatro, traz a armadura e a flâmula, e que traz também a significação? No entanto, Gilles de Rais é bem o espectador. Mas não é ele, antes, o personagem de cena, o dublê, que representa, aos olhos do mundo, o herói glorioso? Aquele que usa a roupa e a insígnia atrai todos os olhares, e Gilles de Rais não está ali onde acreditamos vê-lo. Verdadeira máquina de ilusão. Como no teatro da magia: a dama que acabamos de instalar numa caixa de papelão não está mais ali onde o nosso olhar a havia deixado; já está sentada em outro lugar. Sim, é de fato uma operação de escamoteamento que mantém, em Gilles de Rais, o personagem digno de ser exposto aos olhos do mundo, que o mantém em representação na sociedade dos humanos. Ele possui a fortuna, as fortalezas, o poder, ele *é* marechal de França. *É* um glorioso combatente. Dilapida a sua fortuna, liquida as suas fortalezas, e, portanto, arruina suas forças e seu poder, perde o seu poder social, seu peso no mundo de seus pares, sua presença na realidade de seu tempo, para dar festas e ser representado em cena por um dublê. Bem mais, ele é apenas o dublê de seu personagem. Jamais uma representação ilusória de si mesmo, uma imagem ideal de si, encontrada num inconsistente reflexo, foi levada tão longe. Por que, nesse ponto, esse desdobramento no teatro da ilusão?

E por que essa necessidade, comum a todos os nossos autores, de brilhar sempre, ao longo de uma vida, aos olhos de um espectador? Que desfile, como Gilles de Rais cercado de seus soldados e de seus clérigos fantasiados de saltimbancos... Que engane seu mundo, como Landru sob um disfarce... Que represente, na cena do mundo, o filho pródigo de família, como Sade... O autor-ator fascina por sua pose altiva, suas grandes maneiras ou seu maneirismo, fica à altura de sua dignidade e à distância de seu desdém. O reflexo falso, as maneiras arrogantes cobrem, no entanto, um patético segredo. Sob a armadura dourada do senhor de Rais, ou sob o hábito dourado do Sr. Cônsul Landru, que verdade se esconde? Essa questão, nós havíamos começado a encará-la. Ela é crucial. Ela introduz ao cerne do paradoxo. O que o dublê substitui? Que real o golpe de mágica escamoteia? Um objeto abandonado, desprezado, decaído e rebotalho a um só tempo. Um ser de decadência, de quem o Outro, de repente, se desviou. Isto é a base da fantasia fundamental de todos os autores de crimes perversos. Entendemos com Firmin, reduzido – no que reteve de um episódio de sua infância – a ser apenas um resto de carvão cinzento. Ele consegue dar vida a esse resto na cena de Pigalle, consegue metamorfoseá-lo num admirável Fênix, um generoso incendiário. Entrevimos com Gilles de Rais, órfão de repente privado de amor e abandonado à crueldade do mundo. Cada um de nossos autores precisou dar novamente uma significação ao rebotalho, torná-lo apresentável, vesti-lo de imaginário, idealizá-lo. E cada um se fez autor, e ator, e diretor, de sua própria ficção. Ele, esse dejeto, esse resto, esse objeto de desprezo e abandono, ele o (se) reveste, o (se) disfarça, o (se) veste. Então, com os outros, em sociedade, ele pode ter um papel. Ele só representa a si mesmo sob uma roupa de cena cujos fulgurantes reflexos e bordados dourados estão na medida de sua decadência primeira. Ele organiza o semblante, já que é sua realidade que está em jogo. Aí reside sua extraordinária força de persuasão: ele assume a encenação da comédia do mundo. Ele vive a sua obra, e vive em sua obra, e arrasta todo mundo para a cena. Não é também o que, inconscientemente, fascina nele?

Aí jaz, também, sua fraqueza secreta. Ele só brilha à luz artificial da cena, só sob as luzes da ribalta. Só mostra o seu dublê, e ele mesmo, por necessidade, só se representa como um engodo. Gilles de Rais só pode encontrar a própria glória se ela for levada à cena por um outro que o represente. Em outras palavras, a glória só pode ser significada através de uma simulação, e representada apenas por um simulacro. Agora entendemos o paradoxo: o brilhante proposto à vista sempre está marcado por um indício de semblante, de falsificação; mas ele resplandece ainda mais por ser um simulacro, espelha ainda mais por ser artificial.

Também podemos entender melhor, agora, a dupla função do dublê, do engodo: a de uma representação mais brilhante, e a de uma troca. Diante da malignidade do Outro, de seu desprezo mau, de sua indiferença mortal, é apresentado um brilhante e sedutor artifício; diante da exigência abusiva do Outro, é oferecido um subterfúgio. Escamoteamento do real de uma decadência sempre ameaçadora. O espectador, deslumbrado, fascinado, perdido, enganado, nunca sabe o que vê. E à medida que se esclarece, cada vez mais nítida, a função do simulacro, da troca, da encenação, uma questão surge, cada vez mais precisa: também não encontramos aqui o objeto que tomará valor de fetiche? O objeto, tão humilde que seria desprezível, a quem é dado um valor imaginário, a quem é acrescentada uma significação de desejo. Com efeito. A mesma operação de escamoteamento, na cena da ilusão, faz aparecer, aos olhos do mundo, a gloriosa imagem de um fascinante personagem (um ser de decadência!), ou surgir um fascinante fetiche (o mais repugnante dos restos!).

Proeza de ilusionista e escamoteamento inconsciente, pois o autor ignora o que está mostrando a um público que ignora o que o cativa. Como reconhecer de imediato, nos pobres *despojos* das mulheres mortas, ofertadas ao interesse apaixonado de um público de investigadores, a fetichista coleção de Landru? Quem adivinharia que Gilles de Rais propõe à contemplação, em *restos*, seu tesouro de vozes? No entanto, a simples evocação de um olhar exterior sobre seu estranho alinhamento de cabeças cortadas sidera; ninguém percebe o que brilha no negro fetiche de Barba Azul, seu tesouro escondido em seus subterrâneos, seus cadáveres que se refletem no sangue coagulado, mas eles hipnotizam. Em sentido inverso, como reconhecer, sem a análise de Firmin, o incendiário, nessa bela chama que se erige sobre o céu da noite, e para a qual todos os olhos se voltam, um resto repugnante, o *excremento*? E também o *cadáver*? Firmin, o incendiário, é aquele que, sem saber, diz com a maior precisão como tudo se articula e se agencia no maior rigor. Em segredo, ele primeiro oferece à mulher suas dejeções, e, num espetáculo grandioso e público, ele transforma a merda em significante do desejo: o repugnante dejeto se mostra fetiche do fogo. Mas também o carbono, a cinza, fornece o mesmo material, e, sobretudo, *o mesmo significante* para fazer a chama, objeto fetiche, e para fazer o imaginário Fênix, o personagem ideal, o incendiário.

Um subterfúgio metamorfoseia, num golpe de mágico, num mágico jogo de palavras, o que era apenas um dejeto, e que, por conseguinte, atrai e retém os olhares. Algo, um segredo mantido escondido, ressurge da vergonha e do desprezo, e nisso vemos, de repente, coisa bem diferente. O mesmo subterfúgio – o mesmo golpe de mágica, a mesma lógica que troca o rebotalho por uma significação de desejo – permite oferecer aos olhares a gloriosa prestação de um ser de decadência.

Infelizmente! É um simulacro que brilha! Sempre marcado de uma suspeita de impostura, deve resplandecer ainda mais. Continuar sendo, em cena, o centro das atenções, e deslumbrar. Fulgurar, vestir-se com uma roupa de reflexos dourados, cobrir a cena com um fastuoso cenário. Passar o Outro para trás, reprimir a sua demanda na profusão, cegá-lo ofuscando-o. Jogar-lhe nos olhos pó dourado. Diverti-lo com fogos de artifício! Comediante, e pródigo. Não me espanto que Sade seja, em sua juventude, dissipador sem freio e escandaloso. Que chame primeiro a atenção do pai por suas despesas impulsivas, sem razão, irreprimíveis. Que, em seguida, dilapide o dote de sua mulher com atrizes que também fazem o ofício da sedução, a Collet, a Beauvoisin. O dinheiro, como se queimasse, se espalha em cintilações de festa, fluxos de prazer oferecidos ao Outro: aos espectadores, às damas galantes, às prostitutas. Subterfúgio, aí ainda! Que ele se nomeie Sade, Firmin ou Gilles de Rais, o distribuidor e o ordenador dos prazeres, centro de todos os olhares, queima o dinheiro como ofereceria seu desejo e sua chama, como se se consumisse em seu furioso ardor. Fortuna paterna, dote da mulher, caixa do patrão... tudo é bom para queimar. Subterfúgio inconsciente em que o autor, arrastado numa irresistível impetuosidade, põe todo o seu ardor em seduzir seu mundo, e toda a sua boa fé em enganar a si mesmo. Quem pararia esse frenesi (como se interrogava com tanta justeza, com resignação, a sogra do jovem Sade)? Quem não suspeita aqui uma necessidade vital? Subterfúgio utilizado num primeiro tempo para divertir o Outro, isto é, para satisfazê-lo, e seduzir e enganar seu desprezo.

Com efeito, ao que a mulher quer é preciso bem responder. As cortesãs, a Collet, a Beauvoisin, para as quais Sade arde de paixão, são as atrizes ilustres de seu tempo. Comediante, e vivendo sobretudo de seus encantos, a cortesã, brilhante e mundana sedutora – *ela também sempre em cena* –, coleciona os ricos e nobres amantes, e os arruína. É a mulher ideal de Sade. Ele está louco apaixonado. Como dizer? A cortesã já é, em si, uma ficção. É a ficção ideal de Sade, como Joana d'Arc, donzela em armas, foi a de Gilles de Rais. O que falta a uma cortesã que (já) tem todos os homens a seus pés e a seu serviço? O que ela quer? Uma cortesã, isso faz parte do personagem, é uma comedora de diamantes. Junto dela, inútil se perguntar sobre o misterioso e inquietante desejo da mulher, procurar como satisfazê-la. Ela sempre está precisando de dinheiro. É o que ela pede a Sade. Só dinheiro. Quanto ao resto, ela tem tudo. Contanto que seja idealizada na cena mundana, já provida de numerosos e célebres amantes, ela nada tem a temer de Sade, muito pelo contrário. Ele pode satisfazer plenamente a sua demanda e a sua falta manifesta, e, arrastado por uma força compulsiva, ele a satisfaz com uma explosão de ouro, festas e jóias. A cortesã, vista no centro da representação gloriosa que dá de si mesma, da auréola de sedução que a nimba à luz de uma sala de teatro, evocando com sua mera presença um imaginário de desejo e de potência dos homens, é, para Sade, o que Fernande, a mulher da bela voz, é para Landru. Ele pode a ela somar o dom de uma jóia. Sade, como Landru (sobre o modelo de Gilles de Rais apaixonado por Joana d'Arc), pode *completar um Outro cuja falta é manifesta, mas que por outro lado já está provido, e por quem ele em conseqüência está apaixonado.*

Em cena, portanto, Sade se dedica freneticamente a satisfazer o Outro. Menos mau do que se poderia ter acreditado. Infelizmente ainda! A encenação do artifício, de que depende uma significação imaginária de desejo, é precária como um cenário de papelão, provisória como uma efêmera representação. Nem todas as moças públicas têm a felicidade de serem idealizadas nas luzes da ribalta. Uma mulher não é para ele apenas uma humilde prostituta, uma empregada? Uma mendiga? Ele a aborda na cinza da madrugada, numa pobre rua, na triste realidade daquela manhã de inverno, em 1768. A cortina está baixada, a luz mágica das festas da noite se apagou... Modestamente vestida, ela não é jovem, e suas maneiras são simples. Ele a leva. Essa mulher, desprovida de artifício, tem tudo a temer: de seu corpo ele vai querer retirar o que, então, só pode encontrar no real. E, cortando a carne, *tentará dela extirpar algo, atingir, objetivar o que do outro modo faltaria.*

Retornemos, por um instante, aos crimes de Jack, the Ripper nos bordéis de Londres, no miserável bairro de Whitechapel. Na realidade, ele não atacava uma Lulu, uma cortesã que embora idosa e murcha conservava, por convenção teatral, algumas insígnias do luxo e de uma eterna sedução. Ele, estranhamente, se voltava contra velhas prostitutas desdentadas, repugnante singularidade que, aliás, contribuiu para designá-lo como monstro. Assim, entendemos o que a sua raiva escolhe: uma mãe que arrisca ser vista numa realidade que evoca a castração. Contanto que ela interpele: "Vem, querido?", é preciso arrancar-lhe o invisível falo *que ela, no entanto, guarda*, para não ficar entregue a essa monstruosa e insaciável e devoradora exigência da mulher, a essa incestuosa exigência de uma mãe.

Adiantei-me um pouco, com esta entrada em cena da mãe, sobre o que vai nos revelar a análise de outro estripador, *monsieur* Bonfils*.

* Bom-filho. (N.T.)

Monsieur Bonfils

Chaplin fez questão de chamar seu herói de *monsieur* Verdoux. Esse "*monsieur*" é fiel à representação que Landru dava de si mesmo: distinto, ultrajantemente polido, sério e elegante. *Monsieur* Bonfils, como homem de nosso tempo, não usava mais nem chapéu nem gravata. Do *gentleman* ele tinha a educação, a cortesia, e uma maneira de se fazer respeitar. Nunca alcançará o renome de um Landru, mas a reconstituição de sua história, e o que disso compreendi, sendo seu analista, é uma contribuição essencial a meu estudo sobre o autor do crime perverso. Pensando também no Estripador, dei-lhe o prenome de Jacques.

Lei esquisita, mas lei

A porteira não o via mais entrar nem sair. Os amigos não o encontravam mais nos bares do bairro. Ele não atendia mais o telefone. Os que o procuravam encontravam a porta de sua casa sempre fechada. Os vizinhos do andar de baixo tinham ouvido barulho. Depois mais nada. Um cheiro se espalhava pelo patamar. A polícia acabou forçando a porta. O inspetor entrou primeiro, deu alguns passos e ficou imóvel. No chão do salão, alinhados, os pedaços serrados de um corpo. Depois os policiais empurraram a porta do quarto. No meio da peça, num balde, uma cabeça de mulher. Então o viram. Estava ali, sentado na cama. Olhava-os. Levantou-se com calma e os seguiu. Tinha ficado mais de uma semana trancado com os restos da amante.

Embora já não tivesse mais idade para estudar, passava por estudante, e era tão popular no prédio quanto simpático aos amigos. Era o vizinho que ajuda a velhinha a subir com as compras, o companheiro que procura ouvir e abre a carteira. Todos ficaram estupefatos ao vê-lo descer a escada algemado entre dois policiais, e ao saber o que motivava a repentina irrupção da brigada criminal no pequeno apartamento sob o telhado.

Monsieur Bonfils, acusado de homicídio voluntário, foi encarcerado na prisão da Santé. Lá passou alguns meses. Depois o juiz nomeou um perito psiquiatra. De acordo com o Código Penal da época, o perito deveria, ao fim de seu exame, apreciar se o acusado era responsável por seus atos e sujeito a uma sanção penal. Em outros termos, *monsieur* Bonfils seria julgado em tribunal do júri ou então, considerado louco, enviado ao hospital psiquiátrico? Tive, mais tarde, entre as mãos, uma cópia da perícia. Era curta, senão, sucinta. Não prestei, então, muita atenção. Depois conheci melhor Jacques Bonfils; não sei mais por quê, um dia pensei de novo naquele documento em seu dossiê. Reli-o. Dessa vez representei-me a cena com grande precisão: o encontro de *monsieur* Bonfils com seu perito.

Bonfils foi tirado da cela. Ele atravessa com um guarda o andar térreo da prisão. Acima dele, se levantar a cabeça, o empilhamento dos andares, até a vertigem, e as redes estendidas através do espaço para recolher aqueles que se jogariam de cima. E o barulho intenso, incessante, o eco das vozes, dos passos que ressoam, sobem ao longo das paredes, vibram e repercutem no vazio. Ele cruza com grupos de companheiros caminhando em fila, a passo lento, sob a escolta de um guarda. Levam-no diante de uma fileira de portas. Ele lê: padeiro, serralheiro, lavador. A última está sem inscrição. O guarda bate na porta e abre. Na prisão, tudo parece improvisado, como um campo militar montado às pressas, ao acaso da debandada, e uma cela serve de escritório. O psiquiatra o espera ali, sentado atrás de uma mesa de metal e de um dossiê espesso, deixado aberto, que ele estava lendo. O dossiê da instrução, o relatório de polícia. O cadáver cortado em pedaços, a cabeça no balde. O psiquiatra lhe pede para entrar e se sentar. Bonfils, pelos trinta anos, baixo e atarracado, ágil, o olhar negro e vivo, percebe a única cadeira e se senta negligentemente. O perito o considera e despede o guarda. Ficam sós, face à face, separados pela estreita mesa. Sentado bem empinado, morno e seco, terno, gravata e óculos, o perito. Um desses homens graves que simulam a seriedade na frieza e se identificam com a função que exercem.

– O senhor estudou – diz ele –, o senhor pode compreender o sentido das minhas questões.

Bonfils o fixa com seu olhar negro.

– Preciso de elementos da sua biografia – prossegue o perito.

– Minha biografia, doutor?

– Sim. Como o senhor vivia nos últimos tempos? Quem são os seus pais, são vivos, como foi a sua infância? Quais eram as suas relações com a vítima?

A enumeração acaba num rugido, num sobressalto, num rangido de metal; no corredor atrás da porta os carrinhos levam os contêineres de comida, a não ser que se trate do rodar da lavanderia. Bonfils aproveita para ficar silencioso. O perito dá uma tossidinha.

– Explique-me por que razões o senhor matou daquela maneira a sua amante.

– Só fiz, doutor, o que todo homem tem vontade de fazer.

Não sei se essa réplica os faz rir tanto quanto eu. Confesso considerá-la, num primeiro tempo, uma brincadeira de tendência agressiva. Mas era realmente uma brincadeira? Em todo caso, suas conseqüências foram imediatas. O perito, imediatamente, concluiu que *monsieur* Bonfils era esquizofrênico, louco, arquilouco, irresponsável, e que não sabia o que dizia. Abreviou o exame. *Monsieur* Bonfils foi enviado ao hospital psiquiátrico. Rápida maneira de livrar-se de uma questão delicada. Pois o perito, devo sublinhar, também acabava por pertencer à categoria dos homens. Estou sendo injusta com o meu confrade? É que eu teria esperado outra resposta de sua parte. Uma vez passado o primeiro momento de surpresa, ele poderia, se ouso dizer, ter engolido, talvez até ter sorrido, e perguntado: "Mas por que você o fez?"

E o advogado de *monsieur* Bonfils também riu? Ele se apegara ao cliente que visitava na prisão e com o qual conversava muito. Com certeza ficou surpreso com essa conclusão. Seu trabalho estava terminado. Desfecho imprevisto, e, de um ponto de vista realista, inesperado. Não haveria processo penal, em que pesava a ameaça de uma pesada condenação. Mas ele nunca pensara obter para seu cliente uma improcedência por demência e irresponsabilidade. Muito pelo contrário, até então preparava ativamente a defesa; para emocionar um júri popular, e, em busca de circunstâncias atenuantes, insistia:

– Aquela mulher... Por que não reconhece que a amava?

– Doutor, estou disposto a tudo para agradá-lo. Mas isso não. Eu não a amava.

Jacques Bonfils teria sido difícil de defender. Assassino sem remorso, sem culpa. Desprovido de sentimentos. Além disso, um certo desdém, e muito cinismo. Pior, ele não procurava ser defendido, não fugia da condenação, muito pelo contrário. A sociedade queria vingar-se e puni-lo? Nada mais natural. Seu advogado, ainda que não tenha tido de dar até o fim provas de seu talento no tribunal, de fato teve mérito, e tenho sempre um pensamento de reconhecimento a seu respeito. Pois, ao preparar a sua defesa, ele quis entender, achar uma causa ou uma razão para o ato criminoso, encontrar o humano sob o assassino. Ele foi o primeiro a tentar abalar a muralha de certezas, de silêncio arrogante e de solidão atrás da qual Bonfils se protegera. Conseguiu fazê-lo dizer que fora, muito cedo, criança, abandonado pela mãe. Sobre a base do amor não realizado, ele esboçou uma tese edipiana, fabricada às pressas mas não desprovida de verdade: Jacques Bonfils, ao matar a amante, se dirigira à mãe.

Essa brecha forçada, aberta aos trancos e barrancos no inconsciente, dispôs *monsieur* Bonfils, desde a sua chegada ao hospital, a um encontro com a "psicanálise". Acrescento aspas para indicar a soma das consideráveis dificuldades do que ainda vai ser, por muito tempo, uma exploração: a psicanálise de um autor de crime perverso. Aqui, mais que em outra parte, a cura corre reto na direção de grandes obstáculos, se é que começa. A profissão de fé, a certeza de Jacques Bonfils, já dão ao psicanalista a indicação de uma aposta no impossível: "Fiz apenas o que todo homem tem vontade de fazer!" Mas sejam quais forem os paradoxos e os limites do tratamento do criminoso perverso, o perito foi bem o único a ter pensado que Jacques Bonfils era simplesmente esquizofrênico. No hospital, mais ainda, num serviço destinado ao tratamento de psicóticos perigosos, onde todos os pacientes recebiam neurolépticos, nenhum médico jamais teve a idéia de prescrever a *monsieur* Bonfils um medicamento qualquer. Quanto aos enfermeiros... Eis ainda outra história.

Comecemos imaginando o quadro. Não posso fazê-los visitar o pavilhão, pois nele não se penetra sem autorização especial. É um serviço de segurança, inteiramente fechado. Um lugar afastado do mundo, bem no fundo de um hospital, protegido por um triplo muro; para lá chegar é preciso cruzar, um após o outro, os três círculos. Estou bem segura de que passaríamos pela prova, mas há ainda um problema: o médico repugna oferecer ao visitante um pequeno arrepio, um olhar enviesado, à distância prudente, sobre os doentes como sobre os ursos de um zoológico. Sim, o pátio de passeio é cercado por um fosso e por paredes de concreto. Eles lá ficam girando. Não imaginemos, mesmo assim, o cenário de *O Silêncio dos inocentes*! Nem grades nem muralhas, e, menos ainda, gaiolas! Nada espetacular. Atrás do muro, dispersadas entre as árvores de um parque, casas novas, locais de cores claras, banhados pela luz do dia. Cada paciente tem o seu quarto com janela e vista para fora. Nada assustador, portanto, mas as precauções, as portas que são uma a uma trancadas no pesado tilintar dos molhos de chaves, os alertas, impressionam. Mais inquietantes ainda, as paredes transparentes de vidro inquebrável que separam o espaço. Barreiras invisíveis. Vigilância onipresente. O lugar não é tão vasto para que nele coabitem, a qualquer momento, em paz, trinta homens, pacientes e enfermeiros. O medo, com freqüência. O perigo, às vezes. A loucura que surge, dolorosa, irracional, em sua patética violência. É preciso imaginar, então, a vida dos enfermeiros: escutar, tratar, ficar próximo, amigável, mas vigilante, e não correr riscos. Ser ameaçado às vezes, fisicamente, de fato, ser obrigado a dominar a violência, a do doente, e também a própria. E suportar o tédio, pois parece que aqui, quase sempre, não acontece nada. O espaço está suspenso no tempo infinito de um sono sem sonhos, com o tom angustiante, sem explicação, de um pesadelo.

Pode acontecer – oh, isso não foi previsto – de ser necessário abrir uma válvula de escape. A noite chegou. Os doentes são levados a seus quartos, na outra extremidade do pavilhão, eles não vão perturbar, estão trancados. Na sala de refeições, que parece com a cantina de uma pequena escola, os enfermeiros fazem a festa. Um porre, de verdade, entre homens. É claro, é estritamente, totalmente proibido, e até inconcebível. Mas imaginemos que isso aconteça... A bebedeira clandestina, a desforra sobre a dureza do dia, as histórias obscenas, o vinho que derrama, as canções, os gritos, os homens que acabam rolando para debaixo das mesas... Quem está ali, no meio de tudo, assustado com a cena, não voltando a si por ter sido convidado? *Monsieur* Bonfils.

A história é verdadeira, é claro. É engraçada? Isso o fazia rir. Também sorrio, não sem prudência. *Monsieur* Bonfils. Em sua companhia, os interditos são desafiados: "Fiz o que todo homem tem vontade de fazer." Menos bobocas que o perito, e sem saber muito por quê, os enfermeiros, em seu desafio momentâneo aos mais elementares regulamentos, reconhecem que Bonfils havia bem merecido estar com eles. Ele ria contando-me o episódio, mas com um riso espantado, surpreso, um pouco amargo. Desse riso que libera e rejeita a um só tempo, desse riso suscitado por uma sutil e agradável provocação, que, no entanto, desaprovamos. Desse riso cáustico que assinala um julgamento. Desse riso de prazer que cobre a indignação. Escandalosamente engraçado. Ele ria, e reconhecia o escândalo. Rimos disso juntos, mas eu não ria de bom grado. Eu me achava, por isso, cúmplice, com ele, de uma secreta desordem, e tão curiosamente isolada quanto ele, já que em nosso riso forçado, nosso reconhecimento do escândalo, éramos os únicos a reconhecer um interdito, no momento em que, nas vociferações de uma cena de bebedeira, na austera cantina de um pavilhão de hospital, ele acabava de voar em pedaços. Ele ria, não era inocente dessa cumplicidade com os enfermeiros, mas assim fazendo – é interessante, e até surpreendente – ele, o autor do crime perverso, era bem o único, em todo o pavilhão, que se apegava a uma lei.

No entanto, ele não ria quando jogou na cara do perito este estranho projétil: "Fiz o que todo homem tem vontade de fazer." Até o senhor, doutor! Tampouco fez o perito rir, teremos entendido. Esse breve enfrentamento merece que nele nos demoremos. O perito ignora que ele dá a réplica a um autor de crime perverso que, de antemão, lhe fixou seu papel: auxiliar da lei. Assim, ele só pode perder seu sentido do humor. Como homem respeitável, ele recusa – podemos compreender – deixar-se interrogar, dividir, por uma escandalosa questão. Ele guarda toda suspeita de curiosidade num dossiê rotulado "Loucura". Para ser capaz de rir disso, é preciso ser testemunha dessa cena séria, o espectador invisível do enfrentamento, da justa entre o criminoso e aquele que representa a lei. É preciso se fazer *voyeur*, espreitando a vacilação do perito. De que é feito esse riso? De um desafio, é claro, de um desafio escabroso. Para a testemunha ou o ouvinte, o perito, nomeado pelo juiz, fiador da boa saúde mental e caução da ordem moral (na realidade, não deveria ser de modo algum o lugar do perito, mas ele a isso se agarra nesse caso), está brutalmente desestabilizado. Ainda que só por um fugitivo instante, o instantâneo de uma questão. Será realmente aquilo de que o perito tem vontade? Cortar uma mulher em pedaços? Um insólito objeto bruto rápido como uma fagulha. Ora, vamos! É forte demais! É um dito espirituoso, uma brincadeira. E aquele que ri está, ele mesmo, dividido entre a indignação, o sentimento de ouvir uma provocação e o divertimento.

Um provocador cínico reivindica uma verdade escandalosa. Não é igualmente a atitude de Verdoux durante seu processo? "Até logo! Vamos nos encontrar. Vocês não são melhores do que eu!" O espectador poderia rir disso se não se sentisse tão maltratado. Noto, agora apenas, uma evidência: em seu processo, Verdoux se volta tanto contra os juízes quanto contra o público. Até amanhã, boa gente, no inferno. Ele se dirige ao procurador e ao presidente do tribunal. É muita cara-de-pau! Monsieur Verdoux tampouco está brincando. Nem Verdoux diante de seus juízes, nem Bonfils diante do perito pensariam em sorrir. Um e outro, impassíveis, visam bem no alvo, e lançam a flecha no coração da lei. Eles são tão sérios quanto Gilles de Rais, o degolador de meninos, quando tem a impertinência de erigir-se em educador em pleno tribunal. Gilles de Rais, então, dirige-se também a juízes. E que juízes! Os símbolos da ordem feudal e religiosa, o presidente, o bispo, o inquisidor. Gilles de Rais nesse instante faz surgir, escandalosamente, a voz do educador (a voz como ordem moral) sobre o fundo da voz do menino degolado (a voz como objeto do gozo). Fulgurância de um cínico dito espirituoso! Sinistra, e total inconsciente brincadeira! O ouvinte embasbacado, cego, desestabilizado, se libera num riso incongruente. Não tomamos cuidado com a inconveniência desse riso. Chaplin é bem o único a levar a sério, assumindo os riscos, a indecência cômica de um Landru e sua significação secreta.

Assim, o autor do crime perverso se revela um audacioso autor cômico. Esse paradoxo se verifica de Landru a Bonfils. E é com certeza para nós, seu público, mais escandaloso ainda que a nossa fascinação pelo sangue e o pavor, que conhecíamos desde sempre, desde os jogos da arena e o *Grand-Guignol* do bulevar. Prossigamos, portanto, nossa análise insólita do cômico escandaloso, pois estamos aqui tocando numa verdade sutil, profundamente recalcada. Estamos aqui no nó do paradoxo, no cerne do enigma proposto pela complexidade do monstro que é também um humano, no centro das paradoxais reações do público. Além disso, se prestarmos atenção no que nos faz rir, deixamos o lugar do espectador hipnotizado. Cessamos de olhar para escutar, e de repente escutamos uma surpreendente e estranha falsa nota: como a escuta o psicanalista.

Mas o que seria uma "psicanálise" se, por milagre, ela se visse diante de um autor de crime perverso? Uma psicanálise no hospital, no pavilhão fechado que vocês há pouco entreviram? Oh, seria, *a priori*, simples. Um tempo, um espaço que só existem pela fala: um tempo e um lugar quase virtuais, seja qual for o gabinete usado para as sessões, o local exíguo imprensado entre a sala comum e o pátio de passeio. Uma relação a dois, codificada. Um trabalho que se faz não só sobre o relato, mas sobre o dizer, não só sobre as lembranças, mas sobre o esquecimento, o recalque. Um trabalho sobre as formações do inconsciente, o sonho, o lapso, o ato falho. Cada palavra conta, e as lacunas contam tanto quanto o texto. O psicanalista aceitaria este desafio: vir em lugar do Outro do saber, diante de um autor que já sabe, um autor que não se faz perguntas sobre o enigma do desejo, sobre o que ele quer, sobre o que o Outro quer dele. Que já construiu, e de longa data, sua resposta sobre a sua relação com o mundo e seu lugar junto aos outros. Que não sofre dessa culpa que faz a neurose... e a psicanálise. Já é preciso que o paciente suponha uma causa inconsciente a seu ato. Que reconheça ao menos que algo de sua vida, de seu ato, lhe escapa. Um ato que lhe escape, e cuja responsabilidade ele, no entanto, aceita. Esse reconhecimento não é nem simples nem freqüente. Enfim, é preciso um psicanalista: capaz de prestar-se à transferência. Longe de consagrar apenas a fórmula de uso, longe de enunciar uma banal evidência, essa observação é aqui uma lembrança do real; é melhor sublinhá-la de antemão, e com tinta vermelha. Um acaso pode reunir e juntar essas condições necessárias, permitir ou produzir o encontro? Um curto momento apenas? Assim, não haverá mais, por um momento, nem espetáculo nem público. Para dividir com vocês um sorriso preso, um estranho espanto, não preciso mais convocá-los como espectadores, mas como ouvintes atentos.

Uma estranha caça ao tigre

– É estranho – me diz *monsieur* Bonfils –, esqueci o nome da rua onde, no entanto, morei durante oito anos. Encontrei aqui um guia de Paris, e tive de acompanhar com o dedo o trajeto que eu fazia a partir do metrô.

– E então, qual é o nome da rua?

– A rua Henri-François. Não sei quem foi esse Henri François a quem deram o nome de uma rua. É engraçado, dois prenomes.

– O senhor conhece alguém que se chame Henri?

Ele encontra vários, os descreve sucintamente. Nada, em nenhum desses Henri, que chame a minha atenção.

– E François?

Ele também conheceu alguns. Nada, tampouco, que me retenha. E aí, na hora de renunciar, o último...

– Um colega de escola. Estudávamos na mesma sala. Ele se chamava François. Mas não tinha nada de particular. Não posso realmente dizer nada dele. Ele não tem para mim interesse algum.

É então um dever, para o psicanalista, ser obstinadamente, e sistematicamente, curioso.

– François... Mas qual era o sobrenome dele?

– Ah... É estranho. Esqueci.

Na sessão seguinte, Jacques Bonfils me diz que fez um plano de sua sala na escola primária. As filas, as carteiras, e os alunos em seus lugares. Esforçou-se para fazê-lo. Encontrou, dessa maneira, o nome de todos os colegas. Assim, pôde...

– O senhor encontrou o nome?

– Encontrei. Infelizmente, não tem interesse algum. É um nome estrangeiro.

– Diga mesmo assim.

Um pequeno silêncio.

– Eu lhe asseguro que não é interessante.

– Justamente, diga.

Não chegarei a dizer que nesse instante estou morrendo de curiosidade, nem que espero algo sensacional. Mas me interessa muito conhecer o nome recalcado. Um recalque de tal força que ele arrastou no esquecimento, por associações inconscientes, o nome familiar de uma rua.

– Então?

– Ele se chamava François Hunter.

– Hunter!

A noite do caçador. *Manhunter*. A caça ao homem. O acossamento. As caças do conde Zaroff. *Hunter*. O caçador de homens e de feras. O predador sem piedade. A paixão feroz da caça. Eu não esperava tanto.

– Ah! – Disse eu.

E acho, imagino, que ele pensa como eu. Hunter. É ele! Ele sabe bem, ele melhor que qualquer outro, ele, o *hunter* de mulheres, que as esquarteja. É extraordinário, esse *hunter* surgido do recalque. Digo "Ah!", nada mais, mas é uma exclamação de júbilo!

– Não – me diz ele –, não. Eu era criança. Eu não falava inglês na época. Isso não queria dizer nada para mim.

– Mas hoje o senhor entende o inglês. Aliás... O que é um *hunter*?

– Um *hunter* – me diz ele – é um caçador de tigres.

Um longo silêncio.

– O que o senhor acha de um caçador de tigres?

– Um homem assim? Que caça tigres? Pessoas que caçam tigres pelo prazer? Se eu for obrigado a encontrar um, por acaso, no meu caminho... Prefiro não ter que cumprimentá-lo.

Nesse dia, olhei-o, estupefata. Ele não estava brincando, oh não, nem um pouquinho. O rosto arrogante, o busto jogado para trás, recuando, enojado, à idéia de cruzar com um *hunter* caçador de tigres. Era, lhes asseguro, o momento de ser prudente e sorrir. E ninguém teria tido a crueldade de rir. Considero, no entanto, que é uma verdadeira história engraçada. Imagino um Chaplin pondo em cena *monsieur* Bonfils: presidente de uma sociedade protetora dos animais, ele se dedica sem descanso a denunciar a caça, esgota-se em conferências, batalha sem trégua para proteger os tigres, enquanto, em segredo, esquarteja suas amantes. Aliás, com o mesmo estranho absurdo, *monsieur* Verdoux se esmera em assegurar o conforto de sua mulher ao mesmo tempo em que trabalha esquartejando mulheres.

Hunter! Caçador de tigres! O ouvinte, sem entender muito, ouve o absurdo, apreende o estranho deslocamento, o provocante paradoxo, renuncia a tentar entender, e pode rir dele. Ri da ingenuidade, da candura do esquartejador. Um homem que sentiu prazer esquartejando a amante fica chocado com a caça aos tigres. *Monsieur* Bonfils, o esquartejador de mulheres, cobre-se com um véu de inocência que ele parece ter recebido de Gilles de Rais, o degolador de meninos. Rimos da duplicidade dos dois. Encontramos, uma vez mais, essa boa força clássica do cômico: Gilles de Rais em cena se erige em modelo de virtude, mas o auditório pode zombar de sua lição. Já no caso de Gilles de Rais, trata-se de uma duplicidade inconsciente. E é o que suscita nosso riso assustado.

Um caçador de tigres? Não cumprimento essa gente. Desdobramento? Duplicidade inconsciente? É também um verdadeiro jogo de palavras. Levei um certo tempo para compreendê-lo. Outros elementos trazidos mais tarde na cura encontraram seu lugar e me permitiram uma leitura retrospectiva dessa seqüência. É simples, mas muito preciso. O caráter maciço do recalque (lembrem-se por quais esforços técnicos, da parte dele como da minha, o recalque pôde ser, mesmo assim, suprimido) assinala a identificação inconsciente. O que, pois, esse significante recalcado, *hunter*, sob o qual ele não se reconhece e que o representa? Um caçador de tigres. *Hunter*, o caçador, representa o sujeito do inconsciente junto ao tigre. Em outras palavras, Jacques Bonfils é representado pelo caçador, *hunter*, e pelo tigre. Ele está entre os dois. É um para o outro. É caçador-tigre, tigre-*hunter*. O que isso quer dizer?

Ele caçador-tigre. O tigre, como sabemos, é um grande, feroz e orgulhoso caçador. O tigre também é um *hunter*.

Ele é tigre, e, ele nos disse, há seres que caçam e acossam o tigre; *hunters*, ferozes, sem piedade, que tomam o tigre por presa e que nisso sentem prazer. *Hunters* que gozam da presa tigre. Só há tigre como presa se houver, junto ao tigre, um *hunter*.

É preciso reconstituir o jogo de condensação de palavras do inconsciente, apreender que junto ao *hunter* recalcado é o tigre que o representa, *o tigre que é a um só tempo caçador e caçado*. Jacques Bonfils, e é isso que é magnificamente recalcado, é um tigre.

Eu o tomava por um bicho feroz? Ele o é também. Mas o que levei muito tempo para entender, o que é seu inconsciente recalcado, o que ele ignora... é isso o essencial, que o liga ao *hunter*: ele também é o bicho acuado.

Hunter, o significante recalcado, é associado ao tigre. E tigre é uma palavra de duplo sentido. Tigre condensa o predador e a presa. Sob o predador manifesto, a presa. Aparecendo na dupla face do significante, o sujeito se divide entre tigre e tigre, predador e presa. É de fato um jogo de palavras, um jogo de palavras sério, que não compreendemos, que dá esse estranho tom cômico. Não o apreendi, é claro, no momento em que o ouvi. Nesse jogo de palavras fabricado à revelia do sujeito, nessa verdade condensada, nessa condensação de palavras que faz o sujeito do inconsciente, Jacques Bonfils teria ficado muito surpreso nesse dia por se reconhecer.

O sujeito caçador, *hunter*-tigre, está dividido pelo objeto presa, e a fantasia inconsciente que liga os dois oscila, alternativamente, do sujeito ao objeto. Jacques Bonfils oscila alternativamente, de maneira reversível, entre tigre e tigre, entre o caçador e o bicho acuado. Como todo mundo, Jacques Bonfils não sabe o que diz. Mas não diz qualquer coisa, muito pelo contrário. O absurdo aparente, o *surpreendente paradoxo* respondem a uma lógica rigorosa e impositiva, a da fantasia inconsciente. E é isso que dá também a nota cômica, esse aparecimento do inconsciente, do *objeto* da fantasia.

Ele não sabe o que diz. Mas não é tão engraçado. Pois Jacques Bonfils também foi uma criança abandonada pela mãe, e, por conseguinte, uma presa. Presa entregue sem defesa ao capricho, ao prazer mau de um pai louco e sádico.

Com Jacques Bonfils, encontramos ainda Gilles de Rais. Quando Gilles de Rais, o degolador, de repente vira preceptor, e que se faz o fiador da educação de nossos filhos, não acreditamos no que ouvimos. Só ouvimos a provocação, o desafio. Gilles também, ao falar, ignora o que diz. Ele oscila alternativamente, instantaneamente, entre o matador feroz e a criança abandonada. Ele fala em toda inocência! Nesse instante, nele fala a criança privada dos pais, o órfão não educado, entregue ao comando de um tutor cruel. O menino que foi submetido à voz feroz de um educador bem singular, Jean de Craon.

Encontro agora o *Gilles de Rais* de Blaise Cendrars. Solicitado a escrever uma peça para o rádio, Cendrars de fato concebeu um roteiro fiel a uma documentação histórica muito precisa: Gilles está na prisão, nos últimos dias de sua vida, só, na véspera de sofrer a tortura da Inquisição. Em sua cela da Torre Negra, ele reviu, numa noite de insônia, suas lembranças. Pede vinho ao carcereiro, e na lucidez angustiada da embriaguez voltam-lhe à memória as vozes do passado. A voz de seu tutor e a de Joana d'Arc, e a do Inquisidor e a do demônio, misturam-se num poema de lembranças alucinatórias, pontuado por sinistras e sardônicas gargalhadas. Ele reencontra a infância e a voz de sua ama. Ele foi um menino doce e tímido enquanto viveu junto dela. Depois... A voz terrível, assustadora, de Jean de Craon:

– Lobo! Você tem de virar lobo!

Os lobos também são objeto de caças sem piedade e de batidas. O cômico involuntário do autor do crime perverso me levou bem mais longe do que eu esperava, ali onde o real não faz mais nem um pouco rir: o matador, o bicho feroz, o monstro, o tigre, o lobo, também é um bicho acuado.

É precisamente a verdade encenada por Fritz Lang em o *Sr. Maldito.*

O Sr. Maldito

O roteiro de o *Sr. Maldito* se inspira de muito perto no caso histórico de Peter Künster, o Vampiro de Düsseldorf, que semeou pânico em sua cidade em 1929. Fritz Lang escolheu ilustrar uma atualidade que lhe era estritamente contemporânea. O filme foi rodado no ano mesmo da condenação à morte de Peter Künster, em 1931.

Sobre o modelo de alguns de seus predecessores, o Vampiro fizera participar de uma angustiante investigação, habitantes enlouquecidos, diariamente informados pelos jornais; os crimes se sucediam sem descanso na cidade, entre eles, quase na presença deles. A polícia, assediada por cartas provocantes, sempre chegava tarde demais para descobrir corpos de meninas que haviam sido mutilados com tesouras. A população, aterrorizada, caiu numa síndrome de delação, de denúncias anônimas. Cada um reconhecia o Vampiro na porta do vizinho. Recorreu-se oficialmente à vidência para localizar esse criminoso que desafiava o humano (ele, com certeza, aparecia, inconscientemente, como a encarnação maligna de forças sobrenaturais). Como autêntico autor de crime perverso, o Vampiro praticamente se denunciou. Quando vieram prendê-los, os policiais descobriram um "senhor", de terno completo, gravata, feltro cinza, sapatos impecavelmente engraxados. Casado, além disso, e operário consciencioso, cortês e reservado. Exemplo típico e impressionante do monstro, escondendo, sob uma sociabilidade de superfície, a desumanidade mais flagrante e a mais incompreensível.

Com efeito, na escala da monstruosidade, o Vampiro encarna um caso dos mais repugnantes: aquele que ataca crianças, o protótipo do louco, do grande perverso, com o qual ninguém pode se identificar. Por isso Fritz Lang decidiu para nós, espectadores, uma outra identificação: com as vítimas. Impôs isso desde o início, com grande coragem, desde as primeiras imagens. Um menina abordada na rua, tentada por balas, uma bola, levada por uma silhueta de homem. E a sala de refeições do lar onde a mãe a espera, como todos os dias, para o almoço. A mesa está posta. A mãe olha o relógio de pêndulo. A menina está demorando. A hora passa. A mãe abre a porta, olha a escada, chama, num grito, a filha. Seu desamparo, cuja abismo ela ainda não conhece, nos aperta. Sabemos que a menina não voltará nunca mais. Esse curto prólogo nos precipita num único instante, transtornados, no cerne da ação. Essa abertura dramática, pungente, impõe seu tom de angústia a tudo o que vai se seguir. Não veremos de novo essa mãe, mas guardaremos essa identificação com os pais ao longo do filme.

Assim, o *parti pris* de Fritz Lang se afirma sem concessão: os espectadores enfrentarão um monstro. Ao mostrar a angústia e o sofrimento de uma mãe, ele isola, reparte e separa radicalmente o temor e a piedade. Piedade extrema, dolorosa, para com as vítimas. Temor extremo, angustiante, em relação ao monstro. Ao longo das perambulações do Maldito no nevoeiro das ruas de Berlim, sentimos medo. Nós conhecemos a ameaça, nós a vemos sob a forma de uma silhueta rondando as ruas. Gostaríamos, como no teatro de marionetes, de gritar: "Cuidado!" A criança escapará do monstro, a presa do predador? É a única força dramática. Nesse suspense, o Maldito e seu espectador se opõem. O espectador, em silêncio, com todas as forças, busca se opor a ele. Só deseja uma coisa: que o Maldito seja preso.

Nenhuma identificação, portanto, do espectador com o monstro. A escolha do ator disso participa. Peter Lorre se deu uma presença mórbida, uma moleza malsã, inquietante. Suas roupas, o sobretudo e o chapéu que o escondem, participam desse mal-estar que experimentamos ao ver um ser intimamente diferente. Ver? Não há nada de muito singular a ver. A não ser a proeza do diretor e do ator. Eis nas ruas um homem, em suma, ordinário, vestido banalmente, que não se descobre – nos dois sentidos do termo –, que, no entanto, evoca o anormal, o diferente, o estranho. Nada, no entanto, nos é mostrado. Até o fim, não é feito apelo nem a nossa complacência nem a uma qualquer cumplicidade ou gozo equívoco. O prólogo da angustiante espera de uma mãe terá bastado para dar todo seu sentido a uma silhueta sombria, de sobretudo e chapéu, que ronda numa luz cinza, no lusco-fusco. Nada mais.

O Maldito é apenas entrevisto, nas ruas da cidade, na penumbra dos crepúsculos precoces de inverno, à luz dos postes de luz que treme na garoa. É outro achado. Ele nunca é mostrado em sua intimidade. Nunca nos é mostrado um gesto que revelaria um pouco de personalidade. Ele é aquele que só é conhecido de fora. Ele é, na rua, o vagabundo matador de crianças. É, na cidade, o caçador. Está identificado, estritamente, com seu papel e sua função de caçador, de predador. Não tem outra vida, outra preocupação, outro desejo, outro tormento. Recomeçar, de novo, a caçar, a acossar, a matar. Sua vida é uma caça, um acossamento. E todo o filme é esse acossamento do Maldito nas ruas de Berlim.

Eu não pensava estar tão próxima da realidade. Pois, no mesmo momento, ele está sendo acossado. Todos os policiais da cidade, que estão no seu encalço, e logo toda a cidade, e nós, todos os espectadores, que esperamos por sua prisão... o acossamos. Assim, o filme começa a colocar o espectador na lógica de uma dupla identificação, sem que ele se dê conta disso. A um só tempo, presa (a criança inocente, acossada sem querer, pela qual ele ainda teme, que ele queria salvar das garras do monstro) e caçador (aquele que segue o rastro da fera). Admirável roteiro! O Maldito se tornou objeto de nossa perseguição. O tigre, esse caçador esperto e cruel, o predador matador de crianças, também é esse animal cuja caça começamos. Aqui estamos nós também determinados à esperteza e à violência para vencê-lo. O Maldito, de predador tornou-se caça. O espectador, inicialmente presa, mentalmente virou caçador. Estamos autorizados a espiar o monstro, a seguir a sua pista, a desentocá-lo; a conseguir o reforço de tiras e intermediários de duvidosa reputação. Enfim, estamos dispostos a tudo para nos livrar dele, sem outra forma de processo. Cena de caça legítima.

Os protagonistas desse filme espantoso, os que participam da caça, na pista, não são tanto personagens quanto entidades, grupos. A polícia, é claro, mas também a bandidagem, e até a organização dos mendigos. O

Maldito é um monstruoso enigma que todos os componentes da sociedade enfrentam, e até as organizações associais. O papel da bandidagem é essencial à seqüência da ação. O roteiro disso nos dá, como convém, uma explicação simples e plausível: o Maldito ameaça o meio cujos negócios periclitam, pois os controles policiais se tornaram incessantes. Ele, aliás, toma emprestado de outro crime histórico: em 1904, a bandidagem de Berlim assassinou um "Ogro", Theodor Berger. Sob esse discurso manifesto ouço, no entanto, uma significação mais profunda. Os facínoras e o Maldito nada têm em comum. Sejam contrabandistas, proxenetas, ladrões ou criminosos, os malfeitores não têm solidariedade alguma com um monstro. Os bandidos são um grupo interno à sociedade, jogam com as leis despistando-as. O Maldito, ao contrário, é exterior a qualquer comunidade humana, estranho a qualquer código. Mesmo a essa comunidade dos fora-da-lei, que se define por sua relação específica com a regra do jogo, o Maldito não pode pertencer. A bandidagem, sociedade de malfeitores, é uma simples organização da delinqüência, e não a sociedade do Mal.

O Maldito, este, não é uma ameaça para a organização social. O Maldito é uma ameaça para o Humano. O Maldito é a própria maldição. O Mal. Ele não usa outro nome. Sr. Maldito.

Que maldição? O pecado? O erro? Não. O mal interno ao homem. O Maldito está às voltas com forças violentas, destruidoras, e íntimas. Ele age. Continua, prossegue, recomeça, irresistivelmente. E quando nele ressoa a musiquinha mecânica, refrão da imposição, alarma da pulsão, ele se põe em marcha feito um autômato. A melodia repetitiva, aquelas poucas notas que ele começa a assobiar bem alto, contra a vontade, no momento em que a pulsão o chama, toda vez que vai passar ao ato, é também a voz do comando que o chama com um assobio. A musiquinha do comando o chama com um assobio, e ele obedece. E, para os espectadores, a repetição compulsiva, a força obscura que move o criminoso, a ordem à qual ele se submete, a iminência da passagem ao ato se reconhecem nessas poucas notas assobiadas, nesse irrisório ritornelo, que se torna angustiante alarme. Materializar a voz do inconsciente, torná-la audível, perceptível ao espectador, é um achado tão verdadeiro, tão simples no fundo, tão evidente e tão profundo, que é uma invenção de gênio. Em seu rigor, o roteiro de Fritz Lang guarda uma lógica de surpreendente beleza: é um cego, o mendigo das ruas, o vendedor de balões, que acabará identificando o Maldito e reconhecendo-o. Não aquele que olha, mas o que escuta.

Contra o monstro, o Maldito, a encarnação do Mal, o acossamento então se organizou. Os facínoras se tornaram os aliados objetivos, realistas, da polícia... e dos espectadores, tranqüilizados e satisfeitos por poderem contar com esse reforço suplementar. Contra o Maldito estreitou-se solidariamente a aliança de todos os grupos, inclusive o dos espectadores. E enfim... Ao fim da perseguição, do longo acossamento, da batida... o Maldito é desentocado. No centro desse cerco pela polícia, pela bandidagem, pelos mendigos e pelos espectadores... nós o temos. O Maldito está cercado, acuado, contra a parede. É a hora do encarne. Uma multidão se prepara para linchá-lo.

O que vai então acontecer? Imaginamos que nesse momento final o Maldito seja linchado... Não sairíamos do cinema enojados, cheios de repulsa? Assim acaba o *Frankenstein* de Whole, que curiosamente foi filmado no mesmo ano, em 1931. Frankenstein também mata uma criança, mas por falta de jeito, por ignorância. A boa consciência sádica de Whole (alegremo-nos, com uma multidão extasiada, por ver grelhar e queimar vivo um monstro que nada tem de comum conosco) é tão assustadora quanto aflitiva. Vemos nisso, desencadeado, o furor das multidões unidas contra o que a elas é estranho.

Imaginemos, então, ao contrário, que o roteiro se contente com a prisão do Maldito. A polícia o cerca, lhe passa as algemas e o leva. Fim. Mas por que esse filme? – nos interrogaríamos, perplexos e pouco à vontade.

Assim, é o surpreendente desfecho decidido por Fritz Lang que justifica seu filme e nossa presença enquanto espectadores. Peter Lorre, nesse derradeiro momento, está só diante de uma multidão que vai fazê-lo em pedaços. Mostrado como um animal acossado, acuado, ele está, em todos os sentidos do termo, descoberto. A fera está descoberta, o predador se descobre presa. Seu chapéu caiu, e vemos em close, nu, um rosto. Acontece então um verdadeiro golpe de teatro. De repente, diante desse rosto nu, diante de seu medo... Diante da angústia, da miséria desse rosto acossado, vemos, de repente, a angústia e a miséria de um homem. Cada espectador, então, se torna novamente único. Cada um por si deixa o grupo dos espectadores, a malta dos caçadores. Cada um é confrontado com sua própria emoção. Cada um experimenta piedade. Nesse derradeiro instante Fritz Lang nos retira nossa identificação ao grupo. Ele, no entanto, a quisera, organizara e obtivera, a identificação com os acossadores capazes de virarem linchadores, bestas ferozes. Ele daí nos desaloja.

Momento intenso, e admirável inversão. Inversão, não da ação, mas dos sentimentos e dos afetos. Golpe de teatro do qual somos o protagonista. Tensos ao extremo, mas mantidos até o fim nos limites de uma tragédia clássica, nosso temor e nossa piedade, trocando de objeto, liberam o desfecho... O monstro se descobre presa, e nós, nós nos descobrimos humanos. Suspendemos o gesto que ia, não só na satisfação da vingança imediata, mas no gozo da caça e do assassinato, fazer correr o sangue. Renunciamos a esse terrível gozo de matar. O Maldito será entregue à justiça, e não linchado. Essa injunção, lançada pelo delegado de polícia que surge *in extremis*, cai sobre a multidão e a segura. Esse fim, em si, já é pacificador. Suspiramos, com imenso alívio.

Não está, no entanto, inteiramente acabado. O delegado acrescenta: o Maldito é um doente.

Quando evoco esse momento, esse desfecho do filme de Fritz Lang, sempre fico emocionada. Parece-me que ele é portador de esperança, de uma derradeira esperança, em 1931. Pois essa asserção do delegado, e de Fritz Lang, implica que o Mal absoluto não existe no humano. O Mal, quando atinge essa intensidade, essa aberração, é o fato de um mal-humano, de um doente. Loucura. Demência. Essa declaração lembra que se um monstro não é humano, é bem porque o humano não é monstruoso. Não peçamos contas, não peçamos nem para se explicar nem para expiar àquele que não pode responder. Os monstros não tem a ver com a justiça, que só pode julgar o humano. E para o que pode existir de monstruoso no humano, tratemo-lo. O Maldito, em sua parte monstruosa, não é humano. Uma sociedade de humanos não pode exigir que o punam. Profissão de fé humanista, brandida com grande força por Fritz Lang: *o humano não é monstruoso*. Voto, lançado como um grito, que o real da história se encarregará de desaprovar, dois anos mais tarde, já em 1933.

O homem não é um monstro. Com efeito, é este o voto de Fritz Lang, que faz um filme sobre ele. Aliás, seu filme, feito um pesadelo em que apesar de tudo se lê o desejo do sonhador, acaba como um sonho. E como se, ao preço de um esforço doloroso, inconsciente, tivéssemos finalmente conseguido não berrar de pavor, infletir no último momento a trama do que primeiramente se apresentava como um longo pesadelo, saímos da sala de cinema finalmente aliviados, e felizes.

Qual terá sido, no fim das contas, o outro protagonista do relato? O público. Nós, espectadores, com as nossas reações, os nossos sentimentos, abalados, intensos, desempenhamos, no filme e em seu desfecho, o papel essencial. Protagonistas, e não *voyeurs*. O tempo todo não terá havido, para o *voyeur*, nada a ver. Apenas a prova de força de uma inteligência admirável a serviço de uma fé mantida, apesar de tudo, na humanidade. Nenhuma complacência com o gozo da crueldade, nenhuma cumplicidade com o Mal. Fritz Lang é o maior autor que ousa enfrentar, bem de frente, a verdade da criminalidade perversa. Nele, não há o menor rastro de compromisso com a perversão. Ele ousa, sem rodeios, sem se servir de qualquer artifício, sem ceder a qualquer facilidade, fazer, com todo rigor, uma obra essencialmente moral. Na última extremidade *o espectador*, o protagonista essencial do *Sr. Maldito, se reconhece humano.*

O tribunal alemão que julgou Peter Künster ficou longe de partilhar as convicções de Fritz Lang. Como muitos outros, ignorou que a monstruosidade dos atos também defendia a irresponsabilidade da loucura. Não considerou que o acusado também fosse vítima de inconscientes e irresistíveis forças. Enfim, os juízes afastaram tudo o que tivesse podido aparecer como circunstâncias atenuantes. Mesmo assim, Peter Künster, que na audiência contou com orgulho seus crimes, também fora uma criança maltratada, marcada pela violência paterna; precisamente ele fora, criança, testemunha do estupro de uma das irmãs pelo pai alcoólatra. Com efeito, assim pode se construir para um menino, na infância, uma monstruosa significação paterna que contribuirá para fazer dele um monstro.

Esses traumatismos que tecem e amarram um maléfico destino, vamos poder reconstruí-los com grande precisão através do caso de Jacques Bonfils.

Um bom filho

A criança caçada

Deixamos *monsieur* Bonfils, tigre e caçador, no momento em que, para nossa surpresa, ele, sem querer, revela-se o objeto e o alvo de uma caça sem piedade. Sua fantasia inconsciente o faz oscilar alternadamente entre o bicho feroz e o bicho acuado. O admirável *Sr. Maldito* joga precisamente com essa oscilação, na fantasia do autor do crime perverso, entre o sujeito e o objeto. Mostra como nós, seu público, somos arrastados, captados no mesmo movimento de balança. O Maldito, na penumbra das ruas, é o predador de crianças, o tigre caçando em seu território noturno, e nós, o público, nos identificamos com a sua presa, com a vítima angustiada, aterrorizada. À medida que o filme vai passando, que a cidade se defende, que uma batida se organiza, a presa se faz caçador e o caçador se torna presa. E o felino da sombra, o Maldito, de repente se revela, em plena luz, um bicho acuado. Com Fritz Lang, o predador feroz, tornado animal forçado, acossado, objeto da vindita popular, cessa de dar medo. Dá pena.

Se Jacques Bonfils tivesse ouvido que podia dar pena... ele teria dado de ombros, teria rido. Ele se construíra ao avesso da compaixão. Sua recusa de ser objeto de compaixão datava de muito tempo. Uma escolha, de certo modo, que se decidira na infância, em circunstâncias bem particulares, e seu destino, por conseguinte, seguira a sua escolha. No entanto, ele esquecera tudo da infância. Com uma única e tardia lembrança, sua memória começava no momento em que a infância acabava. Uma lembrança muito breve, de tom estranho. Beira de um fosso, condensação de um abismo de esquecimento, único resto e indício de um passado para sempre recalcado, permanecendo eternamente presente, essa lembrança se conta e se enuncia, para sempre, no presente.

Ele tem oito anos. É o dia do casamento de sua mãe. Alguém lhe diz:

– Você agora não poderá mais ficar com a sua mãe.

Só isso. Gravada, nítida, precisa, essa única frase. O casamento da mãe? Seu novo casamento. Essa única porta aberta sobre a memória se fecha sobre o passado, para sempre, parece. Uma lembrança isolada, boiando, à flor do esquecimento, como a imagem que permanece só de todo um sonho profundo. Uma lembrança-tela, tal como o nota, bem precisamente na enunciação de uma biografia, o psicanalista. Quase sempre é uma imagem sem palavras, que tem a fixidez de uma foto. Aqui, é uma frase sem ilustração, conservada como um texto. Uma cena apreendida, impressa para sempre. Toda uma história reduzida a um clichê, todo o fluxo das palavras congelado numa linha gravada. Um clichê, um enunciado, remanejados, retrabalhados pela subjetividade, reconstruídos. Uma lembrança assim, que costumamos esquecer que foi transcrita e deformada pelo copista, pelo guardião da memória, também contém toda a verdade da construção inconsciente. "Você agora não poderá mais ficar com a sua mãe." O enunciado parece límpido, mas a sua clareza mascara que o texto foi reescrito, e que guarda, como um enigma, uma das chaves do destino.

Você agora não poderá mais ficar com a sua mãe, eis, primeiramente, o que o menino de oito anos pôde dizer a si mesmo. A história? Em suma, banal. A mãe, divorciada, ainda jovem, casa-se de novo, e, plena de seu novo amor, prefere enviar os filhos (ele tem uma irmã) para a casa do pai deles. Mas ele, em seguida, forjou a sua versão, à qual vai se apegar: ele escolheu partir, deixá-la, impôs ir viver no interior junto do pai.

Deixem-me por um instante prestar atenção. "No dia do casamento de minha mãe" soa de modo estranho. Teríamos esquecido a existência de um primeiro casamento, de um precedente marido da mãe, que é também o pai da criança. De quem a mãe acaba de se divorciar? Pois é ele, o menino, quem, por conseguinte, deixa a casa. Ou ainda, com quem a mãe vivia até ali? Mas, já, essa ausência de queixa. Esse início de desafio. Essa reivindicação de responsabilidade. Foi ele quem escolheu ir viver na casa do pai, é esta a sua verdade subjetiva.

Muitos anos mais tarde, já adulto, reivindicando-se tanto dono de seu destino quanto responsável por seus atos, Jacques Bonfils não deixava de ter dignidade. O advogado encontrou, na prisão, um homem altivo; seu cliente não era do gênero a pretender tirar partido de uma infância infeliz. Orgulhoso demais? Sua frieza tingida de desprezo lhe teria alienado qualquer júri. E depois, a sua vida, se tivesse sido reconstruída na audiência ao longo dos depoimentos, não o teria defendido muito. Seus últimos anos de liberdade tinham sido dedicados ao prazer, às inumeráveis amantes e à bebida. Exclusivamente. Imaginem se a corte teria se identificado com a devassidão! À insolente reivindicação de uma liberdade sem freio! Seu advogado, no entanto, fez questão de ordenar numa certa lógica essa vida desordenada, de construir uma biografia, de exumar sentimentos. Jacques Bonfils pretendia nunca ter amado? Pois bem, entrando a propósito no sentido do paradoxo, o advogado reconstituiu o excesso de amor, o amor perdido. Começou a esboçar uma significação do ato assassino: não só Jacques Bonfils sempre convivera com mulheres mais velhas que ele, mas, sobretudo, vivera um verdadeiro amor com uma mulher mais velha e casada. A ruptura o precipitara no alcoolismo e no desregramento. Enfim, a mulher que ele acabava de matar era uma mãe que – ela também – se divorciara e abandonara os filhos com o pai. Doutor, meus cumprimentos!

Insisto um pouco na singular relação que *monsieur* Bonfils mantinha com as mulheres, na diferença entre as aparências de um comportamento e a realidade subjacente, a verdade escondida. Ele se entregava ao alcoolismo e a uma sexualidade sem freios. Era esse o seu comportamento manifesto. Qualquer juiz teria se contentado em constatar isso. Ele, o que dizia disso? Contanto que se queira bem ouvi-lo, não inteiramente o que teríamos suposto. Ele insistia no fato de que nunca pedira nada a quem quer que fosse. Sempre se limitara a responder à demanda do Outro, fosse quem fosse, deixando-se flutuar e levar por uma corrente vinda de outro lugar e cuja direção lhe era indiferente. Sequer escolhera o que estudar, e prestara os exames sem se preocupar com os resultados. Não quisera nada, nunca, nem nada decidira. O álcool, e, segundo o que dizia disso, seu duplo efeito de embrutecimento e de excitação, a renúncia a qualquer vida pessoal, a qualquer projeto, garantiam sua inteira e constante disponibilidade para as mulheres. Toda a sua vida sem desejo, todo o vazio de seu tempo estavam a serviço delas. Ele não se dedicava ao prazer, ele se devotava ao gozo delas. Não multiplicava as conquistas, tinha de se dividir com todas. Pensam que era preguiçoso e aproveitador? Um forçado. À sua maneira, um Landru, um Verdoux, ciscando sem parar. Submetendo-se, como Landru, ao ritmo incessante de um encontro após o outro.

Nenhum desejo. E tantas mulheres! É uma verdadeira pressão que o obriga a multiplicar as senhoras e a satisfazê-las. A multiplicação também lhe garante que ele não pode nunca ficar sem elas. São elas que o solicitam, o chamam, lhe rogam. E ele, que não pede nem deseja nada, acaba cedendo, resolvendo satisfazê-las. Satisfazendo a pulsão, cuja força é equivalente à energia que se desenvolve para responder sempre presente à demanda do Outro. Mas cada mulher deve, primeiro, chamá-lo ao telefone, insistentemente, ardentemente, rogar-lhe, insistir com ele. Suplicar-lhe e chorar para obter um encontro: "Eu lhe peço, sinto falta de você..."

Ah, olhe-o agora com os olhos de Lulu, no pequeno apartamento sob o telhado. Ela veio, ele não quer saber dela, quer que ela vá embora, tenta pô-la para fora. Ela começa a chorar. Ele permanece impassível. E ela:

– Por favor, não me mande embora. Não me faça esperar. Venha, agora, venha!

Nessa noite, ele ainda não é inteiro Jack, o Estripador. Ela declara tão alto que sente falta dele, manifesta tão explicitamente a falta que ele faz... Ele, então, se oferece, se esforça para preenchê-la. Ele se oferece, em toda segurança de poder satisfazê-la, e a satisfação dele não é outra senão espreitar os sinais, as provas, do prazer dela. Homem dedicado, pois, apesar das aparências, a se fazer o instrumento do gozo das mulheres, o que talvez explique porque foram tantas a se prestar à sua fantasia. Não, as amantes dele, como as de Landru, não tiveram do que se queixar. Homem normal, decerto, com uma discreta acentuação da vertente "macho" de sua sexualidade, inteiramente a serviço de sua parceira. Ele falava disso – aí ainda como Landru – com um orgulho evidente, um pouco velado. Ele insistia: estava seguro de conhecer o segredo do gozo das mulheres.

De fato, para ele é muito importante. Ele dá importância a essa representação de si mesmo que ele reivindica com segurança, em que concordam sua imagem ideal e sua significação para com os outros. Ele se apega a ela, se agarra a essa *significação fálica* que lhe é necessária para se apresentar e ficar no mundo.

Satisfazer a mulher, portanto, sem cessar e sempre. Mas é um pesadelo, um inferno. Isso tem que cessar. "Essa mulher" que o chama, o persegue, o quer... Como pôr um limite nessa insaciável vontade da mulher, nessa imperiosa solicitação pulsional à qual ele não pode, nunca, responder não? Como a prostituta de Jack, o Estripador, sua amante encarna a exigência da pulsão. Mas a pulsão, a dele portanto, não o remete a seu próprio desejo, a um desejo subjetivado, reconhecido como dele. Sua pulsão só faz responder à imposição do Outro, à sua vontade sem trégua de gozar dele. O advogado poderia, sobre isso, construir a sua defesa, mas o argumento é de um manejo delicado, já que não psicológico. Sim, na aparência, Jacques Bonfils se entrega, sem freio, à luxúria. Na realidade, ele se entrega sem defesa, se dedica, se devota, ao prazer da mulher. Ele não pode recusar. Ele não se abandona à licença, ele se submete à pressão.

E eis que revejo as desventuras do pobre Verdoux com a Sra. Bonheur. Isso mesmo, ele se debate para esquivar a senhora. Ela, que nisso não vê mal, reivindica, sem pudor, gozar do retorno de seu marido capitão de marinha mercante. De evasivas a rodeios, ele tenta acabar com aquilo afogando-a. Em vão. É fácil seduzir uma senhora, é mais difícil escapar dela. Chaplin se diverte. Eu poderia forçar o paradoxo: para responder à exigência de sua amante, Jacques Bonfils a mata. Não é inteiramente falso. Ele não pode mais se esquivar.

A criança perdida

Ele, então, mata a amante, que acaba sendo também uma mãe. Ele mata uma mãe, mas não é para se vingar do abandono de sua mãe. E se faz as mulheres chorarem, não é por represália. O que é então? Ele espera que a mulher lhe rogue, que declare e manifeste claramente, por suas queixas, seus pedidos, suas preces, que sente falta dele. Landru, no que foi encontrado de sua correspondência, procede exatamente da mesma maneira. Será o desejo que os dois querem mostrar no Outro? No caso de Jacques Bonfils, podemos saber precisamente o que está em jogo. Ele começa se subtraindo. Efetua uma falta. Deve primeiro mostrar a falta. Operar, no Outro, uma subtração. Ele começa subtraindo-se ao Outro. O que me permite avançar tão rápido, com essa certeza? A lembrança-tela. A partida do menino de oito anos da casa materna tal como ele se lembra, tal como a reconstruiu.

Ele se subtrai à mãe, ela sente falta dele. É esta a sua construção inconsciente e a significação que ele dá à sua partida. Dali por diante ele será *aquilo de que a mãe sente falta*. Embora ela tenha outro marido e logo nasçam outros filhos. Ela o abandonou, o relegou no campo na casa do pai? Quando ela lhe telefona, o menino recusa falar com ela. Quando ela o visita, ele é sempre um gelo. Um ser mudo, imóvel, murado na indiferença... Ela chora, por isso, na frente dele. Ela não dorme mais, levanta-se de noite pensando nele, lhe diz isso, entre um soluço e outro, abraçando-o. O menino não faz um gesto, os olhos obstinadamente abaixados, mais inerte que uma pedra. Ela perdeu o filho.

Ele, deliberadamente, agora se voltou para o pai. A despeito de todas as dificuldades. O pai, com efeito, morava numa casa isolada no meio do campo. Revelou-se educador paranóico e sádico. Alcoólatra, além disso. Toda noite, ao voltar da escola, o menino agüentava os princípios tirânicos, a vigilância constante e os maus tratos. Nunca se queixou, nunca pronunciou uma crítica a respeito do pai. Na escola, as marcas de sevícias chamaram a atenção. Alertados, os serviços sociais e a proteção da infância logo iniciaram uma investigação. O menino se recusou a denunciar o pai. Não cedeu a nenhuma pressão e recusou voltar a morar com a mãe. (A irmã pequena, ao contrário, aproveitou a oportunidade e fez essa escolha.)

Talvez vocês já estejam pensando (rápido demais?): sim, nós todos já sabemos isso, o criminoso perverso foi maltratado na infância. Para além das generalidades, o que é importante, o que pode ser entendido, aparece aqui com precisão: o menino se apóia no que ele encontra de pai para continuar a se subtrair à mãe. Ele toma o partido do pai, e se apega ao pai. Ele, como pode, se apega à *sua construção paterna*. À Mãe, o filho deve faltar: esse filho rejeitado. Esse Outro, essa Mãe, é intimada a sentir a perda desse filho, a falta desse filho. Caso contrário, o filho é para o Outro, a

Mãe, apenas um objeto incômodo, de que simplesmente nos livramos. Se não faltar, se não for para o Outro uma perda, então é apenas um rebotalho. Um resto. Ele evita assim, provavelmente, a loucura.

O filho que fora abandonado, rejeitado pelo Outro torna-se agora fiador da falta no Outro. Em outras palavras, *graças à operação de subtração ativa*, a rejeição se transforma em perda. O filho abandonado se torna o filho perdido, que falta. O objeto de abandono e de rejeição torna-se *o que falta a uma mulher*. O que era apenas rebotalho, o filho rejeitado, consegue manter essa significação, o que falta a uma mulher – em outros termos, uma significação fálica. No essencial é isso.

Certos destinos são orientados bem cedo. Basta algumas encruzilhadas, talvez três. Assim, a direção está tomada, a rota definitivamente traçada. Existem algumas bifurcações nas quais uma criança é precipitada, no drama, na urgência. Foi o caso para o jovem Jacques Bonfils. Numa noite de inverno, quando estão os dois isolados no campo, o pai morre, diante de seus olhos, de uma perfuração hemorrágica de úlcera no estômago. Como ele, não preciso dizer mais nada. Mas posso imaginar a violência dessa cena aterrorizante. Os vômitos de sangue, os gritos, os urros de sofrimento, a morte. Que significação pôde ter, para o menino, essa agonia?

Seu destino foi, por conseguinte, selado? Estou segura disso. O que sai de um ventre, o que se rejeita no sangue, a violência e a morte... portanto, fará para ele rastro de significante paterno, de pai morto, de pai simbólico. Um maléfico acaso completa, de modo inoportuno, uma construção em curso, ao passo que o menino está justamente instalando, aos trancos e barrancos, tudo o que pode se interpor de paterno entre a Mãe e ele. O que vai ele, em seguida, encontrar para interpor entre a Mulher e ele? Um ato mortal bem particular.

Assim, aos dez anos, ele volta a viver na casa da mãe. Ali encontra, parece, uma vida sem preocupações. É, para os mais novos, um irmão maior atencioso e afetuoso (e, belo detalhe, se esforça para que tenham uma boa educação e bons resultados na escola). Ainda é preciso, na terceira encruzilhada, o acaso de um mau encontro para encerrar, de antemão, um destino. Bem rápido, ele tem esse encontro. Talvez já estivesse previsto. Não foi ele causado também por uma parte inconsciente dele mesmo? É, em todo caso, o que a análise hoje me leva a pensar. Ele é ainda apenas uma criança, doze ou treze anos no máximo, quando uma mulher adulta o seduz. Sem entender nada, diz ele, sem verdadeiro desejo e sem defesa, ele cumpre seu ofício de homem. Submete-se à educação, ao adestramento, que lhe ensina a ser o instrumento do prazer "dessa mulher".

Tudo está dito.

Os traumatismos da infância, os encontros do menino só tomam sentido numa leitura retrospectiva. Assim, pude deduzir, mas só retroativamente, limitando-me rigorosamente a uma lógica que ordena o conjunto e dá a sua coerência a todos os elementos, que Jacques, o menino de oito anos, diante do Outro materno constrói que ele mesmo é o que deve faltar ao Outro. Ele se faz falta. Se eu conhecesse apenas o momento em que, mandado para a casa do pai, ele se obstina a guardar rancor da mãe, se eu parasse nos oito anos, nessa primeira etapa, se eu ignorasse a continuação de sua vida e a estrutura do ato criminoso, eu não poderia dizer nada disso.

Da mesma forma, posso tentar me aventurar, em sentido contrário, no território da primeira infância, me arriscar na escuridão da ausência de lembranças. O que saber de todo esse tempo da infância que precede o famoso "dia do casamento" da mãe? Na realidade, a luz surgiu da cura, bem tarde, clareando, de repente, brutalmente, na surpresa, a noite do recalque. Mas já sem essa luz, ajudando-me apenas com o que se seguiu, eu podia mais ou menos me orientar: o Outro materno já estava completado pela criança. A identificação com o falo materno estava estabelecida, mas o complexo de Édipo mal iniciado. E lembro-me de minhas questões levantadas pelo apagamento do pai, que dá seu estranho tom à lembrança-tela.

A identificação com o falo é preservada ao preço dessa resolvida subtração que ele efetua no Outro. Jacques, na idade de oito anos, mantém, e é vital para ele, mantém resolutamente, custe o que custar, seu lugar junto à mãe: ela sente falta dele, e, bem mais, ela o perdeu. É preciso que ela o tenha perdido para que ele lhe falte. Sua presença junto à mãe só se mantém pela ausência. Aliás a mãe, na época confrontada com um filho que doravante recusa qualquer contato, responde precisamente a essa perda. Ela não cessa de testemunhar a sua falta. Soluça diante dele; por causa dele, de dor, ela lhe diz, não dorme mais. Ao faltar, ele mantém a sua presença junto a essa mãe (no entanto provida de um marido...) na noite.

Nesse estádio, a operação de subtração, heroicamente conduzida por uma criança primeiramente expulsa, destituída por sua mãe, pelo Outro, parece vencedora. Mas não sem conseqüências para o futuro do adulto. Vejo nisso, em todos os casos – qualquer que tivesse sido a continuação –, uma necessidade: para ser o falo que falta à mulher, é preciso recusar. Ou ainda: para que falte alguma coisa ao Outro, é preciso recusar.

E o pai? Não sei se notaram uma aproximação em minha lógica. Só agora é que a considero. Jacques Bonfils, tigre acossado, decerto. Abandonado, entregue às sevícias de um pai cruel, decerto. Formulei, propus a idéia de que ele é abandonado sem defesa aos caprichos e à loucura do pai. Como compreender, então, que ele tome partido do pai? Ele, no entanto, está entregue, com ele, à perseguição do Outro, que não é então um pai, mas uma aterrorizante e incompreensível figura do sadismo. Como compreender que sustente a versão do pai e negue os maus tratos? De fato, é incompreensível, talvez até em termos freudianos. Às sevícias, o filho dá o sentido de represálias: o pai se vinga. De quê? É claro que o menino nada sabe. Mas o inconsciente, este, sabe. A punição é justificada pelo laço incestuoso mantido inconscientemente com a mãe. Não estou colando num caso a teoria da psicanálise. Formulo aqui a verdade vinda de uma cura que foi conduzida até esse ponto.

Jacques mantém, assim, um pai: o pai das represálias. Ele aceita a punição. Transforma o Outro perseguidor em pai. Talha, na perseguição do Outro, ao infletir em punição os maus tratos. Transforma o capricho de um pai louco em justiça paterna. Que nome lhe dei? Bonfils [Bom filho].

Essa construção da criança infelizmente não a leva longe. A aceitação da punição, a ausência de crítica em relação ao pai, a ausência de queixa a seu respeito satisfazem também à manutenção inconsciente do laço incestuoso com a mãe, que é assim lembrado e confortado. E é aqui que acabo chegando: a ameaça maior, o gozo perseguidor de um Outro, é, primordialmente, o da Mulher. Da Mãe.

O que nos ensina a morte do pai, que considero a segunda encruzilhada? É claro, é a partir do crime, do ato do adulto, a partir da lógica do ato criminoso do adulto, que considero a singularidade da morte do pai. Ele se perfura, *se abre* do interior, *se rasga*. Morre de uma ferida ou de um buraco no interior do ventre de onde jorra sangue. Esse rastro do pai simbólico, impressão fóssil de um significante paterno petrificado, marca a singular construção que pode se interpor entre a Mulher e seu objeto. Uma marca, uma significação, que convém, em seguida, mostrar no real. O fiador da falta no Outro é retirado do Outro, efetuado no corpo; a subtração torna-se, no real, uma operação. Furar, fender, rasgar.

Enfim, o que pensar da terceira encruzilhada, do desvio do menino de treze anos por uma mulher adulta? Da sedução por "aquela mulher"? Um corpo imenso, enorme, e algo incompreensível para a criança que ele era, dirá mais tarde. Ela abusa dele. Faz dele o instrumento de seu prazer. Vou me contentar com um aforismo. Uma mulher esconde outra. Uma sedução esconde outra.

Psicanálise

A sedução primeira era bem a da mãe. Daí o esquecimento maciço, o recalque de todas as lembranças da primeira infância. O recalque se foi, a noite se abriu, para minha grande surpresa, por um acaso da cura, isto é, mais exatamente por uma necessidade da transferência, ao fim de vários anos. Foi o momento de uma intensa, dolorosa mudança profunda. Ele se lembrou, com vergonha, do menino já grande aceitando, não recusando, carícias que o adulto que ele se tornara considerava incestuosas. Foi, para ele, uma prova terrível. Ele reconsiderou a "mentira" que contara a si mesmo a vida inteira.

Psicanálise, portanto, levada mais longe do que eu teria esperado no início. Psicanálise?

Não é mais o tempo em que, diante de um tribunal eclesiástico, um Gilles de Rais admitia as acusações numa confissão misturada de arrependimentos. Exibindo-se desmedidamente pecador, Gilles de Rais devia oferecer a prova e o espetáculo de uma maior contrição. Para se fazer ouvir enquanto humano, para se fazer ouvir dos homens, para não ser afastado deles como monstro, para inscrever seus assassinatos, tal como desejava, na memória dos homens, Gilles de Rais se agarrava ao que só podia prendê-lo, ainda, aos homens de seu tempo, ao que lhe dava, em seu tempo, sua parte de humanidade: o arrependimento. Estava ele sendo sincero quando nomeava pecados os crimes dos quais, por outro lado, se orgulhava? Sincero com certeza, já que era cristão. Sincero no limite em que, diante dos outros, só a palavra pecado dava conta da enormidade do crime. Nisso, ele não era completamente louco. E é com muita naturalidade que misturou, curiosamente moderno, à sua confissão um início de explicação, às suas lágrimas um início de desculpa, invocando a desordem em que sua infância fora deixada.

A justiça leiga da República não encontra mais no erro uma significação do ato, nem na reconciliação com Deus o sentido da punição. De arrependimento, de remorso, de culpa, não achei rastro algum entre os autores criminosos perversos que encontrei. Eles também estavam seguros de ter merecido o paraíso, de não ter fugido ao dever, e de ter cumprido o que deviam cumprir. Alguns, no entanto, se diziam dispostos a tentar entender. Estavam sendo sinceros? Qual foi o sentido dessa psicanálise que Jacques Bonfils pediu para fazer? Direi que a psicanálise o ligou à razão e à lei de sua época. Na Idade Média, encontrando-se sujeito à jurisdição da inquisição da fé, sua posição de humano na linguagem o teria sujeitado a mostrar, na confissão, sua relação com o Outro divino. No século XVIII, como Sade, ele se teria situado, com orgulho, como sujeito de uma ordem da natureza, sujeito de um Ser supremo em maldade, de um Outro da racionalidade pervertida. No século XX, Jacques Bonfils se submete a uma questão: qual é a causa de meu ato? Essa questão sem resposta já atormentava Gilles de Rais, mas mais ainda Pierre de l'Hôpital, o presidente do tribunal secular, que o interrogava e se espantava. Por que matar crianças? Por prazer. A essa cruel constatação Gilles de Rais nada podia acrescentar, e essa simples verdade permanecia inaudível. Após o registro de sua confissão, e apesar do tamanho e do detalhe de suas confissões, o tribunal deliberou ainda para renunciar a lhe aplicar a questão e extrair dele uma verdade oculta. Entretanto, a verdade, a obscura causa de seus atos... nenhuma tortura a teria arrancado. Ele a ignorava.

Assim, Jacques Bonfils, nosso contemporâneo, se submete à questão (embora a justiça nada lhe tenha perguntado) e à lei (apesar da garantia de irresponsabilidade com a qual o gratifica o perito psiquiatra). Ele só pode se ver sujeito humano, sujeito de seu ato, ao se supor sujeito do Inconsciente, sujeito de Outro inconsciente. Ele é bem um homem do século XX, assim como seu advogado, que, para dar novamente humanidade e identidade mais ordinária ao monstro, procurara encontrar a personalidade oculta do criminoso e os motivos inconscientes do crime. Não tendo mais de prestar contas de seu ato perante a justiça, privado de uma cena pública, relegado ao hospital, Jacques Bonfils, então, se sente forçado a se explicar e se submete à obrigação de dizer. De dizer o que ignora. Ele se entrega à psicanálise.

Mais exatamente, ele se pôs a meu serviço. Trouxe-me lealmente, a cada sessão, o que agrada a um analista: atos falhos, esquecimentos, sintomas, lembranças. A isso acrescentou seus esforços, e melhor ainda... provas da pertinência de minhas intervenções. O que eu queria dele? Uma psicanálise. A isso se dedicou. Sem exibicionismo exagerado, e não sem resistências de boa qualidade. Não se esquivou. Procurou me satisfazer. Uma relação transferencial como essa é rara, e idealmente constituída. Quem, no entanto, pretenderia evitar o caos, os abalos? Seja qual for o tato dos dois protagonistas, e do paciente a cortesia, a atenção, a afeição, uma das dificuldades é de estrutura. Uma psicanálise, ordinariamente, dá voltas e mais voltas em torno de um enigma, em torno da causa do desejo inconsciente e recalcado. Tentamos agarrar um inapreensível e errático objeto, nas malhas de uma rede tecida pelos mal-entendidos. Com um autor de crime perverso, a psicanálise, caso se ponha em marcha, toma a direção, em linha reta, rápido demais, do que está em causa no gozo. E o psicanalista, como o velho de Hemingway, arrisca a má surpresa de trazer à superfície um peixe pesado demais para ele e para a frágil embarcação.

As dificuldades encontradas permitem também aprender. Uma das passagens delicadas da cura de Jacques Bonfils contribuiu muito para a minha teorização do crime perverso. Ela se situa no fim do segundo ano da análise. Talvez preocupado em não me desagradar, e por outros motivos que hoje entendo melhor, Jacques Bonfils evitava falar de seu ato. Lançou-se, no entanto. Na noite após o crime, ele vivera um incompreensível e muito estranho momento. Pensava que talvez eu pudesse ajudá-lo a entender. A primeira noite, portanto, e uma vez o cadáver esquartejado...

– Ela estava ali diante de mim. Eu a via. Ela ficava ali. Presente. Viva. Eu a via como a estou vendo, aqui, na minha frente.

Sua questão me impressionou. Embora emocionada, senti nitidamente a ausência de qualquer subentendido. Ele se dirigia em confiança ao Outro do saber, que eu, enfim, conseguira encarnar. Mas eu não tinha resposta alguma. Estava tão perplexa quanto ele. Disse-lhe isso. Foi certamente em reação que, sentindo-me obrigada a manifestar meu saber – o que é sempre um erro –, pouco tempo depois esqueci esse tato a que o psicanalista nunca deve renunciar. Ele continuava a falar de seu ato, e eu lhe perguntei por que ele havia esquartejado o corpo. Não tive resposta. Insisti. Tivesse ele me respondido simplesmente que ignorava, eu me teria contentado. Mas era, disse-me ele, naturalmente para se livrar dele.

– Você quer se livrar dele? Então, por que será que resta? Não é isso, o importante, que reste?

Eu havia visado certo. Lamentei no instante. Tarde demais. Fiquei, num raio, diante da pulsão mortífera. Má surpresa ver-se, por inadvertência, diante do tigre que se encolhe para pular. Pior, falar com um homem cortês e atencioso, e ver de repente, surgido de uma palavra, o matador. Olhar e rosto metamorfoseados. Despertado, suplantado pelo sopro e o impulso de uma irresistível pulsão. O que viu ele no meu olhar? O pavor, suponho. Por onde fugir? E, como vemos em marcha lenta o carro de que somos passageiros evitar o acidente com um brutal golpe de volante do condutor e afastar-se muito lentamente do obstáculo (o instantâneo do momento se estica ao infinito), eu o vi desviar lentamente o olhar e virar-se de lado para se recuperar. Ouvi, então, ressoar os batimentos acelerados de meu coração.

Pensei de novo, mais tarde, durante o dia, na mulher que ele havia matado. Se apenas ela tivesse podido ver, de antemão, essa metamorfose... Aquele olhar e aquele rosto. Se cedo o bastante tivesse podido se ver presa naqueles olhos... Ela teria escapado.

Naquele momento, diante de mim, durante alguns segundos, era alguém que, de repente, tinha ficado louco? Certamente. Mas era bem mais angustiante que a violência de um delírio. Só noto isso hoje, vi-me na incapacidade de relançar a fala, de apelar para a minha experiência e de perguntar, imediatamente: "O que está lhe acontecendo?"

Restos! Palavra enfeitiçada, maléfica fórmula, que faz surgir o gênio mau preso na garrafa, que libera a compulsão para matar. Eu havia, de modo brutal demais, localizado o gozo: "Isso resta." Minha questão não era uma, pois continha uma resposta de que eu não tinha suspeitado: "É, portanto, o que ela quer." Nenhum equívoco, nenhum mal-entendido. Eu havia designado claramente o gozo, e, intimado a responder imediatamente, ultrapassado, suplantado, invadido, ele, com certeza, teve de dar mostras de grande domínio para restabelecer comigo a distância. Louco, então, porque desmunido, desnudado, sem defesa, sem recuo diante do que se ouve como vontade do Outro. Ele só pôde recusar isso ao preço de um imenso esforço, que mobilizou toda a sua vontade para conseguir ficar de lado, afastar-se, recuar, distanciar-se.

"Isso resta!" O resto, o rebotalho, o objeto da pulsão, causa do gozo. O resto que é preciso extrair, subtrair, do Outro. Da mulher. E – é, de qualquer modo, espantoso, e fiquei, em todos os sentidos, surpresa – a palavra basta. A palavra basta para evocar o objeto. A palavra pronunciada por uma mulher, formulada por uma mulher, por mim, como um pedido, como uma exigência. Aqui se encontram, nessa palavra, a exigência da mulher e o gozo do assassino.

Posso, doravante, graças a todos esses elementos, formular a análise do ato mortífero. Mas preciso primeiro levar em conta uma outra singularidade da relação que Jacques Bonfils estabelecia com as amantes, bem antes de se tornar criminoso. Tocamos aqui na causa de sua determinação feroz para com as mulheres, que se deve bem chamar suas vítimas ainda que não tenham sido mortas. Aqui vamos encontrar algo que nos deixa pouco à vontade: uma parte de real que nos enoja e nos choca. Mas, para compreender o ato, é impossível eludir o que o precedeu; esquecer o que se notou anteriormente. O que, pois? Com efeito, um mesmo drama se reproduziu quando uma mulher estava apaixonada por ele. Ficar com um filho, ou livrar-se dele? Desejá-lo, ou expulsá-lo? Deixá-lo vir ao mundo, ou praticar uma interrupção de gravidez?

Sumir com um filho! Essa questão se coloca com demasiada freqüência para que seja, sempre, um mau acaso. Junto dele, com demasiada freqüência, uma mulher se vê dividida, entre rejeição e perda, por essa angustiante questão. Ficar com o filho? É o que ela deseja. E ele: "Mas é um crime pôr um filho no mundo!" Um crime jogar um filho neste inferno que é o mundo, eis o que ele troveja, e berra, e repete sem cessar, com uma violência que temperam mal suas racionalizações sem fim. Ela, essa mulher, chora, depois se deixa convencer; dividida em seus sentimentos por seu desejo de criança, ela se deixa dividir em seu corpo, no real de uma intervenção médica, pelo que ela sente imediatamente, de antemão mesmo, como uma perda. Ela já é, sem saber, um componente da fantasia dele. Eis a vida de Jacques Bonfils, sua repetitiva relação com as mulheres que o amam e que, uma após a outra, curiosamente, desejam um filho dele, e se deixam, chorando, persuadir a abortar. Elas são captadas, uma após a outra, em sua fantasia inconsciente. Embora ele afirme, desde o início, não querer filho de modo algum, elas põem em jogo um filho para ficar com ele e para desaparecer, acréscimo inconsciente que trazem a uma ligação cuja ruptura temem. Ele mesmo não entende por que isso se repete tantas vezes. O real em causa na fantasia (em que ele reencontra seu obscuro gozo) não é mais fácil de ser aproximado para ele que para quem quer que seja. Quanto à lógica inconsciente, que o faz agir com essa implacável indiferença e essa cruel obstinação, como ele não ignoraria? Ela é a necessidade de limitar e satisfazer a exigência do Outro no mesmo tempo. A lógica primeira se congelou na resposta do filho ao abandono pela mãe. O filho abandonado, *jogado, que desaparece e permanece como falta, como perda*, é o fiador da falta no Outro. Ele se torna o falo simbólico que completa o Outro.

Já, antes de se tornar criminoso, ele não cessa de completar a mulher com um filho perdido.

Um dia, com uma dessas mulheres, ele passa ao ato: aí ainda, uma operação referindo-se ao corpo de uma mulher, a divisão de um corpo de mulher no real. Fender, depois esquartejar um corpo. O que deve desaparecer e permanecer como falta... o que falta à mulher, o falo simbólico, que é preciso fazer aparecer e desaparecer a um só tempo, jogar fora e ficar com ele... será esse *resto* (tal como, anteriormente, a criança abortada, abandonada, mas perdida, mas faltante), esse resto que é preciso encontrar na fenda, no corte no ventre de uma mulher.

"É um crime pôr um filho no mundo!" Estranha profissão de fé, fórmula congelada, repetitiva, insistente, que ele diz novamente palavra por palavra, que também repete à analista, sem cessar, com veemência. Fórmula petrificada. Construção fixa. Posso, enfim, compreender sua misteriosa, e delirante, e implacável lógica. O crime é também pôr um filho no mundo. *O crime é também pôr filhos no mundo*. Ele é o parto, a extração de um filho. Presentificação de uma criança faltante, de um falo simbólico, o crime transforma o resto em criança fetiche. Colocação no mundo de um resto de dejeto. Criação daquilo que resta de um corpo fendido, dividido. Os pedaços do corpo que deveriam desaparecer, permanecem. No apartamento, no quarto, isso permanece vários dias, um tempo congelado, um eternidade suspensa fora do tempo. Resto de um corpo dividido. Resto fetichizado proposto ao olhar siderado do policial que acabará abrindo a porta.

Singular criação.

Angustiante e atordoante espetáculo.

A vítima dividida

Apreendemos, ao longo deste espantoso estudo, o sentido das estranhas práticas necrófilas do autor do crime perverso, e a significação do cadáver, ou do corpo esquartejado, que acaba sendo descoberto em seu domicílio. A significação fetichista desses restos que ele conserva, esconde, coleciona e preza, e acaba, por inadvertência, nos mostrando. O sentido do esquartejamento e despedaçamento dos corpos das vítimas, que é uma *divisão* real do corpo. Divisão real, que efetua um corte, uma subtração, uma falta. De um corpo Gilles de Rais subtrai a voz, e o Canibal o objeto oral. Num corpo, Bonfils efetua uma falta.

A psicanálise teoriza um corte simbólico, que separa o sujeito humano de seu objeto e o faz desejar, sem cessar, um objeto sempre perdido, sempre a ser encontrado. Corte simbólico? A linguagem. O interdito do incesto. O ato do crime perverso efetua, na vítima, no Outro, esse corte, essa divisão, retirando o objeto da pulsão, roubando o que deve faltar ao sujeito humano para que ele deseje. É, aliás, uma surpresa verificar assim, de modo tão preciso, no real, pela violência de um ato, que a teoria do inconsciente de fato responde também pelo real.

Empreguei esse mesmo termo *divisão* para analisar o próprio autor do crime: Jacques Bonfils, que esqueceu o nome do colega de escola, François Hunter, que não se reconhece representado pelo significante *hunter*, está dividido entre caçador e animal caçado. Ele se ignora caçador, predador, e *não reconhece que presa é o objeto de sua pulsão*. Tampouco pode se reconhecer bicho acossado, saber que *ele mesmo é objeto de um gozo mortífero*, uma presa. Presa? É uma generalidade, uma categoria. Com o tigre Bonfils posso dizer, mais precisamente, despojo, quartos de um corpo. Eis a que visa a caça, eis o objeto de que gozam os tigres em geral, e Bonfils singularmente. Para ele, mais precisamente ainda, o objeto – o corpo esquartejado que ele vela como um tigre deitado ao lado do butim – traz um nome; ele se nomeia *restos*.

Mesmo num homem ferozmente determinado a agir, o inconsciente está longe de estar a céu aberto. *Hunter*, o caçador que goza cruamente do objeto de sua caça, desvela um real que o enoja. *Hunter*, o representante sem vergonha de um gozo mortífero e sangrento, o reduz, ele, a só ser então o objeto da caça, desnudado, despojado, o menino caçado, o resto dado em pasto ao Outro. Jacques Bonfils está *dividido* quanto aos "restos". O uso preciso do termo "divisão" recobre um *conceito* igualmente preciso. Bonfils não reconhece de que restos ele goza. Não reconhece que resto ele foi para o Outro. "*Não cumprimento um caçador de tigres!*" Assim, compreendemos que o sujeito da enunciação fica dividido pelo objeto: embora até pareça dele gozar cruamente, sem recalque, ele ignora que esse objeto é uma parte dele mesmo que é partilhada com o Outro, que ele encontra no Outro, e que o Outro encontra nele. O sujeito do inconsciente se divide sobre o objeto da pulsão. Ele não goza conscientemente de seu objeto; ele ignora igualmente que objeto ele oferece ao Outro em sua fantasia. Agora entendemos os surpreendentes paradoxos que nos apresenta o autor do crime perverso, a provocante inocência de Bonfils ("Não cumprimento um caçador"), a chocante ingenuidade de Gilles de Rais ("Exorto afetuosamente os pais e os mestres que instruam e castiguem as crianças"). O ouvinte, que ri disso, está ele mesmo *dividido* pelo surgimento do objeto pulsional (os restos, a voz), que está contido na enunciação paradoxal, que dá um sabor de brincadeira e provocação ao enigma, e que, bem entendido, ele tampouco reconhece.

Mas François Hunter, o amigo de infância de Jacques Bonfils, ainda nos reserva uma surpresa. Continuo espantada, e até maravilhada, ao analisar um sonho ou uma outra formação do inconsciente, pela condensação, a coerência das associações, no cerne do recalque. O esquecimento do patronímico do pequeno François (e o esquecimento do nome da familiar rua Henri-François) tinha ainda outra causa. François, o garoto com o terrível nome de caçador, tornou-se rapaz, e, ao sair do liceu, resolveu estudar medicina. Nada muito interessante, *a priori*. No entanto, a partir desse ponto, as associações livres de Jacques Bonfils retomam, e levam a uma curiosa seqüência de sua vida. Como François Hunter, Jacques Bonfils também começou a estudar medicina. Durante dois anos consecutivos.

– Simplesmente repeti o primeiro ano. Eu não conseguia ir adiante.

– Por quê?

– Passei os dois anos dissecando uma rã.

– Dois anos?

– Eu não conseguia fazer outra coisa.

Ao ouvir isso, como não ficar siderado? A dissecação de uma rã faz parte de trabalhos práticos de biologia bem banais para a maioria dos estudantes. Inserida na história e na vida de Jacques Bonfils, a seqüência parece ser os créditos de um filme de terror imaginado por um roteirista sutil. Jacques Bonfils petrificado, congelado, debruçado sobre a sua rã de ventre aberto. Imagem parada. Cena muda, mais angustiante ainda se imaginarmos um espectador que olha, através de uma janela, o interior da sala de dissecação.

A cena tem a irrealidade e a verdade do sonho, antes, do pesadelo; mas aqui o pesadelo se eterniza, e o sonhador não consegue despertar num grito. Dois longos anos congelados, reduzidos a um único momento, a um gesto suspenso. Dois anos mentalmente passados a dissecar uma rã. Tempo da dissecação infinita da rã. A rã é fixada numa prancheta, de ventre para cima. O primeiro gesto da dissecação consiste em fender com a ponta do escapelo, de baixo para cima, verticalmente, a parede abdominal. Para Jacques Bonfils, o gesto dura dois anos. Dura a eternidade da fantasia.

Nesse encontro imprevisto com a fantasia inconsciente, o dissecador e o assassino, diante da rã, ocupam o mesmo lugar: o do estripador. Uma rã fendida, de ventre aberto, se oferece ao experimentador. Ele, siderado, se petrifica: é um instrumento imobilizado. A cena se congela numa eternidade de quadro. Uma rã? Não, "a" rã. Ao contrário dos outros estudantes, ele não disseca uma rã, ele encontra o sujeito de sua fantasia. Ela está no lugar da vítima, que nunca é "uma" vítima, mas sempre a mesma. Seja ela quem for, seja qual for seu número numa série, ela sempre está no mesmo lugar. Ele está reduzido à função de instrumento da abertura de um ventre. Ele encontra a sua fantasia, e toda a sua vida, seu ser, se condensa, se precipita, se petrifica num escapelo. Tudo pára. Ele não se representa mais numa imagem ideal de si mesmo, não está mais animado pelas palavras do desejo. Tão inanimado e inerte quanto um objeto. Não existe além, não existe futuro, exceto conseguindo desprender-se da rã, e fugir para bem longe.

A dissecação infinita da rã, a sideração diante do ventre aberto, é mais impressionante ainda e mais significativa se a confronto com um segundo episódio, tão misterioso quanto inesperado. Essas duas cenas singulares, essas duas situações que ele vivera, ele as trouxe à analista, não no mesmo tempo, mas separadamente, com vários meses de intervalo. Ambas o haviam marcado, simplesmente porque permaneciam para ele totalmente inexplicáveis. É claro. Elas não resultam de uma explicação psicológica, não mostram nem um traço de caráter nem um comportamento. São a colocação em ato, sem razão, incompreensível para ele mesmo, da lógica inconsciente, precisa e implacável, de sua imutável fantasia. Nessas duas situações, ele não decide nem escolhe. É movido pelo inconsciente. É atuado, imobilizado ou lançado na ação, como se respondesse a uma misteriosa e invisível mecânica, e, no entanto, não se trata de um delírio, trata-se simplesmente de sua vida, que ele se vê viver em toda lucidez e sem nada entender disso. Escutemos, pois, e olhemos (sempre parece que somos espectadores, ao ouvir o relato de um autor de crime perverso) o que se segue.

Vários anos se passaram. A faculdade de medicina está bem longe, talvez até esquecida. *Monsieur* Bonfils leva, então, sua vida de solteiro dissoluto. Sofre uma pequena intervenção cirúrgica, tiram-lhe o apêndice. Suas numerosas namoradas, uma após outra, o visitam na clínica. Ele que nunca sente desejo pelas amantes, ele que exige que chorem e supliquem para enfim, se resolver a satisfazê-las, em seu quarto de convalescente, com o ventre que ainda não se fechou (o ventre aberto, diz ele), ele se atira sobre elas! Sem rodeios. Não precisam mais lhe pedir.

Se conhecêssemos apenas esse episódio engraçado da vida amorosa do Sr. Bonfils, dela não entenderíamos nada. Mas as duas cenas, a da dissecação da rã e a da operação de apendicite, concordam maravilhosamente.

Uma, imóvel, congelada num tempo suspenso, estranha e inquietante, promete uma seqüência angustiante e prepara para o medo; a outra, agitada e burlesca, pertence a um filme cômico em que, de repente, no imprevisto e no inesperado, na desordem, tudo se precipita.

Na clínica, é ele quem tem o ventre aberto. Ele, então, se anima. Torna-se – enfim – *sujeito desejante*. Sujeito de sua fantasia. Perde a indiferença, sai da apatia e, só então, deseja. Ei-lo sujeito dividido do desejo inconsciente. Trata-se da mesma lógica que no ato criminoso, mas desta vez é divertido. E de qualquer modo espantoso. Pois Jacques Bonfils nos diz de novo e nos repete, de todas as maneiras e de todos os modos: a falta que faz um sujeito do desejo só se obtém por uma divisão real que se refere ao corpo! E é tão surpreendente quanto interessante: ele, com o ventre aberto, mas também a rã de ventre aberto, mas também a mulher vítima do ato de estripação estão, na fantasia inconsciente, no mesmo lugar!

A vítima, na verdade, é tão pouco desejante quanto uma rã morta presa sobre a mesa de dissecação. Mas no inconsciente do criminoso, em sua fantasia que condiciona seu ato, o desejo deve ser criado, extraído, de um Outro. A vítima é esse Outro em quem ele faz surgir, no real, a falta que cria o desejo. O desejo, o sujeito do desejo inconsciente, surge de uma divisão do Outro no real. Não esqueçamos que ele tem o segredo do gozo das mulheres. É, em todo caso, a sua verdade subjetiva. Mas ele não as deseja. Ele as serve. De ventre aberto, então, ele as deseja. Ele deseja uma mulher contanto que tenha o ventre aberto.

E uma mulher será desejante, sujeito do desejo, somente se tiver o ventre aberto. Tornado criminoso, ele transfere a sua divisão subjetiva para a sua vítima. Ele não é, em seu ato, sujeito de um desejo. *Ele é apenas o instrumento de uma operação.* Uma operação, uma dissecação, realizada sobre o Outro. Por isso é que a vítima, em lugar de sujeito dividido, é tão anônima quanto a rã. É semelhante àquela que a precedia e àquela que a sucederá. Só existe na imutável fantasia do autor. Ele sempre a encontra. Ela é sempre a mesma. Figura repetitiva, imprecisa e insistente, sempre surge para se prestar à divisão. Dessa divisão ele é apenas o meio, o objeto, o instrumento.

Sua função de instrumento também explica a indiferença do criminoso perverso, sua flagrante monstruosidade. Ele mata sem emoção. A vítima não tem identidade, ele não a conhece, ou pouco, ele a encontrou na rua, a recrutou nos classificados. Ela é a senhora na longa série de *monsieur* Verdoux. A viúva na série de Landru. A prostituta na série de Jack o Estripador. O anjo na série das vítimas de Gilles de Rais. Ela é "aquela mulher", a amante de Jacques Bonfils, a que ele havia matado e de quem jamais falava. Como tinham se encontrado? – perguntei-lhe um dia.

– No metrô –, respondeu-me de modo estranho.

– Por que ela? – insisti.

– Para isso. Nós nos encontramos para isso, provavelmente.

Ouço nesse terrível *isso* o real de um encontro programado pelo destino, o segredo de um acordo inconsciente, apreendido no primeiro olhar, sobre a fantasia que fará dela a vítima e dele o assassino. Fatídico encontro, feito por malefício, instantaneamente. A continuação terá, desde o primeiro olhar, sido prevista. Ela, como a esposa de Barba Azul, vai querer saber, como a Judith do castelo de Barba Azul, vai querer ir até o fim. Apesar dos inquietantes avisos dele.

– Você é louca! Vá embora!

Como Judith, ela não vai escutá-lo.

– Comprei uma serra. Vá embora!

Consenciente? Não acho. Inconsciente, pois não dispondo mais de seu inconsciente, agarrada pela fantasia dele, e já apenas parte do inconsciente dele. Maléfico encontro! Que diabo foi testemunha do enfrentamento do casal? Ele procura afastá-la, amedrontá-la. Por amor? Não, ele não a ama. Mesmo assim, tenta resistir, teme saber o que vai acontecer, e sabe já. Até o último momento tenta, com toda a consciência, dizer não. Mas, com toda a força inconsciente, a retém, a domina, definitivamente. Com toda a sua força pulsional, que é imensa. Esse homem, quando enfrenta os outros, sempre pesa um pouco mais. É impossível resistir a tal pulsão. Ela, ela não pode mais escapar. Trágico paradoxo! Um homem se debate, enraivece, grita e ameaça, para não se submeter à exigência daquela que é sua prisioneira. Um homem se debate para afastar de si mesmo o sujeito de sua própria fantasia, a que veio se confundir com seu inconsciente. E as cenas ficam mais angustiantes, mais violentas. O crime não terá sido sem premeditação. Sem predestinação, melhor. Mas terá sido, o maior tempo possível, retardado. Até o último momento. No instante em que tudo vira, nada mais pode pará-lo. Uma vez surgida a verdade, uma vez descoberta a mancha de sangue da chave enfeitiçada, uma vez desencadeado o sortilégio, nada mais vai parar a implacável ferocidade, a fatalidade do degolador.

Dela não saberei nada mais. Ela, com certeza, possuía um traço que permitiu a Jacques Bonfils incluí-la em sua fantasia, um detalhe que ele teria encontrado, idêntico, numa potencial série de suas vítimas. Um traço que certamente evocou, no inconsciente, a mãe, e nesse ponto foi, por muito tempo, recalcado. Ela permanece, cruelmente, tão pouco identificável quanto a rã do dever de dissecação. Tal a "dama" que *monsieur* Verdoux sequer distinguia de sua boa empregada e de sua melhor amiga, "aquela mulher" nunca terá rosto nem nome; nada saberei dela, mesmo após ter, durante vários anos, escutado seu assassino que também era seu amante. Ela pertence à longa série daquelas que Jacques Bonfils invariavelmente nomeia "aquela mulher". Quem são? Pouco importa. A série toma a sua origem com a mulher adulta, a empregada doméstica, quase uma mãe, aquela mulher que seduziu e recrutou para seu serviço sexual o menino de treze anos. Cada uma, sucessivamente, é essa mulher que toma o lugar do Outro materno.

Essa longa série também é a das mulheres a quem, bem antes de se tornar assassino, ele impõe uma interrupção de gravidez. Dessa mulher, cada vez renovada e sempre idêntica, ele faz *o sujeito de sua própria divisão* quanto à criança rejeitada. Ela é dividida em seu corpo pela operação, a intervenção médica, mas também é dividida subjetivamente em seu desejo de criança. Entre ele e a mulher a quem ele impõe um aborto, ele mostra, inventa, constrói até, no real, o que doravante *falta* à mulher e faz dessa mulher, então, um sujeito desejante. E, é um pouco surpreendente, ele não é tão ruim quanto o haviam julgado. Certo, essa operação de divisão, cruelmente repetida, sobre uma mulher em seu desejo de criança tem algo de particularmente insustentável. No entanto, essa perda da criança, ele oferece a ela.

A operação, real, que *divide uma mulher para mostrar o sujeito do desejo*, isto é, a intervenção médica de interrupção de gravidez, efetua-se, igualmente, fendendo um ventre de mulher: o assassinato. É a mecânica do crime.

É também a lógica de todo autor de crime perverso, *instrumento da divisão da vítima*. Lógica do inconsciente que tem por conseqüência um terrível paradoxo. É para fazer surgir o desejo que o criminoso divide um corpo, e mata, então, o que não passa de uma passiva vítima. E ele, o criminoso, é apenas o objeto instrumentalizado, o instrumento da estripação ou da divisão de um corpo. Entendemos melhor que não sinta nem culpa nem remorso.

Haverá ainda, e é essencial, um segundo tempo. Um cadáver resta. Restos restam, seja qual for o autor. O Espectador é esperado. Logo vai chegar.

O espectador dilacerado

De fato, o que produz esse ato, esse crime, senão, manifestamente, restos? Fragmentos de cadáver, que de hábito dão repugnância ver. Uma causa de nojo de que preferimos nos desviar. O autor força o público a fixar o olhar sobre esse macabro objeto, a tomá-lo em consideração, e, bem mais, a reconhecer-lhe um valor extremo. Lembremo-nos de Landru e dos dois anos de investigação apaixonada, transmitida pela imprensa, dedicada aos sinistros rebotalhos deixados por seus atos. Mas para transformar restos em objeto de fascinação – e para fazer do autor de um crime repugnante um herói! – é preciso também, hoje como ontem, a invenção de um dramático roteiro, ou a arte de uma espetacular encenação. Uma investigação feita ao vivo, numa cidade angustiada, transmitida pela televisão. Um suspense. Medo. Segredo. Mistério. Uma grande emoção. Uma cortina de cena que velava tudo e, de repente, se levanta. Então, o objeto de repulsa ou de desprezo, surgido de seu esconderijo, saído dos bastidores onde estava relegado – o cadáver escondido, mas também o autor –, torna-se o ponto de mira, o centro do interesse e da curiosidade. O crime se mostra como uma obra, e seu autor, promovido a vedete da mídia, triunfa.

É claro, encontramos no autor do crime perverso uma constante tendência ao exibicionismo. Ele gosta de se mostrar, e o Outro a quem ele se dirige, seu Outro íntimo, sente prazer no espetáculo, e goza de ouvir e de ver. Mas seu Outro não é outro senão o público, a massa dos espectadores, cuja presença implícita e o olhar escondido o acompanham em todas as circunstâncias. O autor do crime perverso satisfaz o *voyeur* universal; seu Eterno é um olhar furtivo e onipresente. Suscitar um suspeito gozo, agradar ao invisível Espectador, fazer surgir, do absoluto ou do nada, o olhar que desde sempre espia a cena sexual, é um dever para aquele que serve o deus *Voyeur*. E o que quer que venha a satisfazer mais singularmente o Outro, ouvir, por exemplo (e é Gilles de Rais), ou morder (e é um caso de canibalismo), Ele também precisa, e sempre, e sobretudo, ver.

O Outro do autor do crime perverso é um outro como muitos outros. Pode aprazer-se em apenas contemplar a beleza de um rosto de anjo, e comprazer-se também em filmes de horror e de espanto. O autor é exibicionista? É que o Outro dele é bom público. Nossa época lhe garante o sucesso, e o incentiva. A fantasia do olhar onipresente encontrou a sua realidade: a televisão. Em conseqüência, do lado do público surgiu uma feroz vontade de tudo saber e de tudo ver. O olhar onipresente e a difusão universal das imagens oferecem a garantia da publicidade. O autor e sua obra estão instantaneamente sob os olhos dos espectadores do mundo inteiro. Ele, o autor, não goza apenas de ser visto. Goza de olhar o Outro que está olhando. Constrói, fabrica, ordena, encena, tudo o que pode fazer surgir um olhar particular, um olhar de fascinação e de pavor. Ele sabe, tem o segredo, preciso, íntimo, daquilo que vai suscitar esse olhar: como o diretor de um filme de terror que saberia tocar, precisamente, no ponto mais íntimo, mais escondido, mais verdadeiro. Ele se devota a nos proporcionar terríveis imagens. Ele se devota a nos emocionar, e até a nos angustiar. É que ele considera que há belos incêndios, e até belos massacres. "Houve o teatro dos gladiadores – me dizia um deles –, pois bem, eu lhe ofereço os gladiadores por procuração."

Ele nos diz aí uma verdade que não é muito agradável de ouvir. Pensem apenas em alguns crimes contemporâneos. Pensem, uma vez mais, no sucesso das macabras fotos propostas por aquele que, no mundo inteiro, foi reconhecido, há vinte anos, como "o Canibal". Sua história é conhecida. Mesmo assim, uma palavra mais. Aquele que triunfa, ao nos colocar sob os olhos aqueles restos de seio que nos hipnotizam, não foi ele, em sua fantasia, a criança entregue sem defesa, nu, cru, ao Ogro? Com efeito. Num pesadelo de criança, ele era mergulhado num caldeirão para ser devorado pelos pais. Reduzido a ser apenas, diante do Outro, da ameaça do Outro figurada numa goela escancarada, o objeto mais desmunido, comida, carne moída, próximo de ser engolido. Pois bem, *isso*, precisamente, assume por um instante, sob o olhar universal, valor de um cintilante tesouro. Isso... de que o Outro se repasta. Anunciado pelo rufar de tambor, o estrondo do escândalo, brutalmente valorizado pela luz dos projetores... o rebotalho, o resto, o objeto abandonado, o dejeto, ou o seio transformado em peça de açougue, volta triunfalmente em cena, na cena do teatro do terror, e oferece, então, ao Outro, com o que satisfazê-lo.

Não pensem que nosso autor conheça essa verdade. Como todo mundo, ele ignora a fantasia inconsciente que constrói a sua realidade e conduz os seus atos. Ele pode apenas, como todo mundo, nos contar a sua história, sem compreendê-la. Tomo o seu lugar, e, por minha vez, conto o seu relato. Agora podemos ouvi-lo. Será um sonho? Um pesadelo? É o que ele viveu. É seu relato, feito por ele, mas ele se vê, ele se imagina como um filme, pois estamos no tempo do cinema. Eu sentiria raiva de mim se nos tratasse, vocês e eu, como público *voyeur*. É um filme de terror. Eu nos deixo colocar nós mesmos a objetiva de uma ou duas câmeras, enquadrar, e fazer sozinhos o trabalho de montagem.

Havia, há dias, em seu apartamento, os restos. Restos de um corpo esquartejado pela pulsão oral, bem estranhamente alinhados. Pedaços de cadáver conservados por vários dias e várias noites. Depois pensou, diz ele como outros, em se livrar deles.

Um domingo de primavera, uma tarde ensolarada, um grande parque numa cidade; pessoas passeando, numerosas, vindas em família. Só, ele atravessa os gramados, em linha reta, sem ver nada à sua volta. Carrega, com esforço, uma mala pesada. Caminha muito tempo, com dificuldade, até um lago. Crianças brincam lançando barquinhos. Ele deixa a mala afundar devagar dentro d'água, bem na beira. Sente-se esgotado. A alguns metros dali, deixa-se cair ao pé de uma árvore, e adormece. Por quanto tempo dorme? Um grito de terror, agudo, o acorda em sobressalto. Uma criança pescou a mala e acaba de abri-la.

Ele se levanta e vai embora. Sem se preocupar com o fato de que é seguido. Um pouco mais tarde, os policiais que penetram em sua casa o sacodem rudemente. Depois, quando descobrem os pedaços do cadáver, valorizados pela singular encenação... ficam imóveis, petrificados. Vêem. Viram-se em silêncio na sua direção. Olham-no com consideração.

"Com consideração." São seus próprios termos. Esse momento, esse olhar, é essencial. É esse olhar que precisaremos saber filmar. E não o *Grand-Guignol*, a disposição, no entanto atordoante, o teatral arranjo, pedaços de um corpo humano estocados numa geladeira. O autor espera diante de sua obra. Espreita, espia as reações. Espreita o olhar particular que ela vai suscitar. No mesmo movimento contínuo, o olhar do policial passa da encenação dos restos macabros, feita para provocar a surpresa e a sideração, ao autor da encenação. E o autor esperava esse olhar que, a partir de sua obra, vai se voltar para ele e reconhecê-lo.

Ele é, enfim, reconhecido. E doravante fadado à celebridade.

Nesse segundo tempo, o olhar do autor sobre o olhar do espectador recompõe, para o autor, o sujeito e o objeto da fantasia inconsciente. A divisão, que se referia ao esquartejamento, ao despedaçamento de um corpo, é recomeçada mais adiante, doravante diz respeito a um Outro. Ao espectador, que se imobiliza, um instante, na angústia. Ao conjunto dos espectadores, ao público, dilacerado por afetos violentos, dolorosos e contraditórios.

Esse olhar do espectador, sobre a obra, depois sobre o autor, é necessariamente esperado. O espectador abre a porta do quarto, o batente do armário, a mala do guarda-volumes, o porão do prédio, a porta da geladeira. Solta um grito. Está dividido entre pavor e fascinação. Está *dividido* na angústia por esse objeto, por esses *restos* colocados e dispostos de maneira tão perturbadora. Corpo esquartejado no chão. Cabeça num balde. Retalho de vagina num armário. Seio numa geladeira... Fetichização do rebotalho apresentado ao público. Espectadores, somos bem sem querer, a contragosto, desdobrados, clivados, esquartejados, *divididos*, pela obra proposta ao olhar pelo crime perverso, atraídos e repelidos pela exibição, maltratados, angustiados, dilacerados em nossos sentimentos, forçados em nosso pudor. O público do autor do crime perverso é um espectador dilacerado.

Repetição e recidiva

À medida que os paradoxos propostos pelo autor do crime perverso vão tomando sentido, vai se revelando a complexidade de sua relação com o mundo, e aos poucos se esclarece o enigma apresentado por esse monstro manifesto que também é um humano. Com efeito – e não é o menor dos paradoxos! –, aquele que nos fascina e nos assusta, ao encarnar uma sexualidade sem limite, na verdade responde a uma imposição. Está submetido à exigência daquele, ou daquela, em quem encontrou, subjetivamente, seu Parceiro singular. Ele obedece a um imperativo.

É o que primeiro ficamos sabendo de Firmin, o piromaníaco. Ele provoca incêndios para dar prazer às prostitutas da *rue* Pigalle, para satisfazer o que, inconscientemente, ouve como o que elas lhe pedem. Assim que sai da prisão, reincide: não pode dizer não a elas, às moças da rua. Não pode esquivar-se ao dever de um homem para com a exigência da Mulher, e ele só tem aquela chama para lhe oferecer, aquele ardor para satisfazê-la.

Landru, por sua vez, dá, francamente, o máximo de si. Criou uma tal disciplina para encontrar as mulheres que corre de encontro a encontro. Atarefado como Verdoux, chega esbaforido, vai embora apressado. Um único dia de sua agenda mostra o ritmo infernal a que se submete. De manhã? Nove e meia na Estação de Lyon, dez e meia na Praça Saint-Georges, onze e meia no metrô Lancry. De tarde? Quatorze e trinta na Praça da Concorde, quinze e trinta no *square* da Tour Saint-Jacques, dezessete e trinta na Praça Denfert-Rochereau, vinte e trinta na Estação Saint-Lazare! Ele se impõe essa atividade em tempo integral, renovando, todos os dias, essa corrida-perseguição, essa façanha, obedecendo a uma burlesca e impiedosa mecânica que o faz pular de um lugar a outro, responder presente e logo ir embora. Jacques Bonfils se parece com ele, pois renuncia a toda vida pessoal para ficar à disposição de suas amantes. Ambos acumulam as conquistas, ao ponto de suscitar uma admirável mistura de hostilidade invejosa. Ambos têm muito orgulho de serem viris, e de estarem seguros de conseguir satisfazer plenamente a parceira. A segurança não acontece sem um sofrimento enterrado há muito tempo, uma insatisfação secreta e profundamente escondida. Jacques Bonfils, diante da demanda da mulher, se instrumentaliza para servir a seu prazer. Ele mesmo não experimenta nada. Ele tem o segredo do gozo das mulheres, ele ignora o que é o amor. Em todo caso, é o que diz. É provável que o mesmo tenha ocorrido com Landru, forçado, ele também, escravo do serviço junto às mulheres. Sua coleção (duzentas e oitenta e oito mulheres em quatro anos) tende à proeza. Bela pulsão, decerto. Mas, confrontado com a agenda, com os horários, com os encontros obrigatórios, a proeza se revela uma tarefa extenuante, um dever prosseguido sem descanso. E que prova, sempre renovada, satisfazer a mulher, estar seguro de que ela não tem motivo para se queixar dele! Um inferno! É precisamente o que diz, de sua vida depravada, Jacques Bonfils. Sem fim e sem esperança.

A esperança de licença é, portanto, enganosa. Na verdade, é o Outro que sempre pede mais; é a Mulher quem tem exigências monstruosas. Ela é abissal e vampirizante ameaça, a Manta, a Vampira, a Ogra, a Strige, golfo escuro e imenso que absorve ou rejeita os homens, os devora, os dilacera... e os caga. Na verdade, é uma servidão ser designado para saciá-la. Ser apenas, para sempre, um instrumento que a preenche. Como subtrair-se ao Outro dando-lhe, ao mesmo tempo, satisfação? A primeira solução, esgotante, decerto, mas sem perigo, é a da esquiva: fazer apenas passar, muito rápido, e fugir, como Landru. Não espere retê-lo, senhora: ele já se eclipsou! Sem cessar de partida, já volatilizado! Sempre chamado em outro lugar e desejado por todas, como Bonfils, que só concede a cada uma de suas amantes um breve momento, quando a seguinte já bate à sua porta.

No entanto, sempre é preciso, e sem cessar, e sem descanso, tal Sísifo, recomeçar. Como *subtrair-se* à imposição, *e satisfazê-la* mesmo assim?

Se se tratasse apenas de subtrair-se a ela... Nosso autor é mestre na *arte da substituição*, em todos os sentidos do termo. Vimos como, em seu teatro pessoal, uma representação imaginária (papel, disfarce), um engodo, um personagem falso, se substitui a ele mesmo; como uma ilusória glória fálica, que se admira melhor com o artifício da cena, escamoteia o real ao olhar do mundo. À malignidade de seu Parceiro, de seu Espectador, o ator oferece um subterfúgio. O dublê *assume o lugar* do ser. Mas há, na vida de um homem, momentos em que uma representação teatral, por mais brilhante que seja, fracassa ao assumir o lugar do real, onde ela não basta mais: a demanda sexual se faz premente demais. Como satisfazer a pulsão? Essa questão crucial, vital, se coloca mal é encontrada a exigência abusiva de gozo encarnada, por exemplo, numa mulher particular. Nosso homem não se esquiva. Ele responde ao que foi construído inconscientemente, desde sempre, como uma demanda, uma vontade ruim do Outro. É claro, o Outro em quem ele encontra, então, seu parceiro, com certeza ficaria muito surpreso de se ver atribuir uma vontade que, na realidade, lhe é bem estranha. Ele não é, na maioria dos casos, nem desejante, nem consenciente, sequer consciente do que está acontecendo. Como suspeitaria ser um incentivo ao crime? Como a prostituta de Pigalle adivinharia que ao excitar Firmin ela causa um incêndio? A amante de Bonfils imagina realmente que ela é o Parceiro monstruoso do amante que a satisfaz plenamente?

Essa encruzilhada mortal onde se encontram a exigência do parceiro e o ato que lhe responderá, só a encontrei de surpresa. Verdadeira descoberta que, é claro, só pôde surgir da transferência. As perspectivas são tais, nesse cruzamento, que merecem que eu a elas retorne um momento.

Firmin, o piromaníaco, no novo ano, me dirigia com muita afeição seus "votos ardentes". Na época, no hospital psiquiátrico, era comum fumar, e eu não trabalhava sem meus cigarros; um dia, achei prático substituir o isqueiro, que eu sempre perdia, por uma enorme caixa de fósforos. Imaginem a cena. A enorme caixa ali, sobre a mesa que nos separa. Firmin e eu. A entrevista é tranqüila. Estendo a mão na direção de meus fósforos. E ele, de repente, metamorfoseado, ameaçador, o olhar fixo:

– É *isso* que a senhora quer? Fogo?

Mais impressionante ainda, a idêntica reação de Jacques Bonfils, o necrófilo, em resposta a minha abrupta interpretação sobre o real do cadáver ("Não é antes *para que isso reste*?"). Violência de uma ressaca, de um tremor de terra, de uma erupção. Um e outro, Firmin e Bonfils, são de repente suplantados por um furor compulsivo, invadidos por uma certeza ameaçadora, pela angústia de dever passar imediatamente ao ato. Um e outro estão presos, de repente, na imposição da pulsão: é *isso* que a senhora quer? *Fogo*? *Restos*? O infeliz psicanalista, que nada previra, nesse momento preciso deplora sua imprudência. O instante, antes aterrorizador, não lhe deixa realmente a liberdade de se felicitar ao verificar que ocupou corretamente o lugar do Outro. Corretamente? Com certeza. Mas cuidado... Não brinquemos de aprendizes de feiticeiros. A pulsão surge dos significantes da demanda como o diabo de sua garrafa, como o gênio ruim chamado por uma palavra maléfica. O que ela quer de mim? O que quer de mim, o Outro? Não há enigma, aqui, não há mal-entendidos, erros, dúvidas, inquietações, sobre o mistério do desejo. Ele sabe o que falta ao Outro. Ele sabe o que seu psicanalista quer dele. É claro, não é exatamente o que eu lhe perguntava. Ele, em sua relação com o Outro, construiu "fogo", ou "restos".

Como Firmin encontrou e criou *seu* significante *fogo*? Já o estudamos longamente: ele se apóia numa metáfora passada ao uso comum, à qual acrescenta uma significação suplementar e singular, tirada do que pôde ouvir de seu ser, ao longo da infância, nas palavras da mãe (cinza e carvão).

Com Jacques Bonfils tocamos no mesmo ponto, mas mais radicalmente ainda, pois sequer há mais caixa de fósforos, objeto material portador de uma significação de desejo. Uma simples palavra, um significante, é capaz de desencadear o mecanismo que levaria ao ato. O efeito produzido sobre Jacques Bonfils pelo significante *resto* é incontestável. Para despertar o gozo do resto, a palavra basta! O psicanalista não teria razões para ficar tão surpreso com essa verificação improvisada: a pulsão, com efeito, participa do corpo e da linguagem. Mas verificá-lo, num homem a quem um significante preciso basta para levar à beira da passagem ao ato, não é uma fácil experiência. É claro, não bastaria agitar diante dele a palavra "resto" como um pano vermelho. O significante preciso é trazido, na transferência, por uma jovem mulher que, bem precisamente, tomou o lugar do Outro.

O objeto *restos* é, primeiramente, um significante, e não é somente significante da pulsão, da demanda, ele tem uma significação de desejo. Aqui, paremos um instante, como que chegados a um cume de onde se revela uma infinita perspectiva. Descobrimos que *a mecânica do ato obedece a um programa que está inscrito em palavras, em significantes, no inconsciente.* E é, finalmente, um bem feliz acaso aquele que permite apreender de modo tão claro – ainda que seja brutal demais – o que abre para a imposição da repetição.

O *resto* é o que causa a divisão que faz o sujeito do inconsciente, a divisão do sujeito entre tigre e tigre, entre caçador e caçado.

O *resto*, de que o Outro goza, causa o ato. A palavra "resto" significa esse objeto que o crime vai subtrair para fazer surgir, em seu parceiro, o desejo. Resto arrancado à rejeição da Mãe. Resto substituído, para substituir a um Outro de rejeição, um Outro de desejo. E substituição, nesse mesmo *resto*, de uma significação de desejo a um ser de dejeto.

Eterna e infernal necessidade! O acaso ruim sempre se encontra, e ainda, e de novo. Jacques Bonfils, no entanto, ao abrigo, trancado num pavilhão onde vivem apenas homens que lhe são indiferentes, encontra ainda, por azar, a vontade de um Parceiro imprevisto. A única mulher com quem ele até então mantinha uma afetuosa relação, sua analista, que ele, até ali, procura satisfazer, para quem ele, até ali, se oferecia à psicanálise... propõe, ou impõe, com impudência e impudor, o gozo dos restos. Surge imediatamente o gozo feroz do caçador. O feroz caçador? Sim, é bem a mulher. "Arrancar-lhe esse resto de que ela goza, subtrair-me a seu abusivo gozo que me condena e me fada a ser o resto de que ela goza!" Certo, o que reconstituo dessa maneira, ele não saberia enunciá-lo, sequer pensá-lo. Ele está movido por uma mecânica incontrolada, um transbordante furor e uma ferocidade de tigre, de tigre ameaçado pela implacável vontade do caçador. Uma maquinaria mortal, programada para fender um corpo, acaba de se desencadear. Nessa mecânica, ele é apenas o instrumento. Tal o estudante de medicina que ele foi, instrumento da divisão do ventre da rã, e não podendo mais arrancar-se à sua função de escalpelo.

É a força do filme de terror. Quem teria pena de uma faca, de uma serra, de uma motosserra? A mecânica do ato se desencadeia num instante, e uma vez abalada não pára, não responde mais às falas dos humanos, continua, obedece apenas ao programa. Evocarei, para me fazer melhor entender, uma analogia: o corte específico de uma chapa de ferro, feita de *laser* seguindo um traçado programado em computador. Aqui, trata-se de um corpo, especificamente retalhado pela pulsão. Pelos significantes fixos de uma demanda inconscientemente percebida. Ele vira, instantaneamente, mecanicamente, instrumento programado para dividir um corpo. Divisão de um corpo, de um Outro que será, então, enfim, dividido por uma perda, enfim separado de seu objeto. Movimento totalmente inconsciente, e, portanto, mecanismo difícil de parar ou de mudar de direção, desviar, interromper, uma vez lançado. Instrumento destinado a fender eternamente um corpo que contém um objeto que ele ignora. É uma maldição, como a que pesa sobre o Maldito. Uma maldição que, de repente, transforma um humano em ferramenta de uma mecânica homicida.

O autor do crime perverso traz em si essa maldição. Condenado a ser apenas o instrumento de um fatal sortilégio, de uma maléfica pressão, ele é uma das figuras da danação. Danado, condenado a sempre mostrar um desejo no Outro que nada pode, e que ele mesmo ignora. Danado e condenado, obedecendo a uma justiça obscura e vindicativa como ao destino ruim, ele nunca pede graça nem piedade.

O sacrifício

Graça nem piedade! Heróica fórmula, que tomo emprestada de Landru, e que ele lançou durante o seu processo:

– Um homem como eu nunca pede graça nem piedade.

A proclamação não deixava de ter topete, e Landru não deixava tampouco de ter coragem, ele o demonstrou em seus derradeiros momentos. Prosseguiu:

– Fiz o sacrifício de minha pessoa; se for preciso morrer, saberei fazê-lo.

Espantosa afirmação. O que ele quer dizer? Landru se exprime pouco, mas seja sob forma de brincadeira, provocação ou enigma, cada uma de suas declarações contém uma verdade profunda. O enigma ou o jogo de palavras revelam a céu aberto o real inconsciente. Ouço assim, ao pé da letra, como uma resposta pessoal, íntima, definitiva, sua réplica à acusação final do promotor:

– O senhor reclama tanto a minha cabeça que lamento só ter uma para lhe *oferecer*!

Sim, ele oferece a cabeça, e várias em vez de uma! Oferenda inconsciente, e sacrifício, inesperado. A que esse assassino sem escrúpulos se sacrificou? Landru é, bem sozinho, o Paradoxo do autor do crime perverso. Não esqueçamos, no entanto, que esse autor, a despeito das aparências, é desinteressado. O dinheiro não lhe pertencerá nunca, ele, aliás, vem e só faz transitar por ele. Landru tira dinheiro e ouro de uma mulher, mas é para logo levá-los a outra mulher, a esposa ou a amante. A colossal herança de Gilles de Rais, o dinheiro trazido a Sade como dote de sua mulher, as somas desviadas por Firmin são apenas notas queimadas, moedas lançadas ao vento, rio de ouro sacrificado ao espetáculo, fortunas consumidas para o prazer dos outros. O autor também não dá tudo de si? Não se sacrifica, não se consome, ele mesmo, para se oferecer ao Outro, ao público, e ao grande Espectador cujo olhar está intimamente pousado sobre cada humano? Para oferecer a extraordinária oportunidade de ver o que causa o gozo? Ele é o organizador dos jogos da arena, o sacerdote desse ritual sangrento, desses sacrifícios estabelecidos em datas fixas para agradar aos deuses de Roma, e para o prazer cruel dos homens. Distribuidor dos jogos, é também o gladiador voluntário. No fim, os espectadores inclinarão, todos, o polegar para baixo.

Morituri te salutant. Um após o outro, lançam em silêncio essa saudação à multidão aglomerada na sala de audiência quando, no primeiro dia do processo, fazem sua entrada e sentam-se no banco dos réus. É o que respondem, em seu mutismo altivo, a todos os olhares curiosos que nesse instante apontam para eles. É este o sentido da declaração de Landru, feita em voz alta, em conclusão de seu processo. O animador público ter-se-á sacrificado, até o fim, para divertir o Outro. Ter-se-á dedicado, até sacrificando a própria pessoa, ao divertimento que é gozo obscuro de um horror vivido por procuração. Daí seu desprezo pelo público. Como Chaplin, como Verdoux, ele sabe, e nos faz saber: sacrifico-me para diverti-los, mas vocês não são, espectadores, melhores do que eu. A palavra "divertir" guarda uma inquietante precisão: o espectador (perdido, desviado, aturdido) se engana quanto à natureza exata de seu prazer. O autor, este, nisso não se engana.

O sacrifício, consentido até a execução, também é uma razão do sucesso. A moral está salva. O espectador se arrepiou diante da reivindicação de um gozo sem limite, mas sua boa consciência finalmente está satisfeita: o monstro também reivindica ser condenado. O público, em toda inocência, pode igualmente regozijar-se com o espetáculo da execução legal. O sentido do sacrifício do autor, com efeito, chega até a oferecer ao Outro esse último espetáculo.

Com amizade, Landru

Ele, com certeza, vai bem mais além. É também o culminar de uma obscura e insistente busca de uma condenação, e a derradeira lógica de uma inconsciente obediência a uma feroz lei. O choque da lâmina abatendo-se sobre o cepo pontua a submissão final do assassino. Até ali, no entanto, o assassino parecera, antes, se divertir, representar no teatro dos juízes e delegados. Desse ponto de vista, Landru acaba se tornando, para mim, simpático, tanto fornece indícios ao psicanalista. A quem, para além da morte, busca decifrar e compreender, ele deixa brincadeiras, réplicas, desenhos, e depois breves cenas relatadas por testemunhas, a um só tempo fantásticas e precisas, como os sonhos. Como se tivesse estado preocupado com a posteridade, como se trabalhasse como artista, olhando o futuro, Landru deixa rastros a serem decifrados, a serem compreendidos mais tarde. Sua vida com Fernande, sua amante-noiva, nos ensina tantas coisas! A ligação deles é, em si, uma história, um romance de desfecho pungente. Vejam a última cena do amor deles, que acontece em público, no processo. Na barra do tribunal, ela fala em termos sensíveis do amante que ela continua amando. Ele, de olhos fechados, recolhido, escuta a voz clara e frágil, a vibração de um cristal que a emoção arrisca, a cada momento, partir, e que, no entanto, prossegue no maior silêncio; a sala retém a respiração, como se temesse ver cair um funâmbulo. Ao fim de seu depoimento, ela desmaia. Ele se levanta e permanece de pé, ereto, enquanto a carregam nos braços até a saída. Até a vista e homenagem silenciosa à mulher amada. A cena pública do idílio é tão emocionante que esqueceríamos o resto, os bastidores do pavor. Apaixonado pela voz, e pela jovem mulher que se deixa satisfazer sem pedir mais. Mas como ele conseguiu manter junto a ela a aparência e a realidade de uma humanidade ordinária, enquanto se esmerava, com algumas horas de intervalo, em esquartejar corpos de mulheres?

À relação dos dois ele acrescentou um subterfúgio. Ajudou-se com uma pequena mentira. Para estar acompanhado de sua Fernande que ele ama, para viver ordinariamente com ela, ele inventou para si uma representação auxiliar. Qual? Ela nos é revelada, num raio surpreendente, numa breve cena contada por Fernande. No dia do ano, a manhã de primeiro de janeiro, Landru vestia um fraque.

– Tenho que ir ao *Quai des Orfèvres* – lhe dizia. – Não é engraçado, mas devo apresentar meus votos ao secretário de segurança, com todos os meus colegas, segundo nosso uso no ano novo.

Não é engraçado? Divertido, ao contrário, e bem estranho. *Quai* des Orfèvres*! A Secretaria de segurança! A Brigada criminal! Com efeito, ele logo *irá lá*. Quando for preso. Lá, será desmascarado por seu famoso bloquinho – que ele mesmo trouxe. Enquanto isso, junto a Fernande, diante dela, Landru se faz passar por um devotado assistente dos inspetores de polícia. E quando, ao passearem apaixonados à beira do Sena, passam por acaso pelo cais, diante da Secretaria...

– Está vendo, é aqui que venho, todos os dias, pegar meu serviço!

Auxiliar de polícia. Essa representação imaginária lhe permite, ou lhe impõe, prestar seus respeitos à lei. A confrontação imaginária à lei, a invenção das homenagens a serem prestadas ao chefe da polícia, a obrigação de *dirigir-se* ao secretário de segurança, com certeza, lhe são necessárias: para lhe assegurar uma representação social e humana.

Assim, Landru não se afastou de Sade, do qual, no entanto, tudo o separa – a época, a posição social, a cultura. Sade, em La Coste, permanece no coração do cenário pintado de uma prisão. Constrangido à tarde pelas muralhas de uma prisão imaginária, e entregando-se à noite às suas práticas sádicas sobre as empregadas prisioneiras do torreão. Para viver no cotidiano, cotejar seus próximos, receber seu homem de negócios e tratar, como sabia fazer, seus camponeses com a familiaridade afetuosa do suserano, ele se ajuda com uma representação de prisioneiro.

Por conseguinte, nessa cena representada por Landru no primeiro de janeiro, nesse episódio cômico, encontro também um perturbador, infantil e pungente toque de humanidade. Cumplicidade póstuma do psicanalista, que não só começa rindo, mas, de repente, compreende de outra maneira, e traz um olhar diferente. Landru atraiu para si o mesmo tipo de simpatia por parte do juiz e dos inspetores, eles que também se esforçavam para reconstituir e compreender seus crimes? Acabaram eles se apegando àquele que lhes havia deixado, como se fosse também um misterioso cúmplice da

* Cais. (N.T.).

lei, como se fosse também, com efeito, auxiliar deles, todos os elementos necessários para acusá-lo? Qual relação *monsieur* Bonin – o juiz – manteve em seu íntimo com esse réu tão singular? Eles se enfrentaram por dois anos. Dois longos anos de reconstituições, confrontações, provas de força. O juiz reiterava suas questões, Landru persistia em não responder. Imagino, ao fim de todo esse tempo, entre eles uma certa intimidade. Tinham acabado se conhecendo bem. Qual foi a reação de *monsieur* Bonin quando recebeu um presente de seu réu vedete? Houve uma testemunha de sua surpresa no momento em que abriu o envelope? Um desenho com dedicatória. O famoso auto-retrato de Landru pelado, ou antes, o famoso falo de Landru em ereção! O juiz riu disso? De qualquer modo, não pôde ignorar a ampla dedicatória: "Ao Dr. Bonin. Com amizade, Landru."

A significação é ainda mais clara porquanto se dirige ao juiz, a uma figura paterna, a um representante simbólico da lei: se é preciso responder a um certo *dever* de homem, estejam seguros de me encontrar, eu, Landru, sempre presente. Ela é igualmente provocante. Landru, o tesudo. Banana para o juiz? Encontramos a insolência de um Jacques Bonfils provocando o perito: "Fiz apenas o que todo homem tem vontade de fazer." Encontramos, para evocá-la uma última vez, a provocação cômica, o escandaloso desafio, de nosso autor de crime perverso para com as autoridades e as figuras da lei. Será a última vez, pois o desafio tem uma dupla face, e ao termo do percurso surge, cada vez mais precisa, à medida que as significações da provocação se apagam, a imagem de outra verdade: a coerção, a lâmina da guilhotina, a corda da forca, os solavancos da cadeira elétrica.

Com efeito, a evidente provocação mostra uma vontade de ficar na dependência da lei. A interminável reclusão de Sade é abundante em peripécias que ilustram esse aparente paradoxo. Já havíamos evocado sua prisão em 1778. Escolho desta vez, entre tantos outros, um estranho e engraçado episódio de sua detenção. Na primavera de 1781, Sade está encarcerado em Vincennes já há quase três anos. Pélagie, sua devotada esposa, esperou tanto e chorou tão bem que conseguiu emocionar as autoridades. Obteve o favor de uma transferência do prisioneiro para a cidadela de Montélimar, não longe de La Coste. O que ela espera disso? Uma modificação das condições de detenção. Sobretudo, o senhor ficando mais próximo de seu feudo, a liberdade parece mais próxima. A transferência se prepara. Sade logo endereça ao tenente da polícia, Le Noir, uma carta que mistura as ameaças às declarações de intenção de evasão, e os insultos aos protestos. É, portanto, prudentemente deixado em sua cela.

Na verdade, foi Firmin quem me fez prestar atenção na insolência de Landru e na arrogância de Sade. Ele também escreve. Ao procurador da República. Oficialmente, primeiro, para se dirigir a justiça e pedir a suspensão do internamento administrativo que o mantém preso. É esse o seu direito. De acordo com a lei, o procurador lhe responde imediatamente que está nomeando um perito; este o examinará a fim de reconsiderar seu caso. O que recebe ainda, oito dias mais tarde, em seu escritório, o procurador? Uma carta escatológica, ameaças de sevícias sexuais, e uma lista de projetos criminosos! Assinada Firmin.

As duas faces de um enfrentamento íntimo à lei, de uma bravata que antecipa o imperativo de coerção, de um desafio que também revela uma determinação secreta em se submeter, decifram-se em todo autor de crime perverso, ao longo de sua vida. Desde o momento da investigação, ele provoca os policiais, e já lhes deixa indícios. De uma maneira ou de outra, atrai a atenção para si, se denuncia, se rende. Em seguida, de modo mais ou menos ativo, mais ou menos consciente, vai fazer tudo para ficar na prisão, já que não teve a cabeça cortada.

A guilhotina

Firmin, o piromaníaco, campeão do rigor – o da imposição pulsional como a do supereu –, não tergiversava para se denunciar. Dirigia-se sem demora à delegacia de polícia. Acabaram relegando-o no pavilhão reservado aos doentes perigosos, no fundo do hospital psiquiátrico. Lá viveu longos anos. A rotina da reclusão, o congelamento do tempo. Poucos acontecimentos, e raras distrações. Uma vez por ano eu lhe perguntava se aceitava falar diante dos estudantes. Firmin sempre estava disposto a se prestar ao ensino dos jovens psiquiatras. Estava habituado e gostava disso. Um enfermeiro o acompanhava do pavilhão até o escritório do médico-chefe. Firmin gostava desse momento em que fazia a sua entrada, cumprimentava o auditório, atravessava a vasta sala e se sentava em sua poltrona reservada, diante de uma dúzia de jovens solenes e sérios que já tinham tirado o bloco de notas. Uma única questão e ele começava. Contava a sua vida. Com sua voz modesta de criança pega em erro:

– Fiz bobagens.

Todos o escutavam com a maior atenção. Eu há muito tempo conhecia a singular fixidez de seu discurso. Uma vida transcrita palavra por palavra, como a tradução de um texto já escrito. Ao escutar as mínimas variações, eu sempre me espantava de ouvir como os significantes se congelam e prendem um destino na repetição. Inscrever seu nome no registro de um motel, pôr fogo, dirigir-se à delegacia para se denunciar. Ouvia-se o riscar das notas nas folhas de papel. O relato continuava mecanicamente. As inculpações sucessivas por incêndio voluntário, a prisão, as recidivas. Além disso, um certo comparecimento ao tribunal de que guardava forte lembrança:

– O procurador logo me deixou à vontade. De imediato me tranqüilizou: o senhor arrisca ser condenado à morte – disse-me ele.

Os estudantes levantam a cabeça, boca aberta, e sorriem. Partem alguns risos. E ele? Por seu rosto... Pelo tom de voz... Ele não está brincando!

Ele nunca brincava. Cheguei até, num momento, a supô-lo totalmente desprovido de humor. Eu estava parcialmente errada. "O procurador me tranqüilizou: o senhor arrisca ser condenado à morte." Uma tal submissão à lei, um tal paradoxo exercem sobre o ouvinte o efeito assegurado do humor. O humor consegue conciliar, de maneira agradável, a identificação com o pai proibidor, com o supereu, e uma vitória inconsciente sobre a repressão. O protótipo do humor, dado por Freud como tal, põe igualmente em cena um condenado à morte. Numa segunda-feira, de manhã bem cedo, o infeliz é arrastado até a forca. E ele:

– A semana está começando mal!

Pirueta e fiau à imposição, que, no entanto, é aceita.

Landru é outro condenado à morte humorista. No último momento, quando o capelão lhe pergunta se deseja primeiro assistir a uma missa:

– Seria um prazer, mas *não quero deixar estes senhores me esperando!*

Humor heróico. Sua tirada espirituosa, por mais agradável que seja, não é uma brincadeira. Sua significação se ouve bem de perto: ele não se esquiva ao que aqueles senhores esperam dele. Aceitação total, e certamente tranqüila, do castigo: contaram que ele passara a noite dormindo muito bem. Em sua sujeição à lei, Landru ilustra perfeitamente o paradoxo do autor do crime perverso. Por um lado, o monstro cínico e sem remorsos. Por outro, o bom rapaz, que se executa e dá tudo de si. Sem afeto, mas transbordando de bons princípios! Criminoso em série, mas moralizador! Landru ainda, numa de suas réplicas (tingida, é claro, de discreta provocação) ao promotor:

– Não sei, doutor, como o senhor cria os seus filhos. Mas os meus são educados estritamente, em *princípios de respeito e obediência ao pai.*

Sempre, em nosso autor, essa fantasia de imposição pela educação, essa nobre maneira de se vestir na toga da moralidade, do pedagogo e daquele que dá lições. Aqui, nenhum humor, no entanto. Landru não está brincando com o pai. Landru é um homem de *dever*. Não só está a serviço do Outro, da mulher, de todas as mulheres que podem dar queixa se por ele se considerarem mal servidas, não só ele corajosamente se oferece a ter a cabeça cortada, talvez até várias, mas ainda permanece fiel ao Pai. Como Jacques Bonfils. Essa fidelidade ao pai participa da fantasia de punição por um pai. No coração dessa fantasia está, desde sempre sentada, a negra silhueta que se confunde com a escuridão, o sinistro retângulo dos montantes do cadafalso que se erguem nas primeiras luzes da madrugada. A guilhotina.

Escutemos ainda Firmin. Voltemos, pela última vez, ao quarto do Hotel Pigalle, no instante em que ele inflama o colchão e as cortinas: num raio, no momento mesmo em que põe fogo, em que lança o fósforo, ele se vê na prisão. Depois, diante da guilhotina. A imagem logo se apaga.

Ele não contava de bom grado esse surpreendente detalhe. Exibia com orgulho seus crimes, suas "bobagens"; mas era esse o cerne de sua intimidade, que ele me revelou, com os anos, ao mesmo tempo que outro de seus segredos. A guilhotina? Ele sonhava com ela. Agora se achava preso no hospital, considerado doente e irresponsável, ao abrigo de qualquer condenação... No entanto, sonhava com a guilhotina. Quase todas as noites. A mesma cena se desenrolava como um filme.

– Vêm me buscar. O último cigarro, o copo do condenado. Deitam-me sobre o cepo. No momento em que a lâmina cai, acordo sobressaltado.

Uma precisão suplementar, importante:

– Meu pai assiste à execução.

Tomo aqui o tempo para uma longa observação. O sonho da guilhotina, se tem todas as aparências de um pesadelo, é um pesadelo freudiano, e, portanto, bem um sonho, a realização de um *desejo inconsciente*. Um sonho de punição. Nunca é possível ser freudiano demais. Sobretudo se por acaso devemos tomar para Firmin, em nome da sociedade, a responsabilidade de uma decisão que compromete o futuro. O sonho de punição também satisfaz ao delito. O que isso significa? Firmin explicava bem isso sozinho. Ele temia reincidir, tanto quanto o desejava. Temia, dizia, cometer crimes tão imperdoáveis que dessa vez seria, enfim, guilhotinado conforme seu desejo. O sonho da guilhotina, o voto manifesto de punição, *esconde a satisfação proibida do crime*.

– Como você poderia ser guilhotinado – perguntei-lhe com ingênua incompreensão – já que a pena de morte foi abolida?

– Para mim – respondeu –, para mim pelo menos, por causa da gravidade de meus crimes, a pena de morte será restabelecida!

O sonho também é pesadelo, pois leva direto ao real, e ao despertar na angústia. Ora, o voto de punição é mais que manifesto, ele é consciente. Esse *voto consciente* não bastaria para pôr em movimento tal pesadelo, mas no máximo para animar um simples devaneio. Onde, então, está o *desejo inconsciente*? Na satisfação proibida do crime? Aí ainda, o sonho o exprime, é verdade que sob uma forma disfarçada, mas não se pode falar de recalque. Firmin não esconde de si mesmo seus sonhos criminosos. Onde está, pois, o sujeito do inconsciente? Justamente, ele surge do sonho, de modo bem nítido. Firmin sonha ser *dividido* pela lei, no real, em seu corpo. E, no cumprimento do desejo, com efeito, aparece o sujeito do inconsciente – o sujeito que se divide sobre o objeto, que agora conhecemos bem –, mas ao preço de uma divisão no real. Cortado em dois. A guilhotina é o instrumento da divisão. Não esqueçamos a presença do pai. Para Firmin, o olhar do pai faz lei. O objeto olhar, *o olhar da lei, o divide*. O olhar da lei? A fórmula é justa? Ela é aproximativa. A lei não é nem olhar nem voz. Mas o olhar onipresente, o olho único que de cima vigia e vê tudo, o olhar cego às fraquezas dos homens, que só verifica o erro, reprova e promete o castigo, é um órgão legal escapado a uma lei não simbolizada. A voz do comando, surda às queixas dos homens, a voz que não enuncia falas humanas, mas que grita ou late ordens desarticuladas, que não se pode nem interpretar nem recusar ouvir, é um vestígio, um resto aterrorizador, de uma lei que voou em pedaços. Um olhar, uma voz dos quais não se pode fugir, pois não se pode mais nem se esconder nem tapar os ouvidos. Cegos e surdos ao humano, o comando e o castigo, o olhar e a voz não são trazidos por um sujeito humano, que poderia ter piedade, ficar emocionado, deixar-se afetar; são os detritos ameaçadores de uma lei degradada, despedaçada, feroz, o instrumento de um supereu violento e institucionalizado. Sem afeto, sem sentimento, dessubjetivado (como o criminoso em seu ato), o olhar impassível do pai é instrumento da divisão de Firmin. A encenação da fantasia, na cena do sonho, responde a uma lógica espantosa tanto por sua precisão como por seu assustador rigor, em todos os sentidos do termo. Toda essa montagem – a submissão à imposição legal, a realização da divisão pelo olhar – lhe é necessário para se ver sujeito de seu inconsciente, sujeito do desejo, sujeito humano. É preciso unir o olhar do pai e a lâmina para reencontrar, como for possível, o corte simbólico da Lei e o pai simbólico.

Abre-se aqui outra perspectiva inesperada contanto que pensemos em nos colocar esta questão: por que esse castigo, sob os olhos do pai? Por que o pai pune Firmin? A questão poderia parecer supérflua, ou absurda. No entanto, é fundamental, e encontra, aí ainda, um aparente paradoxo. Firmin, tão orgulhoso de seus crimes, e que parece quase sempre uma mecânica desativada... Por que se pune ele? Sobre o que se divide? Evidentemente, aí ainda, só pude ficar sabendo ao longo das sessões, quase que por acaso. Com efeito, Firmin sofria de uma culpa. Ele se censurava um episódio antigo de sua infância. Uma cena que permanecera obstinadamente presente em sua memória.

Entre seus pais, uma querela, uma altercação. Seu pai lhe ordena que se junte a ele. Longe de obedecer ao pai, ele se refugia *debaixo das saias de sua mãe.*

Nada de mais, nada de menos, na secura dessa lembrança-tela que *a priori* parece bem pobre. Ela nos evoca, tanto é análoga, outra lembrança-tela, a de Jacques Bonfils: "Agora você não pode *mais ficar com a sua mãe.*" Lembramo-nos da análise, muito precisa, à qual esse enunciado se prestava. A breve e significante lembrança de Firmin revela o mesmo laço *inconsciente* com a mãe, incestuoso e culpado, com efeito, e a mesma fidelidade ao pai, mantida até o desejo de castigo que o faz existir. A punição pelo pai, a divisão real pela lâmina da guilhotina, responde a um interdito simbólico. O fetiche de fogo terá de fato sido oferecido à Mãe, engodo oferecendo-se a preenchê-la, subterfúgio sublinhando que ela está submetida, por pouco, à castração. Em outros termos, o psicanalista dirá que Firmin *se divide* sobre a castração do Outro. E, pelo menos para o psicanalista, é de qualquer modo, entre surpresa e jubilação, uma verificação que tem o sabor da descoberta. Assim pode se compreender, mais uma vez, mas de modo ainda mais claro, o fato de que o autor do crime perverso vise necessariamente subtrair no real, cortar de um corpo (inclusive o dele) *o que deve faltar, imperativamente, ao Outro*.

Deixemos a teoria; passemos às suas conseqüências, às vezes tão engraçadas quanto sérias. Quem teria adivinhado que a guilhotina francesa – instrumento que realiza perfeitamente a fantasia de divisão – teve tantos atrativos para os autores de crimes perversos? Encontrei um deles que, longínquo estrangeiro, escolhera a França para aqui esquartejar uma mulher conforme a sua pulsão. Ele tinha a esperança e a certeza de ser decapitado. A fantasia da guilhotina o acompanhava sem cessar desde a adolescência, desde que lera, aos quatorze anos, *O Vermelho e o Negro*. Influência inesperada da cultura francesa... A última cena do romance, escrita com moderação, é de uma precisão patética e macabra. Julien Sorel acaba de ser guilhotinado. De noite, Mathilde de La Mole coloca diante de si, sobre uma pequena mesa de mármore, iluminada por velas, a cabeça de seu amante, que ela beija e vela a noite inteira.

Assim, a perspectiva da execução está longe de ser dissuasiva. Ela é prefácio da obra, cuja intenção anuncia. Tanto quanto seu término, ela é sua finalidade. O crime e o castigo estão inextricavelmente ligados. A mesma fantasia leva à execução do crime e à execução legal. A execução legal? A divisão do corpo, em nome da lei, pela lâmina que corta uma cabeça ou fende um corpo; pela corda que o estrangula. No pé da forca, o carrasco, a voz da lei, divide, na estrangulação, um corpo; separa o último sopro do cadáver. A mesma e única lógica conduz o autor. Ele precisa fender e rasgar um corpo, dividir no real a vítima. Precisa sofrer uma divisão no real, em seu próprio corpo.

Derradeiro paradoxo! O autor do crime perverso, emblema de um gozo feroz e sem piedade, também é a vítima de um obscuro dever. Aquele que reivindica uma liberdade sem freio está, na verdade, sujeito a uma lei de ferro. Não só está cativo de sua pulsão, de seu Parceiro monstruoso, que ele encontra sem cessar, mas sobretudo está submetido a uma vontade de punição em que ainda encontra o Outro; é conduzido por sua necessidade interna, inconsciente, e, portanto, sempre repetida, de se sacrificar à lei. E teremos finalmente descoberto, não sem surpresa, que a *recidiva*, a repetição dos atos, não é apenas resposta forçada à imposição pulsional. É também resposta ao imperativo – escrevendo-se na mesma fantasia – que comanda voltar, ainda e sempre, inscrever-se numa lei que se confunde com o Código Penal e a pena capital. Cometer crimes tais, em quantidade tal, em séries tais que no fim da série, enfim, será obtida a divisão do corpo sob o olhar da lei. Continuar, prosseguir, repetir, até que enfim uma lei ponha um termo no maléfico e infernal gozo, que cesse a mecânica do instrumento, e que apareça um sujeito humano. Recidivar para que a prescrição legal se efetue sobre o corpo, no pé da forca, no cadafalso, na cadeira elétrica.

Assim, entendemos melhor o estranho percurso judiciário de um autor de crime perverso contemporâneo – que, como é de uso hoje em dia, publicou sua biografia. Certo, ele escapa por pouco, na França, antes da modificação do Código Penal, à pena de morte. A guilhotina! Ele *sonha* com ela. Como Firmin, exatamente. Vinte anos mais tarde, após sair da prisão sob regime de liberdade condicional, ele comete um pequeno delito. Depois, não sendo ouvido, um segundo: uma maneira como outra qualquer, em suma, prudente e humana, de voltar (como Sade, Firmin, e outros) ao aprisionamento. Uma maneira de se abrigar, e de abrigar os outros. Afastado de toda tentação de recidiva.

O gladiador, o carrasco

Agora entendemos por que o autor do crime perverso se afirma tão seguro de si; por que enfrenta, sereno e orgulhoso, o julgamento dos homens e de Deus, e o seu próprio; por que pode, na audiência, exibir gloriosamente suas confissões; por que, como Jacques Bonfils, ele reivindica seu ato. *Fiz apenas o que todo homem tem vontade de fazer!* Agora avaliamos toda a medida do enigma que, como uma subversiva provocação, brota da boca desses homens espantosos, especialistas em dar lição. A proclamação pública não é apenas um desafio, e vai bem além da intenção pedagógica que também preconiza, à maneira de Sade, um ilícito gozo.

"Fiz apenas o que *todo homem* tem vontade de fazer!" Jacques Bonfils, agora sabemos, não está brincando. E Landru, que endereça *com amizade* ao juiz seu auto-retrato *em ereção*, está brincando? Não. A profissão de fé de Bonfils, o auto-retrato de Landru são, com efeito, uma mesma caricatural reivindicação fálica. Junto ao perito, Bonfils representa "todo homem". Junto ao juiz, Landru é significado por um falo. Qual é, pois, a necessidade dessa mostração? Por que essa manifesta busca de cumplicidade e reconhecimento? Ela agora se torna, para nós, evidente. O juiz – ou o perito nomeado pelo juiz – questiona, e pergunta em nome da lei: Por quê? Como? Landru responde: Em nome do falo. E Bonfils: Em nome de todo homem. Junto ao juiz que investiga o ato, do perito que, ele também, coloca uma questão sobre o ato, uma significação pode ser reconhecida, aprovada, certificada por um representante legal, garantida por um pai. Landru e Bonfils pedem ao representante da lei para ratificar um ato que se devota não mais, desta vez, ao gozo das mulheres, mas à causa dos homens! Um homem encarregado de uma função legal confirma que de fato se trata, entre homens, de servir e de tornar executória a mesma lei. Qual? A lei paterna, que sozinha limita a avidez ruim do Outro. Bonfils, Landru ter-se-ão sacrificado até o fim por uma causa justa, a da lei simbólica que subtrai um homem ao abusivo gozo da Mãe. Eles encontram no juiz um auxiliar da lei que é também um aliado.

"Fiz apenas o que todo homem tem vontade de fazer!" Caminhamos passo a passo. E vemos surgir a complexa verdade. O ouvinte, que ri sem querer da provocação, deixa-se dividir pelo objeto da fantasia: todo homem goza realmente dos restos de uma mulher? O perito recusa deixar-se dividir por essa inconveniência. Mas Bonfils, este, se endereça em toda inocência à cumplicidade do homem da lei. Não é tanto que um homem gozaria de um resto (do butim do tigre, de que Bonfils goza também)... É sobretudo que a Mulher, se os homens não fazem o que têm vontade de fazer, goza monstruosamente desse pobre resto que é um homem: uma criança destituída.

E Jacques Bonfils também é aquele que nos explica claramente por que, numa aparente contradição, o autor do crime perverso é, a um só tempo, louco e nem um pouco louco; por que o monstro também é estimado pelos amigos, ou prisioneiro modelo; por que é sempre um enigma para o público, um quebra-cabeças para o juiz, uma armadilha para o perito. É louco, pois realizar, através de um ato de subtração real, a falta simbólica no Outro é o próprio ato da loucura. Não é louco, porque se apega ao pai, se agarra a ele, faz dele um sustentáculo. Não é louco, pois se apega a uma representação fálica que lhe garante um lugar no mundo (um mundo onde há um lugar para ele), uma significação de ser desejado e desejável. Significação da qual foi destituído, mas que reencontra, ao preço de imensas façanhas (exibições teatrais ou proezas sexuais) ou ao preço do reconhecimento espetacular de um ato mortífero. E, no decurso do ato, para ele, tudo se reconstrói. A reivindicação provocante de Jacques Bonfils só faz contar o que o prende, o que o estrutura: uma significação fálica (todo homem), a lei (o perito, o juiz, ao qual ele se dirige), o resto (de que goza a mulher, e que é preciso subtrair-lhe), em que encontramos as três dimensões, imaginária, simbólica e real, da linguagem que faz o sujeito humano. A declaração inaugural de Jacques Bonfils ao perito, que lhe valeu ser precipitado sem outra forma de processo na categoria dos doentes mentais, longe de desvelar nele o esquizofrênico, diz, ao contrário, o que o mantém em boa saúde.

Assim, chegamos ao nó do paradoxo: um reconhecimento legal é necessário a esse homem que, no entanto, parecia, de todos os humanos, o mais estranho a toda lei. Aceitação da lei num apelo à repressão, primeiro. Mas também, e é mais estranhamente singular, busca de uma consagração de seu ato. Necessário reconhecimento pelo pai, até o sacrifício. Por conseguinte, compreendemos que Firmin, ao lançar o fósforo sobre a cama, entrevê, num raio, a guilhotina. A guilhotina confirma o fato de que o ato é cometido em nome da lei, em nome do pai. A sanção é tanto aprovação da lei quanto consentimento à sua força executória. Assim, o olhar do pai, a princípio aliado, auxiliar da lei, aprovador, encontra o olhar do justiceiro com o qual ele se confunde, e promete já o castigo, a punição do inconsciente incestuoso. O sujeito permanecerá separado, cortado, do objeto primordial de gozo. E da mesma forma que a execução, ao termo do processo, consagra o pai, o ato, por mais monstruoso que seja para a razão, tem uma significação inconsciente paterna e legal! Com efeito, nós agora conhecemos a causa desse ato: *extrair do Outro o objeto de um ilegal gozo*. Esta poderia ser a definição do crime perverso, que tanto resulta do ilícito gozo, do prazer monstruoso – que exalta e reivindica também – quanto de sua significação paterna. Na análise de Jacques Bonfils, reconhecemos a que ponto seu crime, que subtrai a uma mãe aquilo de que ela gozaria perigosamente, o ato que visa fazer do Outro o sujeito da falta e do desejo, toma precisamente emprestado da agonia violenta de seu pai, da singularidade da morte do pai, que para ele simboliza o Pai. A biografia de Landru só nos fornece, nesse registro, uma simples indicação: seus crimes começaram após a morte do pai, que se suicidou por enforcamento, por estrangulação.

Nesta conclusão acabamos compreendendo o que, ao longo das investigações, dos processos, das reconstituições e das biografias, necessariamente desnorteia nos comportamentos desse criminoso em relação à lei. O autor do crime perverso, que se instrumentaliza para extrair dos corpos um ilegal gozo, é *ele também um auxiliar da lei*! Essa fórmula esclarece perfeitamente o imaginário de Landru, como o de muitos outros autores. E se Landru não oferece aos representantes da lei nem a encenação de suas confissões nem o espetáculo dos corpos dissecados, sua lógica é ainda mais rigorosa: conseguir fazer com que a lei rotule, estampilhe, o mínimo resto deixado por seus crimes, fazer com que o delegado e o juiz levem em extrema consideração o *valor legal* dos vestígios e despojos. Esses objetos propostos ao olhar da lei, à inspeção, à investigação atenta ou apaixonada dos policiais e dos juízes, esses restos e vestígios também são, para todo autor, os pedaços de um corpo retalhado pela pulsão, os dejetos erigidos por uma encenação. Objetos subtraídos, arrancados ao gozo do Outro, tal o objeto oral retirado do Outro pelo Canibal. Objetos surrupiados depois erigidos em fetiche, tendo adquirido, uma vez retirados, uma significação de desejo, eles também se tornam objetos legais! Objetos sobre os quais, muito precisamente, a lei se refere; objetos que a lei simbólica separa, normalmente, do sujeito humano. Esclarecemos aqui o cerne mais obscuro, e talvez, para a razão humana, o mais inquietante: o autor do crime perverso é, com efeito, um auxiliar da lei muito particular. Agente de uma divisão legal, agente da imposição executória, ele é, da lei, a definitiva ferramenta: o carrasco! O carrasco legal e o criminoso se confundem numa mesma sombria figura, numa mesma máquina impiedosa. Mesmo instrumento de uma lei que corta e divide os corpos, e instrumentos da mesma lei que exige extirpar, a qualquer preço, o gozo dos corpos.

Tão fora de uso quanto o carrasco, o autor do crime perverso também obedece a uma implacável prescrição legal. E, como o carrasco, mecanicamente, ele executa e corta os corpos em pedaços. Carrasco, instrumento de uma aterrorizante justiça e de um gozo mais cruel ainda. Na França, no século XVIII, na sociedade mais cortês e mais graciosa, elegantes espectadores não alugaram tribunas para assistir ao suplício de Damiens*? Carrasco não mais envergonhado, não mais tradicionalmente anônimo e masca-

* Empregado que feriu o rei Luís XV com um canivete e que foi esquartejado na Praça da Grève (atual Praça do Hôtel de Ville) em Paris. (N.T.)

rado, mas desta vez triunfante, o autor do crime perverso reivindica, com orgulho, seu papel. É este o sentido do espetáculo em vídeo oferecido a seus juízes por Armin Meiwes, o canibal alemão contemporâneo, cuja sinistra performance fiz surgir ao levantar a cortina. Agora compreendemos que a popularidade conquistada pelo autor do crime perverso não se constrói sobre uma identificação com o monstro, mas sobre o reconhecimento inconsciente do gladiador que obedece aos deuses, e do carrasco que obedece à lei. Os dois, gladiador e carrasco, obedecem, igualmente, ao espetáculo.

Cortina

Acabou o espetáculo. O herói tem a cabeça cortada, é enforcado ou eletrocutado. Não, como teria desejado, sob o olhar impassível do próprio pai; mas sempre sob o olhar de um pai, de um juiz, de um procurador, que assiste à execução legal e observa, sem pestanejar, o atordoante espetáculo. Durante muito tempo foi este o desfecho na França, e assim subsiste em outros lugares. A condenação à morte, se for pronunciada, não terá sido ditada no tribunal e no júri por esse criminoso singular? O juiz não está sentado num lugar atribuído pelo autor? O que ele enuncia, se pronunciar o veredicto de morte? Na fantasia do autor do crime perverso, o juiz está reduzido a uma voz, a um olhar. Uma voz, um olhar, um resto da lei, que corta, abre, abafa, sacode um corpo. O autor disso espera ser, no real, dividido. O juiz completa, como uma peça já talhada, a construção prevista desde sempre. Necessariamente imperturbável e impiedoso, desprovido de alma, o "juiz", seja ele qual for, terá a impassibilidade e a indiferença de um objeto, de um instrumento da lei, da ferramenta do carrasco. É possível recusar essa encenação em que o juiz, o carrasco e o criminoso tendem, inoportunamente, a se confundir? É este o ideal de humanidade do Fritz Lang, do *Sr. Maldito*. Não julguemos o desumano. Nesse sentido, em toda lógica, o autor do crime perverso pode igualmente ser considerado penalmente irresponsável. A necessidade de mostrar no real uma perda simbólica, e a lei num sacrifício do corpo, o aparenta ao louco. É melhor não confundir como ele, numa resposta penal, corte simbólico e esquartejamento de um corpo, e reduzir, assim, a lei ao ofício do carrasco.

Entretanto, nossa justiça contemporânea faz questão de grandes processos públicos, e os peritos, atualmente, tendem a responsabilizar todo criminoso. Assim, se a esses processos recusamos a poltrona do "juiz" como o cargo do carrasco, e recusamos ser aquele que ordena ou executa a sentença de morte, só nos resta ser espectadores. Lugar pouco confortável! Sem querer, e de modo bem inconsciente, o público é, a um só tempo, o cúmplice do autor e sua vítima. Cúmplice, pois não consegue deixar de querer ver. Ver um objeto que não reconhece, mas que lhe evoca um gozo livre de todo recalque. Um objeto que lhe dá medo, mas do qual ele ignora a significação que o hipnotiza. Vítima, pois se aflige, se revolta, quando um homem morre num incêndio, quando uma mulher, uma criança são assassinadas; fica horrorizado diante da imagem humana retalhada e furada. Visado, por sua vez, na continuidade da mesma fantasia – a do autor do crime que também é o autor da encenação –, o leitor do jornal, o ouvinte das informações radiofônicas, o telespectador, assumindo o lugar da vítima, fica então dividido, na angústia, na emoção extrema, no pavor, no nojo, no horror, no riso escandalizado. Dividido pelo espetáculo que o enoja e o fascina, desdobrado, clivado em seus sentimentos e sua verdade, pois ele ocupa o lugar do sujeito humano na fantasia inconsciente do autor. Não é o que acaba acontecendo com os infelizes juízes do tribunal de Kassel, espectadores forçados de um sinistro videocassete, que tiveram de decidir a sorte do canibal alemão de nossa introdução? Com efeito, como calcular, senão na maior perturbação, essa irracional conta de oito anos e meio de reclusão? Angustiante experiência ver-se, sem querer, o sujeito do inconsciente de um autor de crime perverso! E é bem por isso que o infeliz público, vítima inconsciente e cativa, espectador captado na fantasia do autor, como se fosse sacudido e atormentado por malignas manipulações, responde por reações tão paradoxais quanto sem razão.

De Gilles de Rais, em 1440, ao canibal dos anos 2000, nada mudou, é claro. Agora sabemos reconhecer, à simples leitura de uma breve notícia de jornal, nas cinco primeiras linhas de nossa introdução, o autor do crime perverso, sua maneira de se denunciar e sua encenação de um espetáculo.

Reconhecemos sua dedicação em nos ensinar; seu zelo em nos desvelar, pretextando pedagogia e arrependimento, bons sentimentos e advertências, seu segredo sobre o gozo; sua insistência em exibir, sob nossos olhos, o objeto de sua pulsão. Essas cinco linhas, sozinhas, bastam para produzir seu efeito. Quanto a nós... Não somos, agora, como Chaplin, capaz de rir disso também? De um riso escandalizado? De um riso decepcionado? Um riso, infelizmente, que o autor nos arranca.

"O ato do crime perverso, a operação do prestidigitador monstruoso, deixa um relicário mórbido: os restos. O autor repugna livrar-se deles. Às vezes fica trancado por vários dias na companhia desses restos, dorme deitado ao lado do cadáver, ou num quarto sujo de sangue, cheio de vestígios. Essa intimidade com os restos macabros suscita uma impressão de estranheza, angustiante, que participa do filme de terror. Basta imaginar Barba Azul descendo em seu subterrâneo, contemplando, em silêncio, na escuridão, seu tesouro de mulheres degoladas e presas à parede. Ou Gilles de Rais, diante de sua coleção de cabeças de meninos, alinhadas sobre baús. A coleção de Landru, contanto que seja bem filmada, seria igualmente angustiante. Na mansão de Gambais, um corredor, uma porta de madeira grossa, cuja maçaneta resiste; está fechada à chave. O que esconde? O buraco da fechadura incita a, por ele, espiar..."

Durante dez anos, num serviço hospitalar especializado para doentes perigosos, ocupei, junto a meus pacientes criminosos, um lugar bem singular: o de psicanalista. Essa aventura me levou a considerar, de maneira inovadora, a figura contemporânea do criminoso perverso. O autor do crime perverso, autor de um crime, é também autor, ator e diretor de um espetáculo. Descobrir que o público, colocado à prova de uma manipulação específica, é, sem querer e a contragosto, o parceiro do autor do crime perverso... Entender a mecânica da fascinação, as engrenagens precisas da manipulação... Desvelar o que escondem o excesso, a determinação cruel, a provocação... Encontrar a rigorosa e secreta lógica de um ato criminoso que se confunde com a imposição implacável de um destino... Elucidar as causas da passagem ao ato e de sua repetição, o enigma do *serial killer*... É essa a proposta deste livro.

M.-L. S

Companhia de Freud
editora

OBRAS PUBLICADAS

Psicanálise e Tempo
Erik Porge

Psicanálise e Análise
do Discurso
Nina Leite

Letra a Letra
Jean Allouch

Mal-Estar na Procriação
Marie-Magdeleine Chatel

Marguerite ou
"A Aimée" de Lacan
Jean Allouch

Revista Internacional nº 1
A Clínica Lacaniana

A Criança na Clínica Psicanalítica
Angela Vorcaro

A Feminilidade Velada
Philippe Julien

O Discurso Melancólico
Marie-Claude Lambotte

A Etificação da Psicanálise
Jean Allouch

Roubo de Idéias?
Erik Porge

Os Nomes do Pai
em Jacques Lacan
Erik Porge

Revista Internacional nº 2
A Histeria

Anorexia Mental, Ascese, Mística
Éric Bidaud

Hitler – A Tirania e a Psicanálise
Jean-Gérard Bursztein

Littoral
A Criança e o Psicanalista

O Amor ao Avesso
Gérard Pommier

Paixões do Ser
Sandra Dias

A Ficção do Si Mesmo
Ana Maria Medeiros da Costa

As Construções do Universal
Monique David-Ménard

Littoral
Luto de Criança

Trata-se uma Criança – Tomos I e II
*Congresso Internacional de Psicanálise
e suas Conexões – Vários*

O Adolescente e o Psicanalista
Jean-Jacques Rassial

— Alô, Lacan?
— É claro que não.
Jean Allouch

A Crise de Adolescência
Octave Mannoni e outros

O Adolescente na Psicanálise
Raymond Cahn

A Morte e o Imaginário na Adolescência
Silvia Tubert

Invocações
Alain Didier-Weill

Um Percurso em Psicanálise
com Lacan
Taciana de Melo Mafra

A Fantasia da Eleição Divina
Sergio Becker

Lacan e o Espelho Sofiânico de Boehme
Dany-Robert Dufour

O Adolescente e a Modernidade – Tomos I, II e III
*Congresso Internacional de Psicanálise
e suas Conexões – Vários*

A Hora do Chá na Casa dos Pendlebury
Alain Didier-Weill

W. R. Bion – Novas Leituras
Arnaldo Chuster

Crianças na Psicanálise
Angela Vorcaro

O Sorriso da Gioconda
Catherine Mathelin

As Psicoses
Philippe Julien

O Olhar e a Voz
Paul-Laurent Assoun

Um Jeito de Poeta
Luís Mauro Caetano da Rosa

Estética da Melancolia
Marie-Claude Lambotte

O Desejo do Psicanalista
Diana S. Rabinovich

Os Mistérios da Trindade
Dany-Robert Dufour

A Equação do Sonhos
Gisèle Chaboudez

Abandonarás teu Pai e tua Mãe
Philippe Julien

A Estrutura na Obra Lacaniana
Taciana de Melo Mafra

Elissa Rhaís
Paul Tabet

Ciúmes
Denise Lachaud

Trilhamentos do Feminino
Jerzuí Tomaz

Gostar de Mulheres
Autores diversos

Os Errantes da Carne
Jean-Pierre Winter

As Intervenções do Analista
Isidoro Vegh

Adolescência e Psicose
Edson Saggese

O Sujeito em Estado Limite
Jean-Jacques Rassial

O que Acontece no Ato Analítico?
Roberto Harari

A Clínica da Identificação
Clara Cruglak

A Escritura Psicótica
Marcelo Muniz Freire

Os Discursos e a Cura
Isidoro Vegh

Procuro o Homem da Minha Vida
Daniela Di Segni

A Criança Adotiva
Nazir Hamad

Littoral
O Pai

O Transexualismo
Henry Frignet

Psicose, Perversão, Neurose
Philippe Julien

Como se Chama James Joyce?
Roberto Harari

A Psicanálise: dos Princípios
Ético-estéticos à Clinica
W.R. Bion – Novas Leituras

O Significante, a Letra e o Objeto
Charles Melman

O Complexo de Jocasta
Marie-Christine Laznik

O Homem sem Gravidade
Charles Melman

O Desejo da Escrita em Ítalo Calvino
Rita de Cássia Maia e Silva Costa

O Dia em que Lacan me Adotou
Gérard Haddad

Mulheres de 50
Daniela Di Segni e Hilda V. Levy

A Transferência
Taciana de Melo Mafra

Clínica da Pulsão
Diana S. Rabinovich

Os Discursos na Psicanálise
Aurélio Souza

Littoral
O conhecimento paranóico

Revista Dizer - 14
A medicalização da dor

Neurose Obsessiva
Charles Melman

A Erótica do Luto
Jean Allouch

Um Mundo sem Limite
Jean-Pierre Lebrun

Comer o Livro
Gérard Haddad

Do pai à letra
Hector Yankelevich

A experiência da análise
Norberto Ferreyra

A fadiga crônica
Pura H. Cancina

O desejo contrariado
Robert Lévy

Psicanálise de Crianças Separadas
Jenny Aubry

Lógica das Paixões
Roland Gori

Um Narrador Incerto, Entre o Estranho e o Familiar
Lucia Serrano Pereira

Gide-Genet-Mishima
Catherine Millor

Dependência Química na adolescência
Hélio Fernandes Mattos

O Sexo Conduz o Mundo
Colette Chiland

Um Homem de Palavra
Nazir Harnad

A Arte de Reduzir as Cabeças
Dany-Robert Dufour

Poetas, crianças e criminalidade... sobre Jean Genet
Alba Flesler / Claudio Martyniuk / Fernando Sabsay / Isidoro Vegh

A Paixão do Sujeito Freudiano
Bernard Penot

Clínica Lacaniana: As Homossexualidades, Revista Internacional n. 2

A Escola do Sujeito
Claude Dumézil

A Significação do Falo
Diana Rabinovich

A Angústia e o Desejo do Ouro
Diana Rabinovich

O Próximo
Isidoro Vegh

Sombra do Teu Cão
Jean Allouch

Crueldade no Feminino
Sophie de Mijolla-Mellor e Julia Kristeva

A Descoberta de João
Marcelo Pio da Costa

Separações Necessárias
Emilio Rodrigué

Os nomes Indistintos
Jean-Claude Milner

Lacaniana I
Moussapha Safouan

Psicanálise e Saúde Mental
Sonia alberti e Ana Cristina Figueiredo (org.)

O Caminhante Analítico
Victor Smirnof

Figuras do Real
Ginette Michaud

Do Amor do Outro ao Amor de Si
Patrick Delaroche

A Topografia de Lacan
Jean-Paul Gilson

O Conhecimento Paranóico
Revista Litoral

Letra e Pulsão de Morte
André Green

Enigma do Incesto
Laure Rozen

O Inferno do Dever
Denise Lachaud

A Quarta Mulher
Paul Tabet

Lacaniana: Os Seminários de Jacques Lacan - 2 1964-1979
Moustapha Safouan

Dez Conferências de Psicanálise
Moustapha Safouan

Estados de Abandono
Jacques André

Transferência e Estados Limites
Jacques André

Da Paixão
Jacques André

A Anatomia da Terceira Pessoa
Guy Le Gaufey

A Criança no Espelho
(Freud Wallon Lacan)
Émile Jalley

A Sombra do Teu Cão:
discurso analítico e discurso lésbico
Jean Allouch

A Violência na Adolescência
Pierre Kamerer

Para uma Clínica do Real
Isidoro Vegh

O Fracasso do Fantasma
Silvia Amigo

As Figuras do Real
Patrick Delaroche

A ambivalência Materna
Michele Benhaim

Oriente Médio: Povos Autoritários
Sociedades Bloqueadas
Philippe Draz Vincent

Dicionário da Sexualidade Humana
Philippe Brenot

Dicionário da Justiça
Löic Cadiet

O Jornalista e seu Poder
Gerard Spitéri

O desejo contrariado
Robert Lévy

Michel Foucault: a Inquietude da História
Mathieu Potte-Bonneville

O Sexo do Mestre
Jean Allouch

Psicoterapia-Psicanálise-Didática 1 - debates
Analyse Freudienne Presse

Psicoterapia-Psicanálise-Didática 2 - debates
Analyse Freudienne Presse

A Pulsão de Morte
Michel Plon (org.)

A Crueldade no Feminino
Sophie de Mijolla-Mellor

Por Que Não Há Relação Sexual?
Roberto Harari

A Saúde Totalitária
Roland Gori

A Morte de Deus
Dany-Robert Dufour